日本で出会う世界

国内で実現する
短期集中型国際研修

櫻井勇介

文　景楠

佐藤亮司

杉村美紀

………… 編

上智大学出版
Sophia University Press

【序文】国内にいながら濃い国際的な学業体験を

櫻井勇介

　私は、国内の大学で学ぶ学生にも外見、出身国、母語や信条に関わらず様々な人たちと共通の関心を分かち合い、時に、些細なことについても盛り上がるような人間関係を築いてほしいと思っている。単に大学の教育にそういった機会を増やすだけでなく、そこに投入するリソースに見合う教育的効果をあげるために尽力する教育従事者の参考となることを願い、私は当時の同僚に本書の企画を持ちかけた。

　本書の発端は、企画者たちが携わった東京大学主催の2017年3月のシンポジウムにある（当時の正式名称は「世界の中の日本、日本の中の世界：『国内で実施する国際研修』の挑戦」であり、本書の編著者の一人である文が運営の中心的役割を果たした）。このシンポジウムは、日本にいながらにして大学生のグローバルな資質を数日から数週間の間に集中して育成する教育プログラムの実践と将来の展望を共有した機会であった。本書の編著者の一人である上智大学・杉村美紀副学長を基調講演に迎え、国内外のいくつかの大学より実践報告がなされ、情報交換と討議では時間内に対応できない数の質問や意見が寄せられた。本書はこの報告を基点に、国内で同様の国際研修の運営に関わる関係者の経験や知見をまとめ、再構成したものである。このシンポジウムを通して本書の企画者たちは国内で実施する国際研修に対する関心の高まりを確認すると同時に、こういった試みの共有が不十分であるという認識で一致した。海外で短期間集中的に学ぶ国際研修の実践は目にするようになってきたものの、国内での取り組みはまだあまり日の目を見ていない。したがって、本書はまだ萌芽的な試みをまとめたものであるものの、今後の発展を牽引する役割を担うものとして位置づけている。

　しかし、国内で実施するとはいえ、受け入れ可能な参加者数に対して、準備と運営に費やす人的、時間的、金銭的リソースと心理的負担は小さなもの

ではない。このような国際研修は、一つの授業の準備作業に多くの時間を費やし、複数の教員や専門家の協力を得て実施されることが多く、それは本編のそれぞれの報告からひしひしと感じられるであろう。ゆえに参加者数と費やすリソースのバランスは通常の授業と比していいとは言い難いが、多様化する現代の高等教育の学生群にはそのような学びの機会に興味を持つ者がおり、他の教育手法では提供しがたいインパクトを学生に与え得るものである。また、より多くの学生がグローバルな資質を備えることが地域、学術界、産業界からも求められていることはもちろんだが、個人の教養と幸せのためにも意味があることであると個人的な経験からであるが感じている。多様化する学生群にそれを望む者がいるとしたら、また、これまでの授業がもたらし得なかったインパクトを参加した学生が享受できているならば、決して「費用対効果」は悪くないと考えている。

　現在、大学生に国際的な学びを提供する教育形態は多様化している。学生にとっては、所属学部のカリキュラムや、金銭的、時間的、家庭的な制約などで国外での学びの機会を得られないことはあるが、本人が望みさえすれば国内でも濃厚な国際的な学びを体感することができる将来が今まさに広がっている。その過渡期に我々はいると感じている。

　本書の特色の一つは国際研修授業の実践に関する理解を第Ⅰ部で体系的に紹介しつつ、第Ⅱ部～第Ⅳ部では、異なるタイプの大学の実践、地方自治体や学外機関との連携を含む多彩な事例を集めたことである。そして、正課または非正課活動としてその実践に携わった関係者——担当教職員、日本の大学からの履修生、国外からの受入れ学生やティーチングアシスタント——の体験談をまとめている。異なる関係者の経験談を俯瞰できることは本書の二つ目の特色であり、それぞれが目の当たりにした学生の学びへの関与、各自がその経験をどう理解しているのかを共有したい。国内とはいえ準備業務は平坦なものではなく、奔走する涙ぐましい黒子役たる教職員の述懐を各章で垣間見られることと思う。また、最終的な成果のみならず、プログラムを作っていく過程にも注目していることが本書の三つ目の特色である。第Ⅴ部ではこれらの実践を総括し、今後の発展ための可能性を探る。

　なお、本書では学生が数日から数週間程度で集中的に異なる言語や文化の

環境に触れる国際交流現場を体験し、グローバルな視野、スキル、知識を養うことを目指し開発された授業を「国際研修」と呼ぶこととする。「研修」と言うと企業における社員トレーニングをイメージされる方もいるかもしれないが、大学における知識偏重型の伝統的な教室での学びとは一線を画し、学生の知識、スキル、態度を涵養する能力開発をねらう「研修」というイメージを汲み取っていただけたらと思っている。第Ⅱ部〜第Ⅳ部の実践報告では便宜的に「国際研修」という用語を可能な範囲で統一的に用いているが、各大学で異なる呼称が使われていることもある。

　本書の企画者たちは、類似のプログラムを既に実施、もしくは検討している関係者や研究者と情報を共有し、「国内で実施する短期集中型国際研修」の可能性を広げ、ひいては、日本の大学教育のさらなる国際化に貢献することをねらいとしている。本書が同様の試みを始めようとする機関の参考になればと願っている。

目　　次

第Ⅰ部

背景:
大学における「国際研修」の位置づけ

第 1 章

国際高等教育における学びの多様性

杉村美紀

1. はじめに

　高等教育の国際化が進む今日、教育プログラムには様々な形態のものが登場している。制度面では、旧来の高等教育が自国の人材育成を主目的として、一つの国家の教育枠組みの中だけで構築されていたのに対して、国際化の進展に伴い国境を越えたプログラムが多数展開されるようになっている。トランスナショナル教育あるいはクロスボーダー教育とも呼ばれるこうしたプログラムには、単位互換制度の整備と科目の相互認証といった課題が含まれるが、その一方でダブル・ディグリーやジョイント・ディグリーといった共同学位課程を可能にし、複数の教育機関が共同で人材を育成したり、複数の政府が国際連携を通じてプログラムを構築したりすることで、新たな高等教育のあり方を可能にしている。

　また教育方法の点では、共通のシラバスによって学習目標やカリキュラムを共有し、社会文化的背景が異なる中で相互に工夫を凝らした教育方法が導入されるようになっている。例えば、旧来のように教員が一方的に講義を展開する形式の授業ではなく、異なる背景を持つ学生が主体的に学ぶアクティブ・ラーニングの導入はその典型例である。さらに今日では、トランスナショナル教育を実践するうえで遠隔教育やオンライン教育と呼ばれる方法も導入されるようになっている。これは技術革新によって通信機器や技術の整備が進んだからこその改革であるが、これにより、かつては考えられなかった遠隔地との教育交流も進むようになった。

　教育内容の点では、人文・社会・自然科学という既存の学問枠組みに加え、近年の地球規模課題の解決のために必要とされる学際領域の登場が、カリキュラムの構成そのものを大きく変えようとしている。例えば、地球規模課題の一つである環境研究は、様々な学問領域が協働してはじめてその実現が可能になるものであり、それがまた新たな学術的知見を生んでいる。

　こうした動きに加え、今日では第４次産業革命と総称される技術革新に伴う全く新しい産業社会構造とそこでの雇用形態の変化により、社会が求める「優れた人材像」にも大きな変化が生じている。人工知能やロボットの登場により、これまでのように、より多くの知識を正確に記憶して使うというよりも、人間でなければできない能力が求められるようになった結果、想像性や批判的思考に基づく問題発見力や、他者との交流に欠かせないコミュニケーション力、多様性に富む異なる文化や価値観に柔軟に対応できる力、さらに困難や予期せぬ出来事にも臨機応変に対応できるレジリエンスなどが新たに求められるようになった。

　このように、高等教育の国際化が進む中で起きている教育制度や教育方法、内容における変革は、教育研究のあり方に新たな機能と役割を付与するようになっている。大学は本来、教育と研究を共に担う学術機関として、その時々の時代や社会が求める資質を兼ね備えた人材の育成と、その一方で未来に向けた知の構築という社会的責任を担ってきた。こうした大学の使命と、現代社会に求められる教育研究のあり方をどのようにバランスをとって共に実現するかは、今日の高等教育の大きな課題である。

　本書で取り上げる「国内で行う短期集中型国際研修」は、まさにそうした高等教育の変革の中で、「国際高等教育」としての可能性を示すものである。ここでいう短期集中型国際研修は、海外で行われるのではなく、自国内において実施されるプログラムを対象としている。従来より留学の重要な目的には、海外でなければ得られない語学力の向上や専門知識の習得があり、それらは今も引き続き大事な機能である。しかし、今日ではそれに加え、いわゆるグローバル・コンピテンシーとよばれるような、単に語学力だけではないスキルや態度をラーニング・アウトカムとして重視する動きがある。「国内で行う短期集中型国際研修」は、海外に行かずとも、国内にいながら国際的

な理解や異文化を持つ人々との交流を通じ、知識や語学力の獲得を目指し、あるいは国内の通常の学びでは得られない経験や認識を深めることを促すものである。

　本章では、はじめに高等教育の国際化をめぐる背景を整理したあと、高等教育の国際化のもとで、協調や協力を軸とした「国際高等教育」の概念について述べ、あわせて「国内で実施する国際化（Internationalisation at Home）」の考え方に触れる。そして、短期集中型国際研修が、「国内で実施する国際化」の特徴を有する国際高等教育の実践であることを指摘する。

2.　国際高等教育展開の背景

2.1.　高等教育の国際化と戦略的競争

　高等教育の国際化が論じられるようになって以来、日本をはじめ各国の高等教育は様々な改革を経て変容を遂げている。留学生の受入れや日本人学生の送り出しの奨励、英語を教授用語とする科目の拡充、外国籍教員の採用などが行われ、海外と提携したプログラムも様々な形態を持つものが登場している。そこでは、国際化をめぐる指標が注目を集め、それらは各大学や高等教育機関を評価によってランキング付けすることで競争を促している。それは各教育機関の競争にとどまらず、今では優秀な人材をどのように獲得するかという高度人材獲得競争を引き起こし、国際化を進め、国際教育交流の拠点となることでいかに自国のプレゼンスを高めるかという各国の戦略ともなっている。

　こうした中で近年急速に展開するようになっているのが、国境を越えるプログラムである。国際化を進めるうえで必要な人材や資金面に制約がある中で、国境を越えるプログラムは、トランスナショナル教育やクロスボーダー教育と呼ばれ、国際化の象徴的な改革の一つとされてきた。それらは、旧来の大学間連携にとどまらず、政府間レベルで結ばれるものや、当該国が位置する地域全体で取り組まれるものなど実施主体によって様々な形態に分かれている。従来からあるのは、大学などの学術機関が相互に協定を結び、学生

の交換留学や研究交流を行うもので、今日でも国際化のプログラムの中心を成している。そこでは主として交流による友好関係の醸成や相互の文化理解などが目標とされてきた。これに対して今日では、高等教育の国際化をより戦略的にとらえ、人材育成や優秀な人材の確保に努める例が様々な国で多くみられるようになった。

　こうした動きは日本の場合も全く同様である。1980年代初頭に留学生受入れ10万人計画が始まった時点では、欧米先進国に比べて高等教育人口に占める留学生の受入れ人数の割合が低いことから、その割合を高め、日本の国際交流を活性化することが強調された。1990年代に入ると、急速に進む少子高齢化の流れとそれに伴う人材不足問題から、より多くの人材の獲得を目指した留学生獲得と、「知的国際貢献」という考え方を基に、国際交流が、国際協力や支援と同等であるという観点から促進された。しかしながら、日本では、1990年代にはまだ、「高等教育分野の国際化」という観点はあまり強調されていなかった。日本で提供されている高等教育の内実そのものを国際化するという課題と、そのための施策が明確に打ち出されたのは、2003年に10万人計画が達成され、次の「ポスト10万人計画」が議論されるようになってからである。特に2007年に示された「アジア・ゲートウェイ戦略構想」では、日本の留学生受入れ数が世界全体の留学生に占める割合を5％にするという目標値が定められ、同時に日本を国際交流拠点として位置づける構想が打ち出された。これを受けて策定・実施されたのが、2009年に5年間の計画で開始された国際化拠点整備事業（通称、グローバル30）である。同構想では、事業に応募した大学の中から13の大学が選定され、国際化を推進する拠点大学として高等教育の国際化の推進役となることが期待された。

　さらに国際化拠点整備事業が終了した2014年には、10年間のスーパーグローバル大学創成支援事業が開始された。同事業では、応募大学の中から、研究と教育両面の国際化を進め、2023年までに世界のランキング100位以内に入ることを求められているタイプAの大学に13校が、また国際化推進のための取り組みを行うタイプBの大学に24校が選定され、長期にわたる国際化戦略を担うようになった。

　このように、高等教育の国際化をめぐる一連の改革を通じて顕著にみられ

るのは、ランキングに象徴される競争原理である。旧来の大学においては、旧態依然のまま改革はほとんど行われることは少なかった。しかしながら、国際化が進展し、特に海外の教育機関が様々な改革を進めるようになると、留学生移動にも新たな流れがみられるようになった。特にアジアにおいては、国際化の進展により、かつてのように留学生を送り出す側であった国々が留学生受入れ国としてプレゼンスを示すようになった。例えば中国や韓国、マレーシアは、それぞれ受入れ留学生数を50万人、20万人、15万人と設定し、留学生を積極的に受け入れる政策を展開することで、国際教育交流の拠点化を進めた。この結果、国際化をめぐる競争が激しくなった。同時に、留学生招致を図る過程では、自国のプログラムに加え、効率化に基づき海外の大学との連携によるトランスナショナル教育やクロスボーダー教育とよばれる国境を越える高等教育が盛んに展開されるようになり、大学や研究機関相互の交流レベルでは、ダブル・ディグリーやジョイント・ディグリーといった国際共同学位プログラムが様々な形で構築されるようになった。いわば、学生、教職員のモビリティに加え、プログラムのモビリティが企図されるようになっている。これに加え、今日では、大学というプログラムの提供者（プロバイダー）そのものが移動して、相手国に分校をつくる例もみられる。

2.2.　「高等教育の国際化」のもとでの「国際高等教育」

　こうした動きをナイト（Knight, 2017）は「プログラム及び提供者の国際移動（International Program and Provider Mobility：IPPM）」とよび、旧来からのトランスナショナル教育とは区別すべきだとしている。この考え方の背景には、トランスナショナル教育あるいはクロスボーダー教育とよばれるものが今日あまりにもその実態が多様化しているということがあるが、もう一つは、実際にプログラムやプログラムの提供者そのものが移動することで展開される「国際高等教育」が明らかに増えたからである。IPPMという概念に示される高等教育の多様化は、送り出しや受入れといった学生移動を中心に考えられてきた従来の高等教育に対して、学生移動に加えて様々な学びの場をデザインすることを促した。

　IPPMをめぐる議論については、ナイトとマクナマラ（Knight & McNamara,

2017）が、IPPMの分析調査を行っている。同研究では高等教育の国際化をめぐり、トランスナショナル、クロスボーダー、ボーダーレスといった様々な呼び名が、学生や研究者、プログラム、プログラムの提供者の移動を含みながら、いずれもほぼ同義の用語として使われているものの、そこでは、国内の移動かあるいは国外への移動か、地域単位での移動か、プログラムの実施主体は教育機関か政府か、あるいは国際機関かなど、区別されるべき点を無視したかたちで混同して使われていることを指摘している。

　一方、トランスナショナル教育やクロスボーダー教育と総称されてきた高等教育の国際化は、競争だけではなく、協働による新たなプログラム構築の動きも生んでいる。例えば、ヨーロッパのEUで展開されてきた学生モビリティの促進を企図したエラスムス計画と、それに伴って形成されたヨーロッパ高等教育圏がモデルとなり、アジア太平洋地域でもアジア版エラスムスプログラムとして誕生した複数の学生モビリティスキームはその例である。もともとアジア太平洋地域には1990年代初頭から「アジア太平洋大学交流機構（UMAP）」と呼ばれる学生交流のスキームがあったが、これに加えて複数の学生モビリティの枠組みが作られた[1]。これらのプログラムはいずれも学生の海外への移動を伴うものであるが、自国の大学が持つプログラムや教員、研究者、実験設備等の資財を、他国との協働と協力によって活用しようとするものであり、杉村（2013）が指摘するように、国際化の中で進んできた競争とは異なり、協働や協力を軸とした国際高等教育の側面である。前述のナイトとマクナマラ（Knight & McNamara, 2017）の分析においても、こうした現状を反映して、IPPMのカテゴリーを、1）各教育機関が独立に行うフランチャイズ・プログラム、海外分校、自学自習の遠隔教育と、2）教育機関が協力して行うパートナーシップ・プログラム、共同大学・カレッジ

1　例えば、東南アジア諸国連合（ASEAN）が1995年に形成した「アセアン大学連合（AUN）」や、マレーシア、インドネア、タイの3か国が共同で立ち上げた学生交流プログラム（MITプログラム）はその好例である。特にMITプログラムは、アセアン教育大臣機構高等教育開発センター（SEAMEO-RIHED）が継承し、「アセアン国際学生モビリティプログラム（AIMS）」として展開されている。他方、南アジア地域連合（SAARC）加盟8か国が協働して立ち上げた「南アジア大学（SAU）」、さらに日本、中国、韓国の3か国政府が協働して開始した「キャンパスアジア（CAMPUS ASIA）」がある。

（Joint Universities/Colleges）、相手先のパートナー機関と協力して行う遠隔
教育に区別する必要性が示唆されている。

3.　自国で実施する国際高等教育の意義

　こうした競争と協働がともに存在するようになっている今日、学習者には
より多様で多くの学びの機会が準備されるようになっている。また学生の海
外での学びを奨励する機会やそのための奨学金も以前に比べると増えた。そ
こには留学だけではなく、ボランティアやインターンシップ、サービス・
ラーニングなど多様な形態のプログラムが含まれる。また留学についても、
学位取得を目的とした長期のプログラムに限らず、短期で語学研修を行うも
のなど様々である。

　しかしながら、日本の大学の現状を考えた場合、プログラムの多様化や量
的拡大に対し、海外の就学者数がそこまで飛躍的に伸びているわけではない
ことには留意が必要であろう。学生の多くは、海外での学びや異文化学習も
さることながら、卒業後の進路や就職という現実的な課題により多くの関心
を向けているのが実際である。特に長期にわたる海外での留学や研修は、し
ばしば卒業時期を遅らせることになり、かつ企業側が海外での経験を必ずし
もプラスに評価するとは限らないといったこれまでの通念から、留学によっ
て卒業時期が遅れるのは就職にはかえって不利であるといった考え方が未だ
根強い。このため、学生の多くは短期のプログラムを志向する傾向にある。
またかつては、海外へ行く機会は非常に限られていたが、今日では、交通網
の発達により、以前に比べると個人でも海外に行く機会が圧倒的に増え、留
学そのものが必ずしも魅力的なものとはならなくなったという事情もある。

　他方、海外への留学を希望していても、それが難しい場合もある。例えば
カリキュラムが一連の流れに基づいて作られている法学のプログラムの場
合、一つずつの科目履修を積み上げながら一連のプログラムを学んでいくよ
うになっている。また、理工系のように一定期間、同じ場所や実験器具を
使っての実習や実験が求められるプログラムでは、長期にわたって海外へ移
動することが難しい。さらに医学・歯学・看護学系のプログラムのように、

資格取得が伴う課程では、定められた一定の科目を履修しなければ資格取得のための単位をそろえることができないため、決められた国内プログラムの履修を必然的に優先せざるを得ない。また、海外での学びには、費用がかかることもあり、留学や研修を支えるだけの経済的基盤がなければ実現が難しい場合もある。

　こうした現実をふまえ、今日、「国内で実施する国際化（Internationalisation at Home)」という考え方がある。この概念は、海外からの留学生とともに、学生たちが国内で学ぶ実践を含め、自分の大学や生活の場そのものが国際化されるとはどのようなものなのかを考えようというもので、高等教育の国際化の方策の一つとなっている。学生や教職員が自国に居ながらにして海外から来た留学生や教職員とともに学ぶことは、海外に実際に行くことのない学習者にも学びの機会を提供することにつながる。ヨーロッパ国際交流協議会（EAIE）は、1999年から「国内で実施する国際化」の研究実践に取り組む分科会を立ち上げ、その効果検証等を行ってきた。EAIEは、ウェブサイトの中で、ビーレンとジョーンズ（Beelen & Jones, 2015）の研究で示された定義「自国の学習環境の中で、学生がフォーマル教育のプログラムやインフォーマル教育のプログラムを通して、国際的かつ文化を跨いだ観点から学ぶことを目的とした活動」を引用している。そして、自国で実施する国際共同研修の意義を確認し、今日ヨーロッパの大学の64%が、自国で実施する国際共同研修への取り組みに関心を寄せていると報告している。フォーマル教育は特定の目的を持って制度的に行われるプログラムであるのに対し、インフォーマルは特定の意図を持たない学びを意味するが、ビーレンとジョーンズ（Beelen & Jones, 2015）の定義にはそのいずれもが含まれる。

　ジョーンズとレイフェンラス（Jones & Reiffenrath, 2018）は、「国内で実施する国際化」の意義は、1）プログラムの参加学生全てが、海外に行かなくともグローバルなものの見方を学ぶことができる、2）国際化の要素をカリキュラム全体に広く取り入れることができる、3）通常のカリキュラムの中でより国際的で文化横断型の見方をラーニング・アウトカムとして得ることができる、4）ワークショップやサービス・ラーニングなど、通常のカリキュラム以外のインフォーマル教育においても実施することができる、5）

文化的背景の異なる自国学生と海外からの学生がともに学ぶことで、多様性に富んだ学習者中心の学びが実現できる、6）学習者に、異文化や国際化に関わる事象、あるいはグローバル化や人の移動、文化的多様性といったことにより関心を向けさせるきっかけとなる、7）プログラムの実施にあたっては、授業者のみならず、スタッフや国際交流担当者など様々な立場の人々が役割を担う、8）交流を実施するにあたっては必然的に英語ないし必要な言語の習得が促される、9）交流の相手側教育機関との間に、実際に相手国を訪問しなくとも、実質的な交流が行われることで、自大学だけでは得られない知識やデータに加え、コミュニケーションスキルやソーシャルスキルを習得することができる、10）フォーマル及びインフォーマルなプログラムを受けることで多様な学習環境の中で協働して学ぶことの意義を得ることができる、という点を挙げている。さらに多様な環境の中で学ぶという方法をとることによって、その場に海外からの学生がいなくとも、自国で行う国際研修を進めることも可能である、と指摘する。

　こうした中で、近年では、相手国に行く留学ではなく、自国に居ながらにして多様な文化の差異や価値観を学ぶ短期プログラムの開発が進んでいる。日本においては、日本人学生からの強い学習希望がある語学プログラムに加え、プログラムを実施する当該社会の特性を活かしたプログラムが展開されている例が多い。

4.　国内で実施する国際高等教育の実際

　国内で実施する短期集中型国際研修については、様々な形態があり、その内容も多様である。具体的な実践例は本書第Ⅱ部以降の様々な事例分析に譲るとして、ここでは国内で実施する短期集中型国際研修が、ジョーンズとレイフェンラス（Jones & Reiffenrath, 2018、前出）で挙げた「国内で実施する国際化」でありかつ国際高等教育としての特徴を持つことを、上智大学「グローバル・リーダーシップ・プログラム」の事例と、IPPM（前出）としての特徴を有するオンライン国際交流学習の二つの事例を通じて考える。

4.1.　社会的文化的背景の異なる多大学間コンソーシアムの国際研修 ——上智大学グローバル・リーダーシップ・プログラム(GLP)の事例

　短期集中型国際研修は、各大学の持つ既存のプログラムや教職員のリソースを活かしながらプログラムのデザインを進めている場合が多い。筆者が所属する上智大学では、アジアにある設立母体を一にするイエズス会大学と組み、かつカトリック大学の特性を活かして取り組むことのできる課題解決型の短期集中型国際研修「グローバル・リーダーシップ・プログラム」を開催している。同プロジェクトは、上智大学が発案し、韓国の西江大学、フィリピンのアテネオ・デ・マニラ大学、台湾の輔仁大学に呼びかけて2008年に開始されたもので、2012年からはインドネシアのサナタダルマ大学も参加して5大学間で運営実施されている。本プログラムは、事前事後の各大学での学びと、参加者が一堂に会して行う合宿研修を組み合わせて実施されるものである。その特色は、参加大学がいずれもキリスト教ヒューマニズムに基づくイエズス会系大学として「他者のために、他者とともに」というミッションを共有しており、かつ一般の留学プログラムやスタディーツアーとは異なり、参加者自らが運営に積極的に関わり、共通課題を中心として活動する学生参加型・能動型の国際交流プログラムであるという点にある。イエズス会の教育に対する考え方には、様々な文化的背景を持つ多地域の人々が、地球規模の課題としての貧困、環境、教育及び倫理という四つの側面を重視して問題を共有し、議論を行い、課題解決を目指して共に歩む方策を探るということがある。そこでは特に、多様性の尊重と、持続可能な発展を支える社会的公正・正義が重視されている。

　2008年8月に東京の上智大学を会場に開かれた第1回プログラムは、「社会格差」をテーマにして行われた。4大学の学生は、事前に、自国の「社会格差」をめぐる問題を調査し、何が問題点かを明らかにしたうえで東京に集まった。そこではまず、各大学から、事前学習で調べた内容を発表し、お互いの課題を共有することから始まった。その後、今度は、四つの大学のメンバーを混合して編成したグループをつくり、グループごとに学びを深めた。混合チームを作る重要な理由は、自分の大学だけで討議するのではなく、あ

えて文化的背景の異なる参加者が、それぞれの社会問題を持ち寄ってともに討議することで、相互に比較の視点を持って社会格差の問題を議論するようにするためであった。

　実際のプログラムでは、参加大学をとりまく社会情勢には、日頃、報道等で見聞きしている状況とは異なるものもあるほか、日本の学生たちにとっては、英語を使って海外の同年齢層の若者と「社会格差」という複雑な問題を直接議論すること それ自体が大きな経験であった。また、格差問題を単に机上の空論としてだけ学ぶのではなく、実際の日本社会の現況を直接見たり経験したりしてもらうことも大事だと考え、1週間のプログラムでは、大学での講義のほか、東京及びその近郊でのフィールドワークも盛り込まれ、あわせてフィールドワーク先関係者を招いてのパネルディスカッションを行うなど多様な活動が盛り込まれた。このほか、日本の家庭へのホームステイも行われた。

　各グループは教育格差、所得格差、外国人労働者問題、地域格差の四つのテーマを選択し、それぞれのフィールド先は、教育格差については在日外国人の子どもたちを対象とした日本語支援機関「足立インターナショナルアカデミー」、所得格差については富の蓄積を象徴する六本木の街と山谷・隅田川地区の野宿者居住区への訪問、外国人労働者問題については新宿区の就職支援機関「ハローワーク新宿」と外国人支援機関「しんじゅく多文化共生プラザ」、さらに地域格差については都会とは対照的に、自然の水だけで稲作を維持している千葉県鴨川市の「大山千枚田保存会」と棚田であった。これらのフィールドワークで得た知見は、プログラムの後半のグループ別討議の中でまとめられ、最終日の報告会の中でそれぞれが得た学びを発表し合う形で共有された。そこでは、海外からの学生にとっては、「先進国」として開発や発展が進んでいるという印象が強い日本において、様々な社会格差があることを実感し、日本人学生にとっては、既存の現実を文化的背景や価値観・考え方の異なる海外からの学生とともに学ぶことで、従来の見方とは異なる新たな考え方や切り口を発見する場となった。

　また、そうした具体的な事象の把握や異文化理解のほかに、討議そのものの中でも多国間の学生の協働作業が意義を持つことが明らかになった。例え

ばグローバル化がもたらす恩恵とその一方で生じるローカルな格差問題というテーマに焦点があてられた際に、4大学の代表者のうち2大学の代表はグローバル化をプラスとマイナスの両局面から考えたのに対し、ある大学の代表は、グローバル化をもっぱら肯定的に評価するという立場を主張し、両者の意見が相いれない場面があった。その際に第四の大学の代表が双方の間に入ってバランスをとることで多様な意見を相互に知り合うという機会があった。また格差問題を国家間の歴史的な政治問題に引き付けて考えようとするある大学の代表に対して、別の大学の代表があえて政治問題以外のアプローチを提案する場面では、学生たちは、ある問題に対して多様なアプローチがあることを経験と共に学んだ。こうした実際のプログラムの展開の様子に関して、プログラムの発案者である上智大学の国際交流担当者は、異なる言語・文化を背景に持つ学生が額をつきあわせて真剣に話し込んでいる姿を見て、この若者たちが4大学共通の教育精神 Men and Women for Others, with Others を心に持ったグローバルリーダーに将来なることを祈念したと述べている。ここには、ジョーンズとレイフェンラス（Jones & Reiffenrath, 2018、前出）が指摘するとおり、文化的背景の異なる自国学生と海外からの学生がともに学ぶことで、単に知識や語学の習得を図るだけではなく、コミュニケーションスキルやソーシャルスキルを習得するとともに、多様な学習環境の中で協働して学ぶことのできる「国内で実施する国際化」の意義と、協働と協力を軸とする国際高等教育の特徴が示されている。

4.2.　オンライン学習を通じた国際研修の可能性

　異なる文化や社会背景を持った学習者とともに、相手国・地域に行かずに学ぶ国際研修の可能性として、近年ではオンラインを利用した学習方法にも注目が集まるようになっている。例えば、オープン・オンライン・コース（Massive Open Online Courses：MOOCs）は、インターネット上でだれもが無料で講義を受けることのできる学びの形態を指し、すでに日本のみならず世界の色々な国で利用が開始されている。代表的なプラットフォームとしては「Coursera」「edX」などがあり、特にアメリカの大学を中心としてこうしたプラットフォームから講義が発信されている。日本版としてはJMOOCが

提供する「gacco」「OUJ MOOC」がある。オンライン学習の意義については、様々な状況下の学習者に多様な学習機会を提供するといった点で、技術革新が拡げる学びの可能性に大きな期待が寄せられている。その一方で、旧来型の講義や討論を通じてこそ、そのやりとりの中から様々な知見を学び得るという考え方があり、特に議論を繰り返す中で学びを進める教授学習法からすると、MOOCのように講義をする側とそれを受け取る側だけの一方向的な学び方が、全ての学問領域に通用するとは言えないとする考え方もある。しかしながら、旧来の方法では教育機会が得られない学習者が、知識を得たり学びを深めたりすることができ、新たな学びの機会が拡がるというのも事実である。このように、実際には海外、あるいは相手先に行かないものの、学びを深める方策を求めるという考え方は、学びの形態を従来の留学とは異なる発想でとらえるという点で、国内で行う短期集中型国際研修の考え方に通じるものがある。

　プログラムやプログラム提供者の移動に着目するIPPM（前出）でも、こうした遠隔教育が今日、国際高等教育においてにわかに浮上してきたことを指摘する。例えばブリティッシュ・カウンシルが2016年に発表したイギリスの大学に関する報告によれば、2015年の時点でイギリスの大学が行っている国境を越えるプログラムの実に半数以上が遠隔教育やオンライン教育を通じてシンガポールや香港、ナイジェリア等との間で実施されており、プログラムの5分の2は、相手先のローカル・パートナーが運営しているという。またオーストラリアでも、2015年の統計によれば国境を越えるプログラム履修者の12%は、オフショアすなわち海外に居ながらオーストラリアには来ないまま履修している学生であると述べている。ここには、国際高等教育が、学生の移動は伴わないままプログラムへのアクセスを提供することで成立するようになっている実態が示されている。

　実際に、そうした考え方に基づき、IT技術を用いながら、MOOCとは異なり、双方向や、場合によっては複数の学習者との教授学習過程を創りだす実践が、「オンライン国際交流学習（Collaborative Online International Learning：COIL）」という形で展開され始めている。日本では、関西大学が「世界中の学生と授業をシェアする新しい学びのカタチ」として2014年に全国に先駆け

てCOILを導入した。関西大学（2017）によれば、COILとは「情報通信技術ツールを用いて、海外の大学に属する学生達と様々な分野のプロジェクトをバーチャルな環境を通して連携しながら実施」するもので、「MOOCsのように一方向となりがちな学習形態とは異なり、国内にいながら海外大学の学生と意思疎通を図り、共に学ぶことができる新しい教育実践の方法」を意味する。開始以来、2017年の時点で世界10か国・17大学のネットワークを活用し、のべ46科目でCOILを活用した授業が実施されてきた。COILの意義は、海外の高等教育機関とのより具体的な関係構築の手段として非常に有効であり、関西大学の事例では、1）学生たちが自分たちでは目を向けない国や地域にも触れることができる機会を提供する、2）留学や海外に関心が薄い学生層および潜在層に、積極的な推進を行う上でCOIL体験が役立つ、3）教師のサポートの下、バーチャルな環境で外国語でのコミュニケーション能力及び異文化対応能力を涵養する、4）派遣留学に参加できない日本人学生にとって、異文化間コミュニケーションの経験を提供し、将来の就職活動等に役立てることができる、といった点が挙げられている。ここにも示されているとおり、COILの特徴は「異なる文化背景を持った海外の学生と協働学習を行うことによって、異文化理解や異文化間コミュニケーションスキルを培うことができる効果の高い教授法」であり、「COILを授業に取り入れることで、英語をはじめ、外国語で意思疎通する機会を提供」できるほか、「学生中心のプロジェクト型学習」を行うことで、メディア・リテラシーやチームワーク・スキルなどの様々なスキルを身に付けることができる」という点にある（関西大学KU-COILウェブサイト）。

　文部科学省の平成30（2018）年度「大学の世界展開力強化事業」では、COIL型教育を活用した米国との大学間交流形成支援が実施されることとなり、採択大学での取り組みが2018年9月より始まっている。本事業では、COILを活用しながら、そのプログラムの一部に学生のモビリティを含めたかたちで活動を展開することが求められており、実際に渡航する前の事前事後の学習を含め、COILを使った学習を実際に相手先に行って深めることが企図されている。いわば、日米双方から、自国での国際研修を礎として国際高等教育を展開しようとする動きである。

5.　まとめ

　国際化の進展に伴い、海外で学ぶ機会は確かに増加した。国際化は各国の大学間の競争原理を生み、それが一方では、様々な国際高等教育のネットワークやスキームの構築という国際教育の連携の動きも生み、そこで展開されているトランスナショナル教育が学生や教職員、プログラム、そしてプログラムの提供者のモビリティを促している。こうした国際化の現状がある中で、自国で実施する短期型国際研修は、海外に行かなくても、自国に居ながらにして多様な文化的背景や異なる考え方を持った学生間の交流を経済的にも時間的にもより身近に展開できる。この点において、高等教育の国際化の一局面である自国で行う国際協働研修の実践としてとらえることができる。

　そこにはオンラインを用いて展開されるCOIL型学習も含まれるが、同じようにIT技術や機材を使った学びであるMOOCsと異なるのは、後者が、希望者が自分の興味関心から受講する一方向的なものであるのに対して、COILは一定のカリキュラムのもとにプログラムの提供者と受講者が双方向で学びを深めることが企図されており、それは時に、オンラインだけでなく、実際に受講者が一緒に集って展開する活動も含めることで、相互の学びや気づきを含んだ国際教育の実践として意義づけられるという点にある。その意味では、COIL型学習は、その実施形態においても内容面においても、国内で実施する短期集中型国際研修との親和性が高く、今後はこうした研修でCOIL型学習を応用することも考えられよう。COILでは同じ空間と行動はともにせず、それゆえ学習集団内における相互関係が学びに与える影響という点では差異があるが、COILのプログラム内に一緒に集う活動も含めることも可能であり、その意味で両者は親和性が高い。

　近年では、海外に長く留学するよりも、短期に集中して学ぶプログラムの人気が高まっている。そうした中にあって、短期集中型国際研修は、短期間であることに加え、海外に行くよりは経済的に参加でき、かつ、日頃、学習者が文化的社会的環境に慣れている自国で行われるという特徴を持っている。またそこでの活動は、海外に行く場合とは大きく異なり、自分たちが持

つ文化の枠組みの中にいながら、海外からの留学生が持ってくる異なる考え方や価値観、文化形態を経験することができるという点で、受け入れる側としての立場や対応のあり方を意識することになる。学習者は、従来から留学の重要な目的であった語学力の向上や専門知識の習得に加え、自文化の特徴についてよりよく理解し、異文化を持つ相手とのやりとりの中で誤解が生じないように、自分の真意を伝えたり、理解したりするという経験を積むことになる。それによってグローバル・コンピテンシーとよばれるスキルや態度をラーニング・アウトカムとして習得することも可能になる。

　冒頭で述べたように、今日、高等教育の国際化が進む中で、教育制度や教育方法、内容における変革は、協力と協働を軸とする国際高等教育としての新たな機能と役割を生んでいる。学生の流動性は引き続き重要な教育研究活動において重要であることは間違いないが、学びの多様化という点では、今後は短期型国際研修のように、機動性に富み、かつ密度の濃い内容を持ったプログラムを自国に居ながら学び、国際化・グローバル化する社会で求められるコンピテンシーを身に付けるということが、これまで以上に高等教育において重要な意義を持つようになるであろう。留学を行ううえでの制約が短期型国際研修の導入によって解消することは大きな意義を持つ。その取り組みは、高等教育の学びをデザインするうえで、「国内における国際化」の意義を、新たな創意工夫によってプログラムに取り込むことで、国際高等教育としての発展を促すものである。

6.　参考文献

Beelen, Jos and Jones Elspeth（2015）. "Redefining Internationalization at Home" in Curaj, Adrian, Liviu Matei, Remus Pricopie, Jamil Salmi, Peter Scott et al. eds. *The European Higher Education Area*. Springer, pp. 59–72.

Jones, Elspeth and Reiffenrath, Tanja（2018）. "Internationalisation at home in Practice". ヨーロッパ国際交流協議会（EAIE）ウェブサイト所収.
https://www.eaie.org/blog/internationalisation-at-home-practice.html
（2019年5月5日最終閲覧）

Knight, J.（2017）"The New Faces of Transnational Higher Education". University World News: The Global Window on Higher Education. 27 October, 2017.

Knight, J. and John McNamara（2017）Transnational Education: A Classification Framework and Data Collection Guidelines for International Programme and Provider Mobility（IPPM）: British Council and DAAD. 2017.

関西大学「第3回KU-COILワークショップ・国際シンポジウム」プレスリリース（2017年11月27日）

https://www.excite.co.jp/News/release/20171127/Dprp_24761.html

（2019年5月5日最終閲覧）

関西大学KU-COILウェブサイト

http://www.kansai-u.ac.jp/Kokusai/coil_2/about/

（2019年5月5日最終閲覧）

上智大学国際学術情報局国際交流センター（2008）『第1回イエズス会東アジア4大学：グローバル・リーダーシップ・プログラム報告書』2008年11月.

杉村美紀（2013）「東アジアにおける留学生交流と地域統合：教育連携のネットワーク化と『国際高等教育』の可能性」黒田一雄編著『アジアの高等教育ガバナンス』勁草書房、2013年、29-48頁.

杉村美紀（2015）「アジアにおける高等教育の国際連携とイエズス会大学の役割」高祖敏明、サリ・アガスティン（共編）『アジアにおけるイエズス会大学の役割』上智大学出版、2015年、95-105頁.

第 2 章

短期国際研修で学生は何を学んでいるのか

櫻井勇介

　本章では国際化が進む国内の大学教育において数日から数週間に渡り実施される比較的短期の国際研修がどのような教育的意義を持つのか考察する。そして、参加学生の学びの可能性を先行研究から紹介しつつその学びを支援する方策について考える。その後、国内で実施することの意義とその魅力を整理する。国際研修の経験から学生たちが実際に何を学んでいるのか、自らそれに携わっていながらも疑問に思う関係担当者は多いようだ。そのような方に国際研修をデザインするための地図となるようなものを提示したい。

1.　背景──短期研修の形態と戦略

　大学における国際的な学びの機会というと学生が国境を跨ぐ留学が主な役割を果たしてきた。現在もそのイメージが様変わりしたわけではないが（Beelen, 2016）、今日の日本の大学では半年や 1 年間の留学に加え、様々な短期間の海外プログラムが開発されており（例 子島&藤原，2017）、国外の活動に関心のある学生が積極的に参加している。このような経験を促す取り組みは学生の学びと国際的な能力の育成に重要であるが、なにも海外に送り出すことだけがその唯一の手段ではない。国内でも様々な条件を整備することで、国際的な学習の場を創造することができる。前章で杉村も言及した国内キャンパスの国際化を目指す理念「Internationalisation at Home」は多くの国の大学教育改革の俎上に載せられている。その理念においては、大学キャンパス内の改革にその視野を限定するのではなく、大学周辺の地域のリソースを活用しながら様々な教育的活動を推進するものであると理解されてお

り、授業の使用言語を外国語にすればいいというわけでも、教室に留学生が
いればいいというわけでもない（Beelen & Jones, 2015）。また、この理念に
は、在籍生に対する国際教育を提供するという意義だけではなく、受け入れ
た留学生にも質の高い教育を提供することで、教育の国際通用性をアピール
し、ますます国境を越えて激化する大学間競争への対応をするというねらい
もある（Beelen & Jones, 2015）。

　このような国内の国際化を進めようとする動きは世界中で見られるもの
の、一部の研究者によれば、アジアの大学はこの流れから取り残されている
と認識されているようだ（Beelen & Jones, 2015, p. 67）。とはいえ、その他
の諸外国で必ずしも理想的な国内の国際化が達成されているわけでもなく、
テーケンス（Teekens, 2013）による「多文化学習や国際的経験に一切触れる
ことのない大部分の学生を我々はどうするのか」という難題は今も根強く
残っている。多様性が高い大学に入り浸ったからといって学生の異文化への
認識がより洗練されるわけではないという報告もあり（Paige & Vande Berg,
2012）、国際的な学びの場の創造と同時にその戦略的な教育的仕掛けが重要
となってくる。

　国際的な学びの機会創出をねらう日本の大学教育においては、受入れ学生
数や英語で実施する授業数を増やすことが喫緊の課題として扱われてきた。
さらに、近年はその実践を共有し、教育の質を吟味すべき段階に入りつつあ
る。日本国内の実例としては、既に立命館大学や東北大学などが、在籍する
留学生とともに学ぶ共修授業の実践を重ね、国内で実施する国際教育の効果
的実践に向けた論点を整理している（坂本，堀江，米澤，2017；末松，
2017）。坂本ら（2017）はグローバル化する現代において、学生個人がそれ
ぞれの専門性を生かし、異なる背景を持つ他者とともに社会の発展や課題解
決に寄与できる能力を高められる機会をこれまでの通常の授業に組み入れて
いくことの重要性を強調している。

　一方で国際的な学びの機会の一つとして集中的に実施される短期の国際研
修授業は、国内か国外かを問わずその学習の質を疑問視する声があるとも報
告されており、安易な単位取得手段であるとか「お楽しみ」でさえあるとい
う批判もある（Campbell, 2016; Rahikainen & Hakkarainen, 2013）。しかしな

がら、研究はまだ少ないものの、こういった国際研修を履修した学生も長期的に意味のある国際的な資質の成長を見せることが示唆されており（Caldwell & Purtzer, 2014; Rowan-Kenyon & Niehaus, 2011）、「国際研修授業」と「伝統的な授業」でどちらが優れた教育形態か議論する視点に加え、それぞれの教育機会が社会と学生の求める人材開発にどう貢献できるのかという視点も重要であろう。

　社会から期待される使命を現代の大学教育が果たしているか問う声は一層高まり、同時に、多様化する学生は大学に多様な学びを求める。国際研修の授業もそれを免れない。近年の国際プログラムは言語運用力の向上のみならず、効果的に他者と情報をやり取りし、交渉、協働を通して問題を解決する能力をはじめ、より広範な能力の成長に資することが期待されている（末松, 2017）。ところが、著者が本書執筆当時所属した東京大学は、リベラルアーツを志向する1、2年生のプログラムにおいては、学生が様々な学術知識とスキルを育成し、広い視点から物事を考えることで効果的に諸課題の解決に導く能力を身に付けることが重視されているものの、国際研修がそのポリシーに確実に貢献しているのか実のところまだ十分に整理されていなかった。伝統的な授業形態では得られない「国際研修」ならではのインパクトを学生が享受することができているならば（またはできていないならば）、それを明確化させ、より効果的に機関の教育ポリシーの達成に繋げる方策を検討する必要があるだろう。

　では学生に一体どのような「インパクト」があるのであろうか。もちろん、国内で実施する国際研修だからといって、学生の学びや研修のインパクトが国外で実施される研修と全く異なるとは考えづらい。ただし、集中的な授業の形態や履修生が共に過ごす滞在施設の有無などが、学生の学びの質や学生同士の交流の密度を左右する可能性はあるだろう。以下、まず国内外での実施を問わず国際研修のような短期の国際体験を提供する教育プログラムにおける学生の学びの成果を整理していく。

2.　短期国際研修のインパクト

　短期の国際研修授業のインパクトは、長期の留学経験で得られるものの多くと共通する上に、長期留学への心理的障壁を克服する重要な役割を果たし得る（Lewis, Niesenbaum, View, Lewis, & Niesenbaum, 2005）。しかし、担当する教員や学生にとって、教育活動の意義が明らかでないとそれに向けた意識的な努力ができず、効果的な成果の獲得につながらない。ベーレン（Beelen, 2016）は世界規模で実施された調査結果を参照し、8割以上の大学で国際的な学びや異文化学習の成果が明確化されていないという残念な報告をしている。先行研究を見ると、国外から学生を短期間受け入れるプログラムの成果やインパクトに特に焦点を当てた研究成果は見当たらないものの、学生が海外で何らかの学業に短期間携わる実践の成果をまとめた研究報告はそれなりの蓄積がある。まずはそれらの先行研究や筆者が現在実施している調査結果を踏まえつつ、短期国際研修のインパクトについて整理していくことにする。

　日本の大学が実施する短期国際研修のインパクトを包括的にまとめた研究として、工藤（2009）、カッティング（2016）、櫻井（Sakurai, 2019）などが挙げられる。工藤（2009）はオーストラリアでの語学研修経験がもたらした成果と困難から学生が新しい気づきを得る過程を理論化している。アメリカでの短期研修を運営するカッティングは海外で開発された学習評価指標、学生の成果物やフィードバックを参照し、櫻井は様々な国での研修参加者からの聞き取りにより研修のインパクトを整理している。以下これらの成果を踏まえて、短期国際研修のインパクトを大きく以下の4種、(1)専門分野に特化した知識やスキル、(2)国際感覚や国際的視野、(3)汎用スキル、(4)自己開発と自身の将来への意識、に要約して概説していく。実際の個々の事例は必ずしも一つの要素のみで構成されるわけではなく、これらのうち複数の要素を併せ持った経験もあると考えるのが妥当である（Sakurai, 2019）。

2.1.　専門分野に特化した知識やスキル

　まず得られる一つ目の成果として、授業や研修が扱う学問分野の内容に関わるものを挙げる。国際的な場で行われる授業では、言語運用力の向上や異文化理解の獲得が重視されがちであるが、大学の授業としては特定の分野の知識やスキルの習得ももちろん重要である。ともすると履修生にとって抽象的になりかねないアカデミックな学習を国際研修の現場での経験は実体験に基づく学びにすると言われている。マクローリンとジョンソン（2006）は、アメリカの学生がコスタリカに行って学ぶ環境科学保全生物学の学習項目を明確化するために、「ブルームの教育目標分類（Bloom's Taxonomy）」を参考に評価指標を作成している。この教育目標分類は、個人が学習内容についてどの程度の認知的発達に至っているか明示化するもので、「知識」「理解」「応用」「分析」「総合」「評価」の順に認知的発達が深まっていくとして構造化したものである。現在は、改訂版が広く知られているが、マクローリンとジョンソンはこの分類の「知識」「理解」「応用」の段階のみを使用し紹介している。履修生は生物多様性に関する概念を実際の現場でのフィールドワークを通して学び、彼らの理解度を下の三つのレベルで評価することでアカデミックな学習内容の成果を具体化している

　　◦ **記憶レベル**：「学習日記の中でその概念について言及し、定義をしている」
　　◦ **理解レベル**：「その概念に基づいて実際の環境の事例を描写することで
　　　　　　　　　　自身の理解を提示できる」
　　◦ **応用レベル**：「人類と環境の係わりに端を発する問題について、将来の
　　　　　　　　　　可能性な対策を講じることによって、その概念の意義につ
　　　　　　　　　　いて深い理解を示すことができる」

　このような学問分野の専門知識の理解と同様に、専門性の高いスキルを習得する機会もあるだろう。特定の実験方法やデータ分析手法などのツールを扱う授業ではこういった専門分野に特化したスキルを現場で自らの体験を通して習得する機会にもなる。

　大学教育において、学生が何に習熟することが期待されているのか具体的に示し、効果的にアウトカムへ導こうとする取り組みは何も新しいものではない。ここでは一例のみを挙げたが、専門的な知識の獲得と現場での経験を経たうえでこそ獲得できる知識やスキルをどう育成していくかは、研修中の様々な活動、タスク、評価方法をどのように意図的にデザインしていくかに依るところが多い。しかし本章で後述するが、集中講義形式では十分な学問的理解へ至ることの難しさも指摘されており、教室の中では得られない知見を、一つの事例や一回の経験にとどまることなく、より学術的な専門的知識に昇華させていけるのかは、その分野に広く習熟する教員の手腕にかかっている。

2.2.　国際感覚や国際的視野

　諸外国での交流の中で得る国際感覚やグローバルな見方の変容なども国際研修授業がもたらす貴重なインパクトであり、それは往々にして自分自身の慣れ親しんだものとその意識の外にあったものが共存して参加者の意識を揺さぶる経験になる（Sakurai, 2019）。チエフォとグリフィス（Chieffo & Griffiths, 2004）は国内外の短期集中プログラムに参加した履修生の国際感覚の変容と国際活動状況に注目し、アンケートを実施した。その結果、異文化理解や寛容性、異文化の具体的知識について履修者に向上が見られたと述べている。さらに、海外研修に参加しない学生より、参加した学生の方が、学生自身の母語や外国語使用を通した相手とのやり取りにおいて他者への配慮をするようになったことが報告されている。一方日本では、短期のオーストラリア語学研修のインパクトを検証した工藤（2009）が日本の大学からの履修生の語りや報告文に「自分たち」や「他文化に属する他者」という相対的な人間関係の認識や、「日本人」も「非日本人アジア人」をも含めた「アジア人」という同一化意識が特徴的に見られたことを報告し、国境に基づく典型的な境界意識が強化される傾向を指摘している。履修生によって描写されたオーストラリアの特徴が無批判に肯定的に評価されていた傾向も興味深い点である。また、天木（2016）は短期海外インターンシップの参加学生が考えたグローバル人材の資質を収集し、国際的な就業場面で、積極的に失敗を恐

れない態度を持ち、現地文化のみならず自国文化への感受性を備えることの重要性を意識していたと報告している。カッティング（2016）も他者と自己とをそれぞれを通して理解すること、積極的に他文化を理解しようとすること、これらを統合し広い視野で物事をとらえることが学生の国際的視野に与える主なインパクトであるとまとめている。

2.3.　汎用スキル

特定の分野に限られない幅広い分野や活動に活用できるスキルを「汎用スキル」や「ジェネリックスキル」「転移可能スキル」などと呼ぶ。短期の研修でも特に、外国語の基本的な運用力と即興力の向上、多様な人々とのコミュニケーション上の問題解決スキルなどが挙げられている（Jackson, 2006; Sakurai, 2019; 工藤，2009）。研修の内容によっては効果的な発表を行うスキル、ディスカッションや会話を続けたり、話を切り出したりするスキルの向上なども履修生からよく報告される。カッティング（2016）は特に「グローバルコミュニケーションスキル」として二つの下位区分を設定している。一つ目は難しさを意識しつつ様々なストラテジーを使用し他者との効果的な意思疎通を図っていくというスキル、そして二つ目は特に授業や発表などで、自身の考えを効果的に伝えるというスキルである。これらの言語使用に関わるスキルに加え、一貫した話し合いをするための手順やグループ作業の仕事分担、限られた時間内でのグループ作業を完遂するための時間管理方法、馴染みのない人とうまくやっていくための関係作りなどの特定の学問分野を超えて汎用的に活用されるスキルの熟達も報告されることがある。

2.4.　自己開発と自身の将来への意識

研修での新たな経験を通して多くの学生が現在の自分自身を改めて見つめ直し、将来の成長への意志を新たにする。思ったより自分の英語が通じるという認識からそれまで以上の努力を心に誓う学生もいれば（坂田＆福田，2008）、まだ満足にできないという感覚を持つ学生もいるし、両者の感情が入り混じった複雑な感想を漏らす学生もいる。日本の大学から国外職業体験キャンプを実施した山口（2017）も、学生の語学学習や国際関係論への学習

動機の向上を報告している。海外の取り組みでは、チエフォとグリフィス（Chieffo & Griffiths, 2004）も、アメリカの大学の一学期間に満たない冬季コースに参加した履修生に外国語学習意欲の向上、我慢強さなどを含む自己成長の実感が顕著に見られたと報告している。

　カッティング（2016, p. 73）は学生の将来の自己開発の意識に関わるものを「自分らしい社会貢献」「大学生活・将来へのビジョンの形成」「自己の向上」の三つに整理している。「自分らしい社会貢献」は、地域や社会において、どんな些細なことでも個々人ができる範囲での貢献をしようと志向する変容である。例えば、ボランティア活動に参加して他者の幸せに貢献しようとする姿勢がその典型的なものである。「大学生活・将来へのビジョンの形成」は、研修で得た経験や学びを基に将来の目標を明確化させる態度である。国際研修で得た知識、スキル、態度などを帰国後の大学生生活や学びに活用していこうとするビジョンの形成もこれに含まれる。三つ目の「自己の向上」に該当するのは、これらの経験や自身の特性と現状への内省を通して、次の目標や将来の自分像に向けた自己開発をしようとする姿勢である。短期間であっても、不慣れな場所や人との新しい学びと体験の中で履修生は自己成長のきっかけを得ている。

3.　学びのプロセスをどう理解するか

　これらの短期の研修のインパクトを最大化するために、担当教職員は何に留意してプログラムをデザインしてゆけばよいのだろうか。短期間でも運営と教務にかかる労力は小さいものではなく、その機会を最大限学生に享受してもらいたいと願うのは自然なことだ。研修の効果を高めるためには、履修生自身の意識的な学習が重要であることは既に研究者の指摘するところである（例 Hammer, 2012）。異文化の環境にただ入り浸るだけではなく、意識的に異文化と関わりその特徴を履修生に考えさせる、自身の体験を見つめなおす機会を作る、教員やアドバイザーとともに異文化体験を多角的に分析する、研修前後や研修中の振り返り活動を行うなどのように、その体験への学生の意識的な関与をいかに創出するかが鍵となる（Berg, Paige, & Lou,

2012）。異なる背景を持つ学生と学ぶ機会や不慣れな文化環境を活用しながら、履修生の発達を効果的に支援していくプログラムの立案や支援の方策を考えるためには、その過程が一体どのようなものなのかを理解することが重要となる。その過程を理解することで、より効果的な学びの仕掛けをデザインできる可能性が高まる。このような学びのプロセスを理論化した研究のいくつか紹介していこう。

3.1.　異文化間適応発達モデル

ベネット（2012）の「異文化間適応発達モデル（Developmental Model of Intercultural Sensitivity）」という異文化環境における個人の文化理解の変容段階を体系化したものがある。このモデルでは個人の異文化理解が、自文化中心的な理解から文化相対的な理解へと段階的な連続体をなしているとされており、異文化経験の中で個々人が理解を作り上げていくことで異文化環境における行動、認知、感情が洗練、またはステレオタイプの強化や思い込みなどによって退行していくものだと考えられている。自文化中心的理解を特徴付ける3段階、否定（Denial）、防衛（Defense）、最小化（Minimization）から、文化相対的理解の現れである3段階、受容（Acceptance）、適応（Adaptation）、統合（Integration）という全部で六つの段階から構成されている。

自分の文化を最も優れたものであるとする自文化中心的理解の3段階の根底にあるのは、自分の文化を「正しい」ものとして異文化と関与する文化観である。最も異文化間適応が未発達な段階として位置づけられる「否定」は、不慣れな文化環境を自分が関与する世界であると認識していないために、異文化間への意識さえも有していない状態や、その環境と関わりを持つ意思もない状態である。次の「防衛」段階は、馴染みのある文化での経験をより価値の高いものとみなし、それに対置される異なる文化での経験を理解しようとせず否定的な評価を加える状況である。この段階には、逆に、自文化よりも新たに触れた文化により高い価値があると短絡的に判断してしまう「逆転」も含まれる。その次の「最小化」段階では、自文化を中心に他文化との差異への意識が小さくなり、より共通性を認めるようになる段階であるが、類似性ばかりに意識が向き、差異や多様性に対しては適切な評価にはまだ至らない。

　異なる文化が優劣を持つものでなくそれぞれの異なる価値を持つとする文化相対的理解の段階では、特定の文化が優れているという絶対的な見方ではなく、自文化や異なる文化間にある差異や類似性を多くの文化の特徴の一つであるとし、相対的に異文化経験を認識するようになる。まず「受容」の段階では、自文化をあまたに存在する文化の一つとみなし、異なる文化を体験することの重要性を認めつつ積極的に関与しようとする。次の「適応」の段階では、自文化と異文化からの見方を使い分け、適切にふるまえる段階である。この段階では多様性を価値があり、自分に直接関わるものであるという認識を持つ。そして「統合」の段階では、特定の文化よりも自らがより世界観の中心に位置しているという考えではなく、広く多様な文化観と視野を備えた自然な自分自身でありつつ異なる場面でその場に応じた態度や考え方を柔軟に適用し適切にふるまえるようになると設定されている。

　ベネットは個人がこの「段階」を一段階ずつ発達（または退行）していくと考えているわけではない。ベネット（2012, p. 104）は異文化間体験の感受性の発達は「感受性を発揮する主要な異文化経験のピークがこの連続体に沿って移行することによって生じる」とし、どんなに異文化間感受性が成熟しても、何らかの受け入れ難い感情（例えば「否定」の認識）は残り続け得ると言っている。また、これらの発達は個人が様々な経験を踏まえ主体的に考察し意味づけをすることで発達していくのであり、異文化環境にいれば自動的に身に付くわけでも、その環境にある異文化的要素を個人が習得していくというわけでもないと述べている。この考えに基づけば、異文化間感受性の発達には、ただやみくもに異文化環境に送り出し、新たな文化情報を提供すればいいというわけでもないことになる（もちろん全く意味がないわけではない）。さらに、異文化だけでなく、自文化への意識を高めることもその発達に寄与すると述べている（Bennett, 2012）。この異文化間感受性の発達モデルは、長く研究をともにしてきたハマー（Hammer, 2012）とベネット（Bennett, 2012）が細部で相互に異なるモデルを近年提案しており、今後の研究動向も注目されるところである。

3.2.　コミュニケーション上の問題克服過程
──「管理理論」によるプロセス

　国内、国外の国際研修を問わず、異なる背景を持つ者と不慣れな言語で意思疎通をする場合、何らかのコミュニケーション上の問題を経験する可能性が高くなる。そのプロセスを理解するために言語管理理論（Language Management Theory）が一助になる（Marriott, 2015; Neustupny, 1983）。言語管理理論は、異文化間で意思疎通を行うことが求められる留学生のアカデミックな場面での言語行動のプロセスを理解するためなどに用いられてきたが、必ずしもアカデミックな場でなくても適応可能である。この理論は、個人が他者と関わる際に、その場で期待されていると認識する「規範」からの「逸脱」を「留意」するかどうかが最初の段階となる。そして、それに留意した場合、その「逸脱」によって生じ得る問題に個人が何らかの「調整行動」を援用するかという段階を経る。さらにその「調整行動」によって効果的に問題が解決されたか個人が認識するという一連の過程をモデル化したのが言語管理理論である。この理論は異文化コミュニケーション上の問題解決過程や異文化間感受性の発達過程を動的に理解する手がかりとなる。

　例えば、国際的なプログラムに初めて参加する学生の場合、自分の外国語運用力、授業中にどの程度発言すべきかというイメージ、教師との人間関係についての考え方が、現場で期待される「規範」から「逸脱」する経験をする。その「逸脱」を個々の学生が「留意」し、否定的なものであると判断したならば、何らかの「調整行動」がとられることになる。ある学生は自分の語彙力不足が円滑なコミュニケーションに支障が出ていることに「留意」し、他の学生は海外の学生が抱く日本についての質問に答えられないという問題（逸脱）に「留意」する。さらに別の学生は会話がすぐに終わってしまうことを問題視する。こういったそれぞれの学生が持つ「規範」からの「逸脱」への否定的な評価が「調整行動」への引き金となる。調整行動は目前の逸脱を解決するために援用されることもあるし、研修後に自分の経験を振り返って、自己開発の方策という形で結実することもあるだろう。

　ここで紹介したものはかなり「単純化した管理過程」（Simple Management）

（Marriott, 2015）の例である。現実には事前に研修全体での学習量やコミュニケーションのレベルについて学生が想像する規範と自分の能力を比べたうえで何らかの逸脱に留意すれば必要な事前学習をすることもあり、周りの学生からの支援で調整行動が実行されることもある。現実の場ではこのように重層的に「組織的管理」（Organized Management）（Marriott, 2015）がなされることもある。

　このような理論は学生の発達過程を体系化したという点で、教育プログラムを計画し、学生の学びの場面に直接関わる教職員にとって重要な示唆をもたらす。先に挙げた「異文化間適応発達モデル」は学生の異文化間感受性の状態を描写し、どのような状態を目指したらいいか具体的な一つのイメージを与えてくれる。そして、学生の異文化感受性をより複雑に、多角的で様々な場面に適応できる柔軟なものに発達させていこうとするなら、学生の発達過程を理解することが必要になる。国際的な授業プログラムの開発には多くのリソースが投入される。そのため、何らかの到達点を参考にプログラムを計画し、学生一人一人の学習機会に関与し、その貴重な機会を最大限活用することが学生個人の発達のため、そして機関として教育の説明責任を果たすうえでも重要になるのである。

3.3.　どのように自己開発の意識を高めるか——経験学習理論の援用

　国際的な場での交流、通常とは異なる環境や人々の中での学び、放課後に他国の学生と街に出る経験はそれ自体が学びのリソースであり、教科書である。コルブ（Kolb, 2014）らが普及させた「経験学習モデル（Experiential Learning）」はその学びを促す実践を考えるうえで助けとなる。意識的にしろ無意識的にしろ、個人は「具体的経験」を踏まえ、その経験についての「内省」をして、「抽象的理解」や「教訓」を引き出す。さらにそれを踏まえ、次の行動を企図したり、新しい場面へ適用したりしようとし、新たな実践を通じてまた新しい「具体的経験」を得ていく。コルブの経験学習モデルはそのプロセスを明示化したものである。

　この「経験学習モデル」を教育や人材育成場面に適応しようという試みでは、このプロセスをより意識的に起動させ、回していくことで、個人がそれ

ぞれの能力や環境に応じた職能開発を主体的に進めていくことを目指す。日本国内では頻繁にこの経験学習理論が職場の人材育成の理論的なよりどころとされている。例えば、松尾（2016）は企業の人材育成の実践と理論化に取り組んできているが、この経験学習の効果的な実践には三つの要素「ストレッチ」「リフレクション」「エンジョイメント」が不可欠であると述べている。「ストレッチ」とは経験から学ぶ個人が、より高い目標に挑戦しようとする姿勢と主体的行動である。例えば、研修中に履修生が「もっと日本の文化について説明できるようになりたい」とか「アカデミックな専門用語を理解できるようになりたい」といった、自らを伸長（stretch）させようとするものがこれに当てはまる。「リフレクション」は、様々な経験を内省（reflection）するのと同時に、他者からのフィードバックや批判にオープンな姿勢や行為をも含む。それまでの生い立ちの環境が異なる学生との交流はお互いに十分な意思疎通ができなかったり誤解が生じたりすることもある。その中で、「英語運用力じゃかなわないけど、コミュニケーションは気合だからとにかく話しかけて主導権を握ろう」とか、「言っていることがわからなくて変な態度をされたけど、今度わからないときは自分で確認してみよう」というように、自分を振り返ることも経験学習を効果的にする要因である。そして、前向きな態度で様々な経験に関与していく「エンジョイメント」（enjoyment）も重要である。例えば、英語で行われる授業やワークショップの理解に苦しんでも「わからないことがほとんどだったけど、わかったことも意外とあった」と肯定的な側面に注目したり、「国内の研修なのに海外から来た学生と宿舎に滞在するのは最初は違和感があったけど、大部屋で寝泊りするのは楽しかった」というように自らの状況から楽しめる要因を見出したりすることもその例として挙げられる。

　松尾はこれらの要素を引き出す基盤として「思い」と「つながり」が必要であると主張している。「思い」とは、個人の行為への積極的な信念、意味づけ、自分や他者への肯定的な態度などを意味する。学生は国際研修に参加することで、「外国語を流暢に話したい」とか「日本を紹介したい」といった内に秘めた「思い」を持っている。これと同時に、他者との「つながり」も経験学習の成否を大きく左右し得る。例えば「同年代の学生と友達になり

たい」とか、共通の趣味があり、お互いに話しやすい雰囲気があるという「つながり」も経験学習の成否を占う条件となる。このような環境を意識的に構築したり活用したりすることで、効果的な経験学習に繋がる可能性が高まる。

　これに近い概念として、ボランティアなどを含む奉仕活動の経験を効果的に学びに導くため、エイラーら（Eyler, Giles, & Schmeide, 1996）はふりかえり活動の重要な要素を4C'sとしてまとめている。彼らによると、ふりかえりが研修前、中、後にわたって継続され、さらには次の活動への継続性をも持つこと（Continuous）、研修の目指すものが体験とつながりを持つこと（Connected）、求められるタスクが深い学びに至るやりがいのあるものであり（Challenging）、研修の文脈に基づき（Contextualized）ふりかえりがなされることが重要であると強調している。エイラーらの「やりがい」が松尾の「思い」とも繋がるところがあり、松尾の「つながり」をエイラーらの「継続」「つながり」「文脈」が説明するものとも理解できる。

　松尾は理論化だけではなく、実践方法も提案している。松尾のウェブサイトや著作には、経験学習を意識的にふりかえるためのワークシートや経験から学ぶ要素がどの程度備わっているか診断するチェックリストが紹介されている。大学生向けに使用するためには手を加える必要があるが、それほど難しい改訂が必要なわけでもなく、非常に使いやすいものなのでぜひ参考にしてみてほしい。

　ここでは教育的意義を高める一戦略として経験学習理論を紹介した。経験学習理論は必ずしも異文化間感受性に焦点を当てるわけではなく、汎用性が高いものである。国内外の研究成果や実践も充実しているため、具体例に富んでおり、実践性の高い枠組みとして非常に有益である。授業担当教職員の意図に沿って、その焦点を異文化間感受性やアカデミックスキルのみならず柔軟に応用できる点も魅力である。

4.　学びを支援するための諸課題

　効果的な国際的活動のための学生支援と言っても唯一の型があるわけではない。しかも、支援方法の実践はその文脈や対象に依存する部分が大きいた

め、日本の場合、海外の教育機関に属する学生への支援方策に対する提案を
どの程度国内のプログラムに落とし込めるかの実践報告はあまりない。教職
員と学生の 1 対 1 のカウンセリングができることもあるし、多数の学生を一
人の教職員が対応しなければならないこともあるだろう。英語を母語に準ず
るレベルで使用する学生が多い授業と、英語を外国語として参加する授業で
は、学びの重点の置き方もかなり異なる。しかも、当然ながら異文化間適応
発達モデルにしても言語管理理論にしても、その理論自体を学生が学んだと
ころで短期国際研修の効果を高められるわけではない。学生が実際にこの枠
組みを主体的に活用し、自分を意識的に開発していくことが鍵となる。国際
的な学習場面では、目の前の学生に対して、いかにこの発達過程プロセスを
起動させ、新しい規範を身に付けさせるかが教育的意義を高める要所となる
（Marriott, 2015）。

　ペイジとグード（Paige & Goode, 2009）は、異文化間感受性の発達に学生
自身の意識的な関与が欠かせないと主張する。学生自身の経験を振り返らせ
ることで、自らにとってのその意味を問い直させて、それまでの理解を再構
築し、彼らの将来につなげさせる主体的な自己内省の機会の重要性を訴える
（Hammer, 2012; Paige & Goode, 2009）。ところが、学生の異文化間学習は
適切な支援を通せば効果的に促すことができると言われているにもかかわら
ず（Bennett, 2012）、その実践の有効性はあまり共有されておらず、トレー
ニングを受けた教職員も極めて少ない（Paige & Goode, 2009）。この状況を
受け、ペイジとグード（Paige & Goode, 2009）は国際教育プログラムを実践
する教職員に対するトレーニングの重要性を説き、学生にアドバイスをする
最前線にいる実践家は、必ずしも異文化間感受性の専門家になる必要はない
が、主要な事柄の理解は身に付けておくべきだと主張している。それと同時
に、研修後にもそれぞれの学生が異文化間感受性を洗練させることのできる
やりがいのある機会を教育機関が準備することも重要であると述べている。

5.　国内での国際研修に特有の特徴

　ここまでは研修実施地が国内・国外であるかを限定せず、国際研修での学

びに関わる先行研究を概観してきたが、ここからは国内での短期国際研修を特に考える。先行研究や報告は受入れ学生の日本語能力向上を目指す研修を扱ったものが多い。国内外の学生が共にアカデミック科目を学ぶプログラムの実践報告は、先に述べたいくつかの共修授業を除き少ない。近藤が2009年に既に指摘するように3か月より短い「超短期」プログラムへの国外機関からの要請は高まっており（近藤, 2009）、その要請をてこに国内の国際化への一助とし、世界の人材開発に貢献することで日本の大学の教育力を世界に発信していくことができるはずである。

　では日本の履修生にとって、国内の短期国際研修はどのような長所や魅力を持つのであろうか。ここで提示するのは筆者が履修生と交流する中で耳にしたことや、研修後に学生からの聞き取り調査から得た情報であり、まだ体系的に網羅したものではなく仮説的なものであることは一言付しておきたい。

5.1.　経済的負担の軽さ

　国内の機関から参加する履修生にとって国内で行う研修は航空券や海外旅行保険も不要である。例えば東京大学の国内での国際研修では、海外から受け入れる学生と国内の学生がともに東京代々木にある国立オリンピック記念青少年総合センターの宿泊施設や、大学キャンパス内にある宿泊可能な施設を利用し、一泊2000円に満たない破格の滞在費で実施することができた（食費を除く）。以下の表1は国内外の研修でどの程度費用に違いがあるのかを一覧にしたものである。

　このように国内と国外の研修の経費はおよそ1桁の開きがあり、滞在施設のサービスに含まれない食費を算入しても、安価に国際的な研修経験を積むことができる。もちろん、この費用は大学やその支援機関がどの程度諸経費を負担できるかによって異なってくる。例えば、外部講師や専門家の招聘、見学施設への入場や団体バスのアレンジ、受入れ・送別食事会、必要な教材などの費用を大学がどの程度負担できるかによって変動する。

　費用の面で圧倒的な魅力を有する国内での国際研修は、国際経験が比較的豊富な学生群には特に魅力的であるようだ。海外滞在の経験を既にある程度有する学生は、よほど興味を掻き立てさせられる国でなければ、国外に出る

表1　東京大学の国内外国際研修の学生支払額

国内／外	研修のトピック	期間	一人当たりの額
国内	富士山【本冊第Ⅱ部第1章】	2週間	3万円
	東京【本冊第Ⅱ部第2章】	4週間	3-6万円
	東京フィールドリサーチ	10日間	3万円
	【フィンランドとハンガリーの学生を受け入れたプログラム】		
国外	文化景観（オーストラリア）	2週間	30万円
	平和構築（カザフスタン）	10日間	20万円
	ハンガリーの文化（ハンガリー）	2週間	30万円
	英語研修（オーストラリア）	2週間	40万円

外部支援により学生個人に直接の金銭支援がある研修は除いてある。

ことそのものにもはやそれほど魅力を感じない。このような学生群にとっては、国外からの受入れ学生との国内での交流を通して外国語運用力の向上やブラッシュアップを図り、新しい友人関係の形成を求め、異なる考えや新しい気づきを吸収していく。この観点からも、国内での国際研修が、多様化する学生に対応する教育形態として一定の意義を有するものであるということが窺える。日本にいながらにして日本に興味を持ってくれる複数の受入れ学生と一度に親密な関係を築ける機会は貴重である。

5.2.　慣れ親しんだ地域の一般的知識があることによる優位性

　大学生の中には家族から離れて暮らした経験がない学生も当然ながら多い。集中的な国際的経験を日本にいながらにして得られることは新たな土地で不慣れな生活を始める心理的なハードルを問わず魅力的な点である。それに加えて、それまで主に日本語を用い日本国内で暮らしてきた学生の多くにとっては、外国語母語話者はもちろん、英語が堪能な海外の学生と流暢に意思疎通をすることは容易ではない。中には流暢な英語を操る者もいるが、多くが自分の言いたいことを十分に伝えられなかったり、言っていることを理解できなかったり、言わんとすることを先に言われてしまい、一時的に劣等感を感じたり、自信を喪失したりする。底抜けに明るく、強い意志を備えた学生は、それでも何らかのストラテジーを用い言いたいことを伝え、リーダーシップを発揮するが、多くの学生にとっては容易にはその力関係に抗い

がたい。言語口頭運用力の差がお互いの人間関係に如実に反映される。

　しかしながら国内の国際研修の場合、学生自身の大学キャンパス、大学周辺の交通機関、何よりも慣れ親しんだ街の知識量において、国外から一時的に訪れる学生の比ではなく、一日の長がある。受入れ学生を東京観光に案内したり、日本での生活支援や、お土産の購入の相談に乗ったりすることで、今の自分にできる国際交流を実感できる。このような経験は、国内での国際研修ならではのもので、国際的なアカデミック環境におけるエンパワーメント経験として興味深い。

5.3.　日本についての意識の向上

　日本一般の知識量において受入れ学生より優位にあると言っても、国内での研修修了後に話を聞くと、自国、多くの学生にとっては日本についての知識の不足を痛感したという学生は多い。例えば、受入れ学生との共同生活の中で、「神社にある鳥居はどのような意味があるのか」「現在の日本の首相は世界平和についてどう考えているのか」といった質問を受けたものの、答えられない経験をする。このような質問を通して、自分たちがいかに日本について知らないことが多いかということを実感し、中には「もっと自分の国について語れるようになりたい」と決意する学生が現れる。こういった経験は国外での研修でも現地の学生との交流の中で、見聞きしたことから敷衍して考えを巡らせたりする学生はいるが、国内研修の場合は、日々の交流の中でよりその機会に遭遇することは想像に難くない。

6.　伝統的な授業形態で得られない成果を求めて

　本書では、特に短期間で集中的に学ぶ国際研修に注目している（例えば、いわゆる大学の「集中講義」と呼ばれる形式）。国際的な授業というと国際性に起因する特徴ばかりが注目されがちだが、短期集中型授業の教育効果を最大限高めるためにはどうすべきかという視点から国際研修をとらえることも自然なことである。また、本冊で報告する事例の中には、日本の大学の学生が受入れ学生と同じ施設に滞在するデザインにしているものもある。これ

らの2点についてはあまり議論がなされていない現状を鑑みて、その学びの機会や特徴を整理しておく意義がある。

6.1.　短期集中講義形式の活用

週1、2回実施される授業形態と異なり、集中的に行われる授業は、社会人学生を含めた多様化する学生に対応する場合や、学習内容の特殊性により柔軟な実施が必要なことにより提供されるものがあり（Davies, 2006; Harvey, Power, & Wilson, 2017）、国際研修は後者にあたる。しかしながら、集中講義を効果的に実施するためのヒントを与えてくれる研究報告というのはそれほど多くない。

ビーティーとジェームズ（Beattie & James, 1997）は新しい教育形態という「革新性」は日程的な都合のよさのみならず、その特色を生かして何らかの「効果」や「効率」を目指して計画されるべきだと言う。つまり、短期集中の授業形態を選択するからには、教員や学生にとって日程的に都合がいいという理由もさることながら、その方法でこそ成果が出せるという教育デザインを目指すことが大切である。例えば、まとまった時間をかけて集中的に特定の学習項目について学んだり、テーマに関連する現場に訪問することでリアリティに富んだ社会の現実を目の当たりにしたりする機会をデザインすることができる（Harvey et al., 2017; McLaughlin & Johnson, 2006）。集中講義は言語習得、数学、看護学、薬理学といった具体的なスキル習得が専門性の追求に重要な位置を占める分野でより頻繁に用いられるとのことである（Davies, 2006）。また、集中授業は通常の授業よりも教員や他履修生との交流の機会が高まったり、通常とは異なる形態で教員が授業を計画することで自らの教育を見つめなおす機会になったりするという利点もあると言われている（Harvey et al., 2017）。

一方で集中講義は、時間的制約に係わるいくつかの弱みも指摘されており（Davies, 2006）、その点への配慮も教育的意義を高めるためにポイントとなる。一つに集中講義は学習内容の必要性や学術的厳格性よりも実施上の利便性を優先しがちであるということである。つまり教員のスケジュール上の都合や学生の時間的余裕の有無などの理由でその形態が選ばれがちであるとい

うことである。二つ目に、集中講義は詰め込み学習になりがちで、教育活動を通して得られる態度や価値観の醸成といった成果を生みにくいという指摘もある。授業内容が履修生へ導入され、学習項目の具体的な理解を通してそれを咀嚼し考えを押し深めることで、学生自身の態度、価値観、具体的な意見を育てるというプロセスが、限られた期間や時間で求められる集中講義では容易ではない。そして、三つ目は、集中講義は教員にとって授業を終えるということが重要になりがちで、暗黙のうちに学生の学習過程や興味をおろそかにする危険性を孕んでいる点である。学生にとっては学習内容への内発的な興味よりも短期間で単位が取れる都合のいい授業になりがちであると指摘する研究者もいる（Davies, 2006）。また、集中授業ではやむを得ない事情で欠席してしまった学生へのフォローをどうするかも頭を悩ませる問題である（Harvey et al., 2017）。

　「集中講義」と言ってもその意味するところは機関によって異なり、柔軟性に富む反面、授業形態、期間、内容、ゴールや履修生も多様であり、一般的な毎週の授業と集中授業の教育的効果の優劣については一貫した調査結果は出ていない（Harvey et al., 2017）。しかし、実際の現場では、学生が多様な授業から選択ができること、内容に応じた最適な授業形態が選ばれることが重要なことであり、その優劣を議論すること自体それほど意味はないという議論もある（Harvey et al., 2017）。担当者にはここでまとめたような集中授業の長短所に十分に配慮し、授業内容をデザインしていくことが求められている。

6.2.　滞在型研修の意義

　国内の国際研修の魅力が授業中の交流や活動だけにあるならば、毎週の通常授業で交流を促す環境を開発すれば、それで事足りる。しかし、一定期間、同じ滞在施設で寝食を共にするような環境や朝から晩まで生活を共にするような機会は通常の授業期間にはデザインしづらい。履修期間中のスケジュールが異なる学生たちは教室内のみの関係にとどまりがちで、深い人間関係を築くのは容易ではない。一定期間の生活パターンや滞在場所を一にできる集中的な研修授業ではその長所を最大限生かしたいところである。筆者

が所属した東京大学の場合は、授業登録者は受入れ学生と同じ宿泊施設に滞在することを条件に履修が認められており、アルバイトや部活の予定を入れることなく毎日朝から晩まで履修生全員が共に過ごす。学生は毎朝、授業開始時間に間に合うぎりぎりにのそのそと起きだしたと思えば急いで朝食を取り、授業の行われるキャンパスに向かい、積極的に質問する海外からの学生に圧倒され、午前中の授業の後に昼ご飯を食べ、午後の授業の後は課された課題をそこそこに済ませ、受入れ学生とともに東京観光に繰り出し、晩ご飯を共にし、大浴場で裸の付き合いをし、布団に入ってからもたわいのないことを語り合い夜遅くまで同じ時間を過ごす。このようにして築かれた密な関係は研修後もオンライン上での交流で継続することも多く、集中講義形態、さらには授業外の交流活動の機会を最大限活用できる滞在型研修であるがゆえに実現できるものである。

7.　おわりに

　海外で実施する国際研修は、現地での活動の計画を相手機関に依頼することがあるが、国内の場合はそうもいかず担当者にかかる負担の程度は相対的に増す。しかし、大学にとっても国際的にも質の高いユニークな研修を提供することで先に述べた大学のブランディングを高め、国際的な人材育成のプレゼンスの向上へ資するという利点がある。受け入れた学生に対する将来の長期留学や進学先としての招致へとつながることにもなる。現場で担当する教職員はこういった大学にとっての利点を学内運営の執行部にどれほど届けることができるのだろうか。国内で実施する国際研修はここでまとめた学生にとっての利点に併せて、大学にとっての利点を報告していくことも重要なのかもしれない。

　ここまで、国内で実施される国際研修もその成果を明確化することが求められるという現状を鑑み、比較的蓄積のある海外での短期研修のインパクトを扱った研究を概観し、「専門分野に特化した知識やスキル」「国際感覚や国際的視野」「汎用スキル」「自己開発と自身の将来への意識」の4項目にまとめて整理した。履修生がどのような学びの過程をたどり得るのか「異文化間

適応発達モデル」と「管理理論」を紹介し、その過程を意識的に起動させる方策として「経験学習理論」を参考にした。最後に、国内での国際研修に特有なインパクトの可能性を模索したが、それと同時に集中講義形式の授業では留意すべき点があることを指摘した。これ以降、いくつかの大学の教育実践の報告を見ていくことになるが、研修の趣旨や形態は同一ではなく、必ずしもここまで述べたことが全て適用できるわけではない。読み方としては、実践例の情報源として読むこともできるし、ここまでまとめたことがどの程度適用できるか念頭に置きながら分析することもできる。また、読者自身がそれぞれの研修を運営するならどのような実施をするか思いを巡らせながら読むこともできるだろう。それではここからはそれぞれの教職員が苦心して作り上げた実践、そしてそれがもたらした学生や機関にとっての成果を紹介していきたい。

8.　参考文献

Beattie, K., & James, R. (1997). Flexible coursework delivery to Australian postgraduates: How effective is the teaching and learning? *Higher Education, 33*(2), 177–194.

Beelen, J. (2016). Global at Home. In E. Jones, R. Coelen, J. Beelen, & H.d. Wit (Eds.), *Global and local internationalization* (pp. 55–65). Rotterdam: Sense Publishers.

Beelen, J., & Jones, E. (2015). Redefining internationalization at home. In A. Curaj, L. Matei, R. Pricopie, J. Salmi, & P. Scott (Eds.), *The European Higher Education Area* (pp. 59–72). Cham: Springer.

Bennett, M.J. (2012). Paradigmatic assumptions and a developmental approach to intercultural learning. In M.V. Berg, R.M. Paige, & K.H. Lou (Eds.), *What our students are learning, what they're not, and what we can do about it* (pp. 90–114). Sterling, VA: Stylus Publishing

Berg, M.V., Paige, R.M., & Lou, K.H. (2012). *Student learning abroad: What our students are learning, what they are not, and what we can do about it.* Sterling, VA: Stylus Publishing, LLC.

Caldwell, P., & Purtzer, M.A. (2014). Long-term learning in a short-term study abroad program: "Are we really truly helping the community?". *Public Health Nursing* (5), 577–583.

Campbell, K. (2016). Short-term study abroad programmes: Objectives and accomplishments. *Journal of International Mobility, 4*(1), 189–204.

Chieffo, L., & Griffiths, L. (2004). Large-scale assessment of student attitudes after a short-term study abroad program. *Frontiers: The Interdisciplinary Journal of Study Abroad, 10,* 165–177.

Davies, W.M. (2006). Intensive teaching formats: A review. *Issues in Educational Research, 16*(1), 5–22.

Eyler, J., Giles, D.E., & Schmeide, A. (1996). *A practitioner's guide to reflection in service-learning: Student voices & reflections*. Nashville, TN: Vanderbilt University.

Hammer, M.R. (2012). The Intercultural Development Inventory: A new frontier in assessment and development of intercultural competence. In M.V. Berg, R.M. Paige, & K.H. Lou (Eds.), *Student learning abroad* (pp. 115–136). Sterling, VA: Stylus Publishing.

Harvey, M., Power, M., & Wilson, M. (2017). A review of intensive mode of delivery and science subjects in Australian universities. *Journal of Biological Education, 51*(3), 315–325.

Jackson, J. (2006). Ethnographic pedagogy and evaluation in short-term study abroad. In M. Byram & A. Feng (Eds.), *Languages for intercultural communication and education* (Vol. 12, pp. 134–156). Clevedon, UK: Multilingual Matters.

Kolb, D.A. (2014). *Experiential learning: Experience as the source of learning and development*. Upper Saddle River, NJ: Pearson Education.

Lewis, T.L., Niesenbaum, R.A., View, P.O.F., Lewis, T.L., & Niesenbaum, R.A. (2005). The benefits of short-term study abroad. *Chronicle of Higher Education, 51*(39), B20.

Marriott, H. (2015). The management of academic discourse acquisition. *International Journal of the Sociology of Language, 2015*(232), 103–119.

McLaughlin, J.S., & Johnson, D.K. (2006). Assessing the field course experiential learning model: Transforming collegiate short-term study abroad experiences into rich learning environments. *Frontiers: The Interdisciplinary Journal of Study Abroad, 13,* 65-85.

Neustupny, J.V.（1983）. Problems in Australian-Japanese contact situations. In J.B. Pride （Ed.）, *Cross-cultural encounters: communication and miscommunication*（pp. 44-84）. Melbourne: River Seine Publications.

Paige, R.M., & Goode, M.L.（2009）. Cultural mentoring: International education professionals and the development of intercultural competence. In D.K. Deardorff （Ed.）, *The Sage handbook of intercultural competence*（pp. 333-349）. California: SAGE.

Paige, R.M., & Vande Berg, M.（2012）. Why students are and are not learning abroad: A review of recent research. In M. Vande Berg, R.M. Paige, & K.H. Lou （Eds.）, *Student learning abroad: What our students are learning, what they're not, and what we can do about it*（pp. 29-58）. Sterling, VA: Stylus.

Rahikainen, K., & Hakkarainen, K.（2013）. Nordic experiences: Participants' expectations and experiences of short-term study abroad programs. *Scandinavian Journal of Educational Research, 57*(5), 467-487.

Rowan-Kenyon, H., & Niehaus, E.K.（2011）. One Year Later: The influence of short-term study abroad experiences on students. *Journal of Student Affairs Research and Practice, 48*(2), 213-228.

Sakurai, Y.（2019）. Students' perceptions of the impacts of short-term international courses. *Journal of Research in Innovative Teaching & Learning, 12*(3), 250-267.

Teekens, H.（2013, 15 June 2013）. Internationalisation at home-Crossing other borders. *University World News: The Global Window on Higher Education.*

カッティング美紀（2016）「国際教育の学びの質保証：本学の海外プログラムにおけるアセスメントと学習成果」大学教育学会誌38(2), 67-76.

近藤佐知彦（2009）「21世紀型『超短期』受入プログラム開発：30万人時代の受入構築に向けて」多文化社会と留学生交流：大阪大学留学生センター研究論集13, 45-55.

工藤和宏（2009）「日本の大学生に対する短期海外語学研修の教育的効果：グラウンデッド・セオリー・アプローチに基づく一考察」スピーチ・コミュニケーション教育22, 117-139.

坂田浩・福田スティーブ（2008）「効果的短期語学研修プログラムの開発を目指して：異文化感受性質問紙（IDI）による短期語学研修の効果測定」徳島大学国際センター紀要 4, 1-16.

坂本利子・堀江未来・米澤由香子（編著）（2017）『多文化間共修：多様な文化背景をもつ大学生の学び合いを支援する』学文社.

山口紗矢佳（2017）「NGO（Nice）による国際ワークキャンプ：状況学習の観点から」子島進・藤原孝章（編著）『大学における海外体験学習への挑戦』（pp. 76-93）. ナカニシヤ出版.

子島進・藤原孝章（編）（2017）『大学における海外体験学習への挑戦』ナカニシヤ出版.

松尾睦（2016）『職場が生きる人が育つ「経験学習」入門』ダイヤモンド社.

天木勇樹（2016）「短期就業体験型の海外インターンシップによる学生の意識の変化：グローバル人材として必要な素養を醸成するために何をすべきか」グローバル人材育成教育研究 3(1), 40-49.

末松和子（2017）「『内なる国際化』でグローバル人材を育てる—国際共修を通したカリキュラムの国際化—」東北大学高度教養教育・学生支援機構紀要 (3), 41-51.

第 Ⅱ 部

実践:
日本の文化をとらえなおす

第 1 章

東京大学の取り組み：
ANUの学生とともに「日本のシンボル」について学ぶ

佐藤亮司／櫻井勇介／矢口祐人

1. はじめに

　本書では東京大学教養学部の実施する国内での国際研修プログラムが二つ紹介されるが、ここで紹介するものは、東京大学とオーストラリア国立大学（Australian National University 以下、ANU）との相互訪問型の研修の一部である。本プログラムではANUの学生が来日し2週間の研修を行った後に、東京大学の学生が渡豪し同様に2週間の研修を受ける。その点がその他の本書で紹介する研修プログラムとの大きな違いである。そのため、国内だけで完結する国際研修ではないが、全体としては比較的長期間をそれぞれのホームグラウンドで過ごすことになり、相互の助け合いを通じた深い国際交流経験が期待できる。

　本章ではまず、プログラムの理念と概要を紹介する。日本研修もオーストラリア研修もそれぞれの国に特徴的な題材が選ばれていながらも、どちらの国の大学の学生も知的な興味を持てるようになっており、またそのプログラムを通じて通り一遍ではない国際交流をしてもらうことが目標となっている。第二に、実際のプログラムの準備運営について説明する。本プログラムは東京大学の内外の様々な機関が関わっており、また、単位が付与される大学の正課授業であるため、それゆえプロジェクトの事前準備、コーディネートはかなり込み入ったものとなる。第三に、実際のプログラムの内容を紹介する。日毎のスケジュールを追っていくことでプログラムがどのようなものかが少しでも伝わることを狙っている。続いて、得られた具体的な成果を教

員の目から紹介する。学習プログラムを通じて得られる成果も大きいが、二つの大学の様々な背景を持つ学生がともに過ごすことで得られる成果も大きいことが判明する。最後に、まとめとともに今後の課題を検討する。付録として、プログラム参加学生（東京大学、ANU）、プログラムの運営の補助を行った学生ティーチングアシスタント（以下、TA）の生の声や、2016年度日本編プログラムのスケジュールを掲載する。

2. プログラムの理念・概要

　本プログラムの主な目的は、参加学生にこれまで気づかれていなかった日本の新たな側面について学習させ、また同時に表層的でない深い国際交流経験をしてもらうということである。本プログラムがこのような目的を持つのは、本プログラムが東京大学の中でもとりわけ教養学部が実施するものだからである。東京大学教養学部には文理を問わない全ての学部1年生、2年生が所属しており、その教育上の主な任務の一つは、彼らに幅広い教養を身に付けさせ、3、4年生時の専門的な学習に備えさせることである[2]。このような目的を達成するための最適な課題として本プログラムが選んだのは、「富士山」の領域横断的な分析である。それは、富士山は世界文化遺産に認定され、ますます日本のシンボルとして広く認知されるようになってきており、海外からの学生にとっても興味を引く存在であると同時に、富士山を様々な学問の観点から分析することで、学生を多様な学問分野に触れさせ、また富士山のこれまで知らなかった側面を発見できるからである。それと同時に、国際経験を積ませるための仕掛けも用意してある。本プログラムは2週間弱に渡るものであるが、基本的に東京大学の学生は全期間を通じてオーストラリア国立大学の学生と同じ宿舎に宿泊するようになっている。このように

2　ここで東京大学の進級進学システムについて少し説明しておこう。既にご存知の方は本文に戻られるとよいだろう。東京大学では入学時に自分の学部学科を決めることができない。新入生は全て教養学部前期課程の文科一類〜三類、理科一類〜三類という六つの科類に所属し、その科類のもとで2年生まで勉強する。その後2年夏までの成績をもとに、どこの学部学科に進学したいかという希望を出す。その希望が通るかどうかは原則として成績だけで決まるため、東京大学の1年生、2年生は概して成績の向上に熱心である。

「同じ釜の飯を食う」ことで、国際経験が豊富であったわけではない、つい最近まで普通の高校生であった参加者にも生活を通じて十分な国際経験ができるように考えられている。

　このようなプログラムは教養教育としてのミッションを負う教養学部に特異なものであり、東京大学が行う国際研修の中では異色のものである。本プログラムは、2015年度から2017年度までは、より大きな枠組みでは東京大学の「戦略的パートナーシップ大学プロジェクト」の一環として位置づけられていた。このプロジェクトは、海外の有力大学と東京大学との間に相互的で全学的な交流関係を築こうという試みであるが、このような交流の中には共同研究や共同ワークショップの開催、教授陣の招聘などが含まれる。しかし、学部生レベルの相互交流型のプログラムは、2017年度現在で教養学部が実施する本プログラムのみである。

　このANUとの戦略的パートナーシップには教養学部以外の多くの部局が参加しており、それぞれ独自のプログラムを行うとともに相互に協力してプログラムを運営している。本プログラムも教養学部以外に大気海洋研究所、地震研究所、理学系研究科、公共政策大学院が協力しており、一部講師の紹介やTAの推薦などを通してプログラムの運営に関わってもらっている。これら部局の協力により、様々な専門性を持つ教員による講義が可能になっているのである。

　次にこの国際研修の概要を説明しよう。形式的にはこの国際研修は、日本とオーストラリアでの研修を併せて一つの授業という形態をとっているため、基本的に両大学の学生は日本での研修、オーストラリアでの研修の双方に参加し、そこでの成果に応じて単位が付与される。また、それぞれの大学の正規の授業として開講されており、履修学生は自身の所属する大学の単位を得ることになる。東京大学では「UTokyo/ANU exchange」、オーストラリア国立大学では「Cultural Landscapes and Environmental Changes」という授業名でそれぞれ開講されている。東京大学では主題科目という、選択必修ではあるが合否しかつかない科目として設定されており、ANUでは通常どおり成績がつく科目として開講されている。

　日本研修の概要であるが、期間は2週間弱となっており、世界的な知名度

を得ている「富士山」について、日本社会との歴史的文化的な関係についての側面や噴火や地震活動などの自然科学的側面を考える授業を展開している。それぞれの側面について、宗教学、ジェンダー論、遺産学、芸術学、文学、火山学、地球科学を専門とする講師が英語で授業を行う。また本プログラムでの主な研修場所は東京大学駒場キャンパスであるが、週末には山梨県にある東京大学の宿泊施設を利用して富士山でフィールドトリップを行う。東京の駒場キャンパスに帰還した後そこでさらに研修を受け、プログラムの最後に東京大学学生とANUの学生とでチームを組み、興味を持った分野についての発表会を行う。

　その後一週間程度の間をあけて、本学学生は一団でオーストラリアへ向けて出発する。本稿ではオーストラリア研修の詳細には立ち入らないが、オーストラリア研修も10日から2週間程度で企画されており、講義、フィールドトリップ、調査とその成果発表といった基本的な構成は日本研修と共通している。「文化景観と環境変動」というテーマのもとで、主にオーストラリアの景観が人類の活動とどのように相互作用して変化してきたかが教えられる。例えば、オーストラリア特有の植生環境、現地先住民が環境資源を活用してきた歴史、オーストラリア先史時代の芸術や環境の変動などについての講義が、講師の最新の研究成果と共に紹介される。

　このように本プログラムは目的・内容ともにユニークなものである。次の節では準備・運営について詳述していく。

3.　プログラムの準備・運営

3.1.　事前準備

　本プログラムの準備は込み入ったものであると冒頭で述べた。具体的には、講師の予定調整と講義謝金や出張手続き、講義の教室確保、移動手段の手配、宿泊施設、支払い手段の確認と手続き、食事や休憩の場所とタイミングの決定、非常時の連絡手段の確保、安全管理上の学内手続きなどといったタスクを、それぞれのタイミングに応じて時に同時並行で進めていく必要が

ある。事前の準備をさらに難しくしているのが、このような海外の学生を日本に招いて合同で行われる授業はそれほど実践があるわけではないので、大学内での事務処理の方法が確立されていないという点である。大学の方針に従い、いかに教員が現金に触れることも自身の口座を経由することもなく、本学とANUの両学生から必要な経費をどのタイミングで回収し、支払先に振り込むかなどの前例がないため一年目は全てが手探りであった。表1に業務内容のリストを掲載する。

表1　東京大学―ANU国際研修の業務内容のリスト

業　　務	具体的な内容
講義の準備	講師手配、予定調整と関連する手続き 教室の手配、準備
講義以外の学習 活動の準備	フィールドトリップ訪問先のアレンジと団体予約手続き 学生活動記録用SNSページの管理と運営 本学学生への事前課題の実施
学生支援	履修登録前ガイダンスの実施、広報活動 学生向けウェブサイト情報の更新 選抜作業（履修希望者数が多い場合） 宿泊施設手配と支払い手段の確立 ANU学生向け受け入れ状の作成（ビザ申請用） 履修生（本学・ANU生ともに）向けJASSO奨学金申請手続き ANU学生の学内施設使用のための学生証等発行手続き 学生からの問い合わせ対応（随時）
TA手配	TAの選抜 TA関連事務手続き（謝金支払い、出張） TAへの事前情報提供とトレーニング
交通と移動	ANU学生の受け入れのための主要駅へのTAの配置 東京―山梨間バスの手配と支払い手続き 一部食事や休憩のタイミングの確認、場所確保
安全管理手続き	非常時の連絡手段（レンタル携帯電話）の確保 学外活動の安全管理上の学内書類手続き 誓約書の準備
そのほか	交流会の手配とスピーチ依頼 関連教員に対するレセプションへの出席依頼 研修後のアンケート実施 学習成果の報告書作成

3.2.　事前講義

　多くの学生にとっては、初めての国際研修であり、また馴染みの薄い内容について英語で学習することから、事前に講義を行うことにも重要な役割があると考えられるかもしれないが、このプログラムでは様々な制約から開始前に履修生が顔を合わせることはほとんどできない。学期の初めに履修を考える学生に対するガイダンスがあり、その後、履修が確定した段階で一度顔合わせを行い、開始直前にもう一度、事前講義として本学学生だけで集まる。事前講義では、主に渡航先での安全管理上の留意点について学習をしたり、事前に与えられた渡航国の理解のための課題の発表会などをしたりしているが、国内での研修に特化した事前講義は実施していない。今後の課題のところで詳しく論じられるが、事前講義をいかに有意義に行うかという問題は今後の検討が必要な分野であろう。

3.3.　事務職員の支援

　本プログラムの準備は、代表教員とそのもとで実務を担う特任教員が主に担当することになるが、実はもう一人重要なキーパーソンが存在する。国際交流、研修関連の部署に所属する経理担当の事務職員である。経理担当職員は、特任教員が作成するプログラム実施のために必要となる経費の申請書を確認し、必要に応じて加筆修正をし、間違いがなければ、それを事務棟にある教養学部全体の経理課まで持っていきそれぞれの書類について最終処理を受ける。例えば、個々の講師とTAについて作成する謝金と出張手続きの書類やバス代やレセプション費用申請の書類の処理手続きを行う。事務棟で不備が見つかったり追加書類が必要だと指摘されたりすれば再度持ち帰り、特任教員が対応し再度事務棟まで持っていくのである。このような国際研修を主に担当する事務職員がいなければ、現実的にこのプログラムを円滑に実施することは不可能であったと言ってよい。

3.4.　プログラムの運営

　実際のプログラムの運営にあたっては、プログラム担当の特任助教と大学

院生を中心とするTAとがチームを組んであたっている。TAたちは同じ学生としてあるいは兄姉のような存在として、より参加学生に近い立場からプログラムの運営を補佐しており参加学生と教員との間をつなぐ役割が期待されていた。

　TAの業務内容はプログラム運営に関わる様々な補助であり、教員に代わって業務を行う単純な人手としての役割はもちろんのこと、団体行動の際の学生の先導、体調不良の履修生のケア、うまくANUの学生との交流に混ざることができない学生の支援、ANUの学生が来日する際の都内各所や空港での出迎え、日本またオーストラリアのプログラムでの夜の点呼やディスカッション・セッションにおけるファシリテーターなど様々な役割を果たしてくれた。しかし、オフィシャルな仕事内容以外にも、様々な貢献をしてくれていたようである。授業内容について授業外で学生に教えるということや、いわば人生の「ロールモデル」として、彼ら彼女ら自身の経歴について色々と学生と語ってくれていたようである[3]。

3.5.　飲酒禁止の徹底

　このほかにも事前準備段階から特に心を砕いて学生に理解を求めてきたことが、飲酒についての制限である。本学の1、2年生が在籍する前期課程においては教養学部の国際研修に関する規定により、プログラム開催期間中の飲酒は授業外であっても厳禁である。本プログラムの学生の中には、ANUの学生を中心に成人に達している学生もいたが、この規定は履修者全員が対象である。そこで、事前ガイダンス、研修直前のオリエンテーション、研修が始まってからの最初のオリエンテーションでも口を酸っぱくして再三学生の理解を求めた。オーストラリアの大学ではそのような制限がかかることは滅多にないであろうと考えられるが、結果としては参加者全員が協力的であり、飲酒の心配は杞憂に終わった。全てのTAから飲酒はなかったという報告であったし、そういった様子が見られることも全くなかった。

3　このようなプログラム外の貢献は、学生と共に滞在する中自然と生じてきたものである。彼ら彼女らも学生であり、自身の学習に支障が出ないように、シフトを組むなどして極力配慮した。

4.　プログラムの詳細

　この節では、実際のプログラムの詳細について実際の日程に沿って紹介したい。はじめの概要で述べたように、日本編は内容的には富士山を題材に、文理双方の視点から分析した領域横断的な内容になっている。また、通常の講義以外にもフィールドワークや共同発表などの活動を行い、それらを通じて学生たちは交流を深めながら学習を行う。以下で説明するのは初年度である2015年度の事例である。初年度は色々と手探り状態ではあったが、2016年度以降は大学の学事暦の変更に伴い全ての授業や活動に参加できない本学学生も多かった。そのため、東京大学学生とANU学生の双方が全期間を通じて十分に参加できたという意味では2015年度が最も理想的であるので、本稿では2015年度の日程について主に詳説する。なお2016年度、2017年度もプログラムの基本構成は大きく変わってはいない。

　プログラムは履修生が宿舎である国立オリンピック記念青少年総合センター（オリセン）に集まるところから始まった。両大学の履修生が直接滞在先に集合し、入所手続きをする。簡単なお互いの紹介の後、その日は翌日からの授業に備えて完全にフリーである。翌日、教職員と学生が顔合わせをする交流会を行い、その後本格的に講義や学習活動が始まった。基本的には一日の前半に日本語の授業や富士山に関する講義を行い、午後は学生が小グループ単位で授業内容に関連する場所へ調査に行ったり、大学近辺の街の探索に行ったりする構成となっていた。日本語の授業は先述のANUの学生向けに用意された講義である。一日の後半に行われた教室外活動は、東京都内の富士塚訪問[4]や渋谷探索、浅草探索などであり、前半に行われた講義ともリンクするようにできている（例えば、富士山と宗教についての講義と富士塚訪問など）。翌日の研修は前日の活動の報告から始まり、担当教員が学生の前日の活動について知ることができる。

4　富士塚とは、富士山を模して作られた小山ないし丘であり、江戸時代に実際に富士山に詣でることができない人々のために造営された。本プログラムでは主に千駄ヶ谷にある鳩森八幡神社に行ってみるように指導していた。

表2　2015年度（2016年1月）のスケジュール

日　付	内　　容
1月7日	履修生が国立オリンピック記念青少年総合センターに集合 学生のグループ分けとお互いの自己紹介
1月8日	オリエンテーションとランチ懇親会 ANU生向け日本語授業 講義「富士山と宗教」 小グループで渋谷探索
1月9日	ANU生向け日本語授業 講義「女性と巡礼」
1月10日	横山大観記念館訪問
1月11日	ANU生向け日本語授業 講義「富士山と美術」「富士山と文学」
1月12日	「富士山と自然環境科学」 浅草探索
1月13日	ANU生向け日本語授業 講義「富士山、遺産と観光」「富士山と火山学」
1月14日	東京から山梨県山中湖村に移動 山中湖村役場観光課の担当者と意見交換
1月15日	成果発表会に向けた準備（グループワーク） 富士山学フィールドワーク
1月16日	成果発表会に向けた準備（グループワーク） 発表会（ポスター発表） 懇談会 山中湖村より帰京
1月17日	解散

※これ以外に、一日の始めには前日の学習経験や課外活動の振り返りを行い、学習日記の作成を毎日の課題として課している。

　何日かの東京での研修の後、履修生は山梨県にある本学研修施設の山中寮内藤セミナーハウスに移動しフィールドトリップを行う。この2泊3日のフィールドトリップはプログラムの一つのハイライトとなっている。このフィールドトリップでは、山梨県富士山科学研究所や山中湖村観光課、東京大学大気海洋研究所の支援を受け、フィールド実習を行ったり学生からの質疑に応対する機会を設けていただいたりしている。そこでは学生はあらかじ

め東京で受けた授業をもとに、現地の事情に詳しい研究者や実務家の方々から話を聞いたり、前もって準備した質問を投げかけたりすることができた。フィールドトリップにおいて、とりわけ多くの参加学生（や参加教員）が印象的であったと語るのが、河口湖近くにある船津胎内神社である。船津胎内神社は、およそ一千年前の噴火の際の溶岩流により形成された溶岩洞窟が、江戸時代に富士山信仰の信者により信仰の対象とされ建立されたものである。ここでは神社の内部から溶岩洞窟に入ることができ洞窟を通り抜けることで、参拝者は清められるとされる。このような洞窟は地質学的にも珍しく、この神社及び洞窟は自然科学的にも人文科学的にも重要なスポットであるといえる。その意味で船津胎内神社は、領域横断的な本プログラムにとってはうってつけの場所であった。

　プログラムの後半は成果発表会である。2015年度は講義や見学地の訪問で学んだ事柄を踏まえて、現代における我々と富士山との関わりにおける問題点を整理し、自分たちの対応策を提案するというポスター発表活動を課した。報告会を終えた学生は、懇談会でお互いの労をねぎらった。その時の本学学生は、当初のためらいがちで、ぎこちない交流をしていた様子とは打って変わって、自信を持って英語でコミュニケーションをとっており、心から打ち解け合った本当の友人関係を築き上げたようであった。

　研修を終えた履修者に課された最後の課題は、成果報告会の内容を短いレポートにまとめることである。日本での研修後、ほどなくオーストラリア研修に向けて渡航するため、提出期限はオーストラリアからの帰国後に設定した。担当教員は、そのレポートで授業内容を踏まえた説得力のある提案がなされているかを評価し、単位を授与すべきか否かを決定した。

5.　プログラムの成果

　この節ではまず本プログラムで得た成果を教員の視点からまとめたい。その後に、学生及びTAの声を紹介していく。教員の視点から見ると、本プログラムでは学生に対する教育上の成果はもちろん大いにあったが、それに加えて国際的なプログラムを国内で実施することによる教員側、大学側の学び

もあった。それぞれについて順番に検討したい。

5.1.　学生の教育上の成果

　本プログラムにおける学生の教育上の効果は、二つの局面で得られたものに分けて考えることができる。第一の局面は、プログラムの学習内容に沿ってANUの学生とともに学ぶという局面であり、狭い意味での学習の場面である。プログラムの学習内容から直接由来する学びもあったし、ANUの学生とともに学ぶということで刺激を受けるということもあった。第二の学びの局面は、より広い文脈でANUの学生と交流しつつ生活する場面である。前述のように、両大学の学生は日本編だけで2週間弱、オーストラリア編も合わせると1か月近い時間をともに過ごすわけであるが、そのような「共同生活」を通じて、学生たちが相互に様々なことを学んでいたのである。それぞれについてさらに詳しく述べていく。また、ここで触れる点の多くは、章末に掲載している学生、TAからの声でより生き生きとした形で語られるので、是非ともそちらもご覧いただきたい。また、英語力に関する記述は随所に出てくるが、単なるスキルの習得を超えて、学習態度やコミュニケーションの姿勢における変容、自己の英語力に対する自己認識、メタ認知の変化といった多様な変化が見受けられるため、それぞれの項目に分けて記してある。

5.1.1.　授業などの学習面での学び

　ここでは、講義やグループワーク、フィールドワークなど、規定のプログラムに従って学習することで得られた成果について述べていく。ここでの学習成果は、知識の習得、スキルの習得、そして態度の習得に分けることができる。

5.1.2.　知識の習得

　まず、学生のアカデミックな知識という側面における成果について触れる。本プログラムは第1節で述べたように、専門を決める前の学生を主な対象にしているため、様々な分野をカバーするように作られている。そのため学生は、富士山について様々な未知の分野からの視点に触れることになる。社会科学関連の学部への進学を考えている学生の一人は、理系分野の地質学の講義を踏まえ、「富士山が何層もの構造になっていることは知らなかった」

と驚きをあらわにし、別の学生は、富士山について理解を深める中で、いかに富士山が日本人のアイデンティティや精神世界を表象するシンボルとして用いられてきたかを知っていく。さらに、学生が新しい学術的な知識を得る機会は、講義だけに限られない。第4節で触れた船津胎内神社では、富士山の噴火の歴史について実物を見ながら説明を受けるとともに、江戸時代の富士山信仰の様子を知ることができる。また富士山と日本人アイデンティティの表象の関係の講義を受け、その後にANUの学生と話し合うことで、国籍とアイデンティティの関係についての理解を深めることができたという学習経験について語ってくれた学生もいた。

5.1.3.　スキルの習得

　学生が短期間で身に付けるスキルがどれほどのものか測定は難しく、定量的な証拠を示すことは難しい。しかし、プログラム終了後に履修生から話を聞くと、やはり英語運用力の向上を最も強く認識しているようである。例えば、最初はほとんど何を言っているかわからなかったANUの学生が言っていることがわかるようになったという振り返りはよく耳にする。それが自分の成長なのか、相手が自分に合わせてくれるようになったからなのかは不確かではある。しかしながら、少しずつ自分の言いたいことが言えるようになったという経験について述懐する学生も多い。

　また、プログラムで課されるプレゼンテーションやその準備の過程においても、オーストラリアの学生と協働しながらそのスキルを身に付けている学生もいるようだ。東京大学の学生は全て1、2年生の学生であり、多くの学生はその段階で英語はもちろんのこと日本語でも学術的なプレゼンテーションをした経験が数えるほどしかなかった。ANUの学生はほとんどが英語母語話者でありかつ比較的上級生であったこともあり東京大学の学生よりも発表に慣れていた。彼らとの準備作業の中で、共同作業を通じてどう論点をまとめるのか、スライドを準備するのか、またどのように聴衆をひきつける発表をするのかを実際に体感し、それを通じて彼らの技術を「盗んで」いく学生もいた。

5.1.4.　学びに対する意欲と態度

　学生の学習態度における変容も定量化するのが難しいものであり、またこ

の点ではプログラム内で得られたものよりもANUの学生との普段の忌憚ない交流の影響が大きいと思われる。しかしプログラムによる影響と思われるものも挙げることができる。プログラム内では、ANUの学生と同じ授業を受けることで、彼らがどれほど積極的に授業を受け、質問し、学問を楽しんでいるのかを授業内外で目の前で見せつけられるのである。彼らは気になることがあればすぐに授業中に質問をし、担当講師や他の学生と議論が始まる。授業外での気軽な会話の中で、ANUの学生には二つの学問分野を主専攻として学ぶ「ダブルメジャー」の学生が多いことに気づく。「私は勉強が好きなの」というあるANUの学生の発言を驚きをもって聞いたと報告する学生もいる。ANUの学生のこのような態度は東京大学ひいては日本の大学では残念ながらあまり一般的ではないと言われる。このような体験をすることで、大学に入って、学業への熱意を失いかけていた一部の1、2年生にとっては、ANUの学生が真剣にかつ積極的に学問に向き合っている様子を間近で見て、自分もしっかり人に語れるような専門性を高めていきたいと学業への態度と意識を新たにするのである。

　ここで述べられた知識、スキル、態度の成果は大学生が身に付けるべき学習領域として特に重視されている。それでは、これらのほかにどのような学習成果があるだろうか。

5.2.　国際交流としての生活面での学び

5.2.1.　学生間の学び

　これまでに既に幾度となく述べてきたが、異なる文脈で生きてきた学生との学びにおいては、授業内容そのものに加え、学生間の交流から得るものが非常に多い。先ほど述べたアカデミックなスキル、態度の獲得以外にも学生個人の今の生き方や人生についての考え方へも強く働きかけるものがある。

　頻繁に学生から聞くのは、英語学習やコミュニケーション一般に対する態度の変容である。この点は、単にプログラムを通じて英語のスキルが向上したというよりもより長期的な学習結果に影響を与え得るものである。例えば自分の英語が思った以上に通じるという成功体験から、もっと英語学習を一生懸命していきたいという学習意欲の向上もあれば、他方でもっとスムーズ

にコミュニケーションがしたかったという一種の挫折感から翌年度の英語学習を通した奮起を誓う学生も多い。また、思うように英語が口をついて出なくても相手に言いたいことを伝えようとする「気合」が重要であると考えるようになった学生もいる。

　ANUの学生と交流して行く中で人生観へも影響を受けたケースも多々見受けられた。自分と全く異なる人生を送ってきたANUの学生が、人生における異なる価値観や重視するものを持っているということを、羨望の思いで研修後に語る学生が何人もいる。この章の最後に付した、参加学生の生の声にはそうしたものが含まれている。

5.2.2.　ネットワーク

　本研修では文字どおり寝食をともにすることから、容易には壊れない学生同士のネットワークが形成されることも特筆するべき事項であろう。いまやインターネットを介した個人的な連絡のやり取りやグループでの情報交換は標準的なコミュニケーションの手段であり、研修中から研修終了後も継続してインターネット上でのやり取りが続くことが多い。オンライン上では、「Aさんが留学に行った」だとか「Bさんが国際交流の活動をしている」などといった近況報告がやり取りされることも多く、「他の人ががんばっている様子を見ると自分もがんばらなければと思う」といった、同じような国際交流の興味を持つ学生の活動が自身のモチベーションへの刺激となっているという話も聞く。研修後はこういったインターネットでのやり取りだけでなく、お互いが日本やオーストラリアに実際に訪問した際に再会するなどの交流も継続しているようだ。

　このようなネットワークの形成は、国を越えたものとは限らない。本プログラムで毎日の生活を共にすることで、大学の中で新しい友人関係が形成されたことを成果としてコメントする学生は多い。特に、文系、理系の垣根を越えて、あまり交流することがない異分野の学生がどのようなことを考えて大学生活を送っているのか知ることができたということを高く評価する声は多い。

5.2.3.　自分について知る・知らないということに気が付く

　新しい環境で出会う事柄について理解を得るという体験だけでなく、自分

自身がどのような学生なのか、自分のスキルはどの程度通用するのかなどの自分についての理解を新たにする学生も多い。ANUの学生から「いい発表だったね」とほめられたことから自分の英語が意外と通用することに喜びを見出したり、その中でもまだまだ言いたいことが通じなかったり授業が理解できなかったりする経験を通して、自身の英語運用力の現状を認識する学生の声は典型的である。英語運用力そのものだけではなく、授業後にANUの学生を浅草に連れて行き、ANUの学生に「鳥居はどこをくぐるべきなのか」とか「お寺の入り口にある2体の像は何なのか」と聞かれたときに全く答えられないといった経験を通して、日本について全く知らない自分を認識したという経験談も、よく履修生から挙げられる事例である。

　また、本プログラムが領域横断的なプログラムであることから、将来の専門分野との「相性」に気づくこともあったようである。ある学生は、「地震とか火山には興味があって話を聞いたんだけど、難しい話でこれを追求していこうという熱意はなかったんだということに気がついた」と述べたり、他のある学生は、苦手な分野の講義を振り返って「やっぱり自然科学の分野は自分には合わないことがわかりました」と述べたりもしている。

　これらのうちの多くの成果、例えば、学習やコミュニケーションに関する態度の変容などは、自分とは異なる背景を持つ学生との交流や彼らの生き方や考え方に直接触れることによって得られた成果であるということができるだろう。以上は学生にとっての成果だが、大学はこういったプログラムを実施することでどのようなインパクトや成果を得られるのだろうか。

5.3.　大学の国際化としての成果

5.3.1.　教員と教育の国際化

　学生のみならず、教員集団の国際化を促したり能力を高めたりできる可能性があるという点でも、国内での国際研修は国外で実施する研修と違った特有の成果を持っているのではないかと考えている。本プログラムでは、日本人であるなしに関わらず、富士山に関わる内容について講義ができる優れた教員に講師を依頼することができた。多様な背景を持つ学生群を普段から教えているわけではない教員にとっては新鮮な教育経験であったのではないか

と思われる。日本人が大多数を占める普段の講義とも留学生のためだけに作られた授業とも違い、また英語運用力の向上に特化した英語の授業とも違う本コースで授業を展開する経験とその運営スキルは、これからますます国際化していく大学の教員にとって欠かすことのできない職能であろう。本プログラムには、そういった教員の教育能力についての意識の変容とスキルの向上に資することも可能性としてある。

　また、既に本プログラムは、他の部署における同様のフォーマットでの国際研修授業の立ち上げのために参考にされている[5]。受け入れた学生の宿泊先をどこに確保し、学外の調査活動をどのような場所で行うのかなどのパターンを部分的に参考にしていくつかの授業が既に実施されている。このように、国内の国際研修は他の教員が実施するプログラムにテンプレートとして波及する効果があり、その結果、他の教員がより負担が少なく国内での研修プログラムを立ち上げることに役立つという成果がある。

5.3.2.　国際プログラム実施のための学内制度や手続きの確立

　東京大学では、海外から学生を受け入れ授業を行うという実績そのものはないわけではないが、比較的大人数（30名ほどの）学生がともに宿泊し、フィールドワークにも出かけていくというプログラムは多くはない。そのため、いくつかこれまでに気にしなかったようなことが思わぬ形で顔を現すことがある。その最たるものは、2015年度のANUの学生の滞在費の支払い方法であった。研修の中で山梨県の本学の研修施設に訪れる期間があるが、そこでの宿泊費を学生から徴収して事前にその運営機関に納入する必要がある。東京大学では教育活動上の費用を教職員が立て替えて、その後学生から直接現金を徴収することが基本的に認められていないために、その料金の支払いに煩瑣な手続きを取らざるを得なかった。具体的には、その運営施設にANUに対して全員分の滞在費を英文で請求してもらい、ANUの担当者が受講者全員から豪ドルで滞在費を集めて、海外送金を行うという手続きをとっ

5　例えば2017年度秋学期には、本プログラムの運営にも大きく関わっている理学部が、「国際セミナー」を開催し、同様にANUから地球科学専門の学生を招いて国内で集中講義、フィールドトリップを行っている。また2018年度には共著者の櫻井がフィンランドとハンガリーから学生を招いて、日本学のフィールドリサーチ研修を実施している。

た。この問題は幸いにも2017年度に滞在施設が到着時の支払いを認めてくれるようになって解決したため、よりスムーズな方法で支払いを済ませる手段が確立された。しかし教訓として、このような海外から学生が訪問するプログラムの場合、いくつかの訪問先から先払いを要求されるケースが容易に想像できるため、一時的な支払いの手段の確立が急務であると言えるだろう。

　この事例以外にも学内の様々な部署と連携して、宿泊費や研修に必要な費用の支払い手段など、様々な事務処理に必要な点を整理できたことは今後の国内での研修の立ち上げにとっても非常に意義のあることである。

5.3.3.　ティーチングアシスタント（TA）

　第2節で既にプログラム運営に重要な働きをしてくれたTAたちのことに触れたが、それぞれの体験からTA各人が得た教訓もこういった研修を実施することによる成果の一つとして考えられるだろう。詳細は後のTAの声をぜひ読んでいただきたいが、参加学生の指導経験を通して、リーダーシップや下級生とのコミュニケーションスキルを養っており、将来研究者、教育者となるための準備段階としての意義もこのプログラムには見出すことができるのである。

6.　課題と振り返り

　これまで詳細に述べてきたように、本プログラムから得られる成果は多岐にわたる。アカデミックな英語のスキルやプレゼンテーションの技術から、広い意味でのコミュニケーションにおける態度や人生観に至るまでである。しかし、学生と同じように（ひょっとしたらそれ以上に）我々担当教員が影響を受けたことも多かった。何よりも実務担当の教員自身が、大学の書類処理の手続き方法、関連部署との折衝の仕方、大学の国際化に携わる人たちの情熱、学生とのやり取りなどから学ぶことが非常に多かった。本プログラムに携わった教員は東京大学のような大きな大学で何か新しいプロジェクトを始める際の困難を認識しつつも、このような国際研修プログラムはそれでも学生に他の授業にはないインパクトを与えるのだと確信している。

　その一方で2017年度で本プログラムは3度目の実施を迎えたが、いくつか

の解決しがたい課題も残っている。まず、両大学の異なる学事暦のために日本研修が試験期間に一部重なってしまい、本学履修生は全ての日程に必ずしも参加できていない点である。富士山周辺へのフィールドトリップへの参加は全員義務としており、そこでは十分な交流ができていたようであるが、それ以外の期間は全員が滞在施設に宿泊することを基本としているものの、日中の活動には試験期間の合間をうまく時間を作って来てもらうという方針にするよりほかはなかった。連れ立って晩御飯を食べに行くなどの様子も見られたが、必ずしも全員が交流できていたわけではなかったようだ。この課題をどうするのか具体的な方策は見当たらない状況である。

　また、本研修のみならず東京大学の他の国内外の研修の多くに共通することであるが、効果的な学習につなげるために研修前、研修後にどのような教育的な活動を連結させるかはまだ確立してない。出発前は、安全危機管理のオリエンテーションと学生個人が興味を持っていることについて調べてきて発表会を行うなどしたりしているものの、どれほどの効果があるのかは未知数であり検証の余地がある。また、本プログラムは領域横断的な内容であり、学生にとってさほど馴染みのない分野についても「英語で」学習しなくてはならない。このような点についてどのようにフォローアップしていくかは難しい問題である。また、このプログラムが2単位13回分の授業に相当すると考えると、プログラム本番だけでかなりの時間がかかるので、事前講義にまで十分な時間を当てることも難しい。この点は、本プログラムのような国際研修が合否しかつかない科目であり、また必修科目を犠牲にしてまでは本科目に注力させるというわけにもいかずバランスを取るのが難しい点でもある[6]。

　プログラムの継続性をどのように担保するかということも大きな問題である。この点で一番のネックとなっているのは、財政的な継続性である。本プログラムは戦略的パートナーシップの一環であったと冒頭で述べたが、それも期限付きのプロジェクトである。そこから提供される資金から、プロジェ

6　注2で述べたとおり、東京大学の進学システムでは、この時期の成績は学生にとって死活問題であり、人生の岐路にもなってしまいかねないものであるため、より問題は難しいものになる。

クト担当の特任助教の人件費やプロジェクトの運営に関わる出張費やレセプションにかかる費用、フィールドワークの際のバス代が捻出されている[7]。そのため、この財政的な継続性の担保の難しさは、人的な継続性の維持の難しさにつながり、運営に関する知識の維持の難しさにもつながってしまう。

　最後にプログラムがもたらしている良い予兆について述べておこう。このような短期の国際研修がより長期（1年や半年）の交換留学への契機につながるということが既に起きており、交換留学へ向かう学生の渡航前発表会において、短期の国際研修がきっかけであったと言及する学生が散見されるようになってきた。また、このプログラムが国内での研修のテンプレートとなり、他の国内で行われる国際研修へと結びついてきている。上述の構造的そして教育的課題はすぐには解決に至らないが、それを補うだけの研修の効果ははっきりと見えている。さらに回数を重ねていく中で、様々な変化を加えながら学生の成長そして大学の国際化に資するプログラムの開発に邁進していく。

7　バス代以外の交通費や宿泊代、普段の食事代などは基本的に学生の負担である。

●履修生の声

UTokyo/ANU Exchangeでの出会いと学び

東京大学　**太田 充／小林瑞季**

　"UTokyo/ANU Exchange" と題されたこのプログラムは、自分たち学生にたくさんの発見と刺激を与え、その価値観を少なからず変えた非常に意義深い国際研修であった。

　本章で説明されていたとおり、このプログラムは日本とオーストラリアでの2週間ずつの滞在で構成されているが、今回はその中でも前半の日本プログラムに焦点を当て、そこで感じたことや考えたこと、自分たちに起こった変化について、私たち二人の参加者の視点からそれぞれ振り返ろうと思う。

1　太田充（当時理科二類2年）の振り返り

　寒さが厳しくなる1月末、駒場キャンパスで行われたオリエンテーションの説明で、「東大滞在中は参加者全員で和館に宿泊する」という点が気になったことをよく覚えている。「和館」というのはキャンパス内にある課外活動施設の一つだが、十数畳の和室が六つ並んでいるだけの簡素な施設のことで、普通のホテルとはかけ離れたものがある。それはつまり、約2週間の日本プログラムの間、両校の生徒が皆で大部屋に雑魚寝する、ということを意味する。高校の修学旅行や部活の合宿で慣れている日本人学生はさておき、個室のベッドで寝ることが当たり前の外国人学生にとっては、少々ハードルが高すぎるのではないかと思ったのだ。しかし、結果的にはこれは良い方向に働いた。毎日同じ場所で寝るというだけのことだが、夜、布団に入る前にたわいもない話をしたり、朝、寝ぼけ眼で時間を聞いたりといった日常を共有することで、 変な緊張感のない関係が築けたように思う。今になって考えると、始めの数日、和室でなんとなく居心地悪そうに過ごしていたANU生たちの姿は、オーストラリアで文化の違いに戸惑った自分たちと重なる。

「自分たちにとっての当たり前は彼らにとっての当たり前ではない」というのは、異文化交流を語る際によく言われることだが、日本で生活しているうちに否応なく触れ続ける日本独特の文化——例えば大部屋での雑魚寝など——に戸惑い、楽しみつつ順応しようと奮闘するANU生の姿を通して、その言葉の意味を実感していたように思う。大きな和室に、近づくでもなく離れるでもなくまばらに並べられた布団たちは、彼らの戸惑いと奮闘の現れだったのかもしれない。

　次に印象に残っているのは、ANUの学生との会話だ。それはもちろん、英語を使わざるを得ない環境で鍛えられたという意味でもあるが、それ以上に彼らの話す内容に感じるものが多かった。今回のプログラムでは、両校の参加学生の国籍は合計で7ヶ国にも上り、そのバックグラウンドも様々だった。特にANUの学生は、母国の大学には行かずに学部からANUで学ぶ中国人や、一度働いてから大学院に通うフィリピン人など、東大の学生よりも遥かに多様性に富んでいた。彼らとの会話では、日本人同士では滅多に話さないような、自分の価値観や将来についての話が自然に話題にのぼっていて、非常に新鮮に感じた。例えばあるシンガポール人の大学院生は、自分のこれまでの人生がどんなものだったか、自分が将来どう生きていきたいのか等、その思いを臆面もなく語ってくれた。その語りぶりからは、彼の人生に対する並々ならぬ自負と覚悟が感じられ、聞いていた自分の心に、とても格好よく響いた。彼の話を聞いて初めて、自分が今まで、自分自身について他人に語ることを無意識に避けていたことに気付いた。　彼の話す姿は、それまで未来を語る同級生を冷めた目で見ていた自分を少なからず変えたように感じる。

　自分はこのプログラムを通して多くのことを学んだが、　何よりも大きな収穫は、異なるバックグラウンドを持つ人と信頼関係を築き、深く話すことで、自分の価値観や考え方が変わり得ると知ったこと、そして自分はそういう機会をこれからも持った方がいいし、持ちたいと意識するようになったことではないかと思う。

2　小林瑞季（当時理科三類1年）の振り返り

　私にとっては今回が初めての海外研修であり国際交流だったが、この研修を通してその魅力に大いに惹きつけられたことは間違いない。それまでの私の日常生活において、　日ごろ英語を読み書きすることはあっても話す機会はほとんどなく、

まして外国人と知り合って英語で会話するなどということは全く考えられなかった。そんな中かねてから英語を実際に使ってみたいという思いも強くあり、今回のANUとの国際研修プログラムに目が留まったのが事の始まりだ。前半が東京を中心とした日本国内で展開され気軽に参加できること、そしてそこで親交を深めてからキャンベラに向かえることも参加を決意した要素の一つであった。

　のちに選考に通ったことを耳にした時は、いよいよ新しいことに挑戦できるという喜びや期待の半面、言葉も通じるかわからない外国人と接することに少なからず不安や恐怖を抱いていた。自分の英語が拙くて相手にされなかったらどうしよう、そもそも文化の全く異なる外国人と2週間も同じ空間で寝泊まりできるのだろうかなど、様々な不安に駆られていた。しかしはじめこそ戸惑いがあったものの、昼夜問わず彼らとともに時間を過ごしていくうちに、そういった感情はみるみるうちになくなった。上下関係がなく不要な遠慮をしない英語でのコミュニケーションが、私たちの関係を親密にするのにそう時間はかからなかったのである。朝はともに起きて布団をたたみ、夜は寝転がりながら他愛もない話を山ほどした。そういった何気ない毎日のやり取りこそが、国際交流することの最大の魅力だと思い知らされたのはこの時である。

　結果として総じて、これが初めての国際交流活動であったにも関わらず、私はこの4週間で様々な人と出会い、仲間と多くのことを学び、これまでにない新鮮かつ充実した日々を過ごすことができた。私をそのように導いてくれた一つの要因がこのプログラムにはある。それはまさに、「プログラムが日本で行われていること」だった。当初私がそれに対して感じていたメリットとは、万一何かあっても日本国内なら心配ないだろう、という安心感だったが、実際はそれ以上の大きな役割を果たしてくれた。例えば授業の一環として訪れたフジヤマミュージアムでは、作品一つひとつについて、日本語の説明書きを参考に私たち自身が絵の説明を担った。単なる翻訳者としての役割の枠を超えて、日本文化そのものや日本人を代表した自分の意見をも尋ねられることもあった。本来、ネイティブスピーカーを前にすれば誰しも英語を話すことに引け目を感じてしまうことは避けられないだろう。しかし、たとえ英語力が不足していようとも、日本について日本でプログラムが行われているという点は、私にとって大きなアドバンテージだった。彼らはみな私の話にとても興味を持ちながら耳を傾けてくれたし、話すスピード

も私に合わせてくれた。これほど英語を話しやすいと感じたことはこれまで一度もなかったのである。

　こうして臆さず積極的に英語を話せるようになった私は、後半のキャンベラ編も含め、これ以上にないほどプログラムを満喫することができた。思えばコースの一日一日は常に新しい発見と、彼らと繋がっているという喜びに満ち溢れており、全日程が終わる頃には気付けばまた国際研修に参加したい、とそう強く願っていた。これはかつての内気な自分では考えられなかったことだが、そういった物事に対する積極性、主体性といったものも、このプログラムを通して培われたものの一つかもしれない。今回のプログラムは、その一部が国内で行われたことによって、これまで以上に幅広い学生にアプローチすることができた。

　まだまだ一般的とは言い難い「国内で実施する国際研修」であるが、参加者としては、日本人学生の積極性を高める、大変良い試みであったように感じる。留学を希望するものの、海外経験が少ない等の理由で長期間の海外滞在に抵抗がある学生にとって、他の日本人学生と共に参加し、かつ日本語の通じる環境で開催される国際研修は良いファーストステップになるのではないだろうか。

●履修生の声

日本プログラムでの知識の習得と国際交流

ANU　リュウ・ヒョンソク（Hyunseok Ryu）

　私がこのコースを履修した理由はこのコースで宗教学や民俗学に触れられるからであった。元々宗教学に興味があり、かつ自分の宗教が仏教であることから、宗教哲学に関わる書籍は多く読んできており、今回のコースはそういった自分の興味や知識欲を満たしてくれる内容になるのではないかという期待があった。その他にもコースの他の魅力として短期間で終了できることや日本で半分の期間を過ごせるといった点があり、それらも履修登録のきっかけとして重要であった。この体験談では、非常に主観的ではあるが、学問・交流などの面における振り返りをここに残したいと思う。

1　学問においての刺激

　導入で述べたとおり、私は宗教学や文化に非常に興味があり、過去に日本で長期間滞在したときは有名な神社を調べて実際足を運んだり古事記を読んだりと自分の好奇心を充足してきた。したがって、このコースで提供された多彩な講義の中でも自分の興味のあるものに触れる講義に関しては新しい知識の習得ができてよかった。その中からいくつかをピックアップすると「宗教とジェンダー」の授業では、宗教的な聖地と女性に関する歴史的な観点を知ることができ、性差別がつい最近まで、そして一部の地域では今も存在していることがわかった。この授業を通じて、日本の神の中には女性が数多く存在し、かつその役割も相当重要なものであるにもかかわらず、なぜ女性に対する差別に発展したかという疑問を持ち、また他の国の伝統的観念の中でもしばしば見られる女性と不清浄さを関連づける考えが日本にもあることに驚きかつ興味が刺激された。また、山梨県での合宿の時に訪ねた富士山信仰の場となっている洞窟では、子宮を象徴するとされる

洞窟を実際にくぐって出ることで信仰の内容を確かめることができた。このように
フィールドワークの魅力を体験できたことは貴重な経験となった。

　ただし、2週間という短い期間では学習できる内容に限りがあり、普段4ヶ月を
かけて勉強する普通のコースほどは深いところまで入れなかったことは残念だっ
た。もし、可能であったら1週間か2週間ほど長く滞在して、分野を絞って専門的
に学ぶことができたらよかったと考えている。

2　国際交流としての良さ

　私は過去、日本の大学で事務職員として勤務したことがあり、当時留学生に関
わる業務を担当したことから国内学生と留学生間の交流がいかに難しいかを体験
で熟知している。ただし、今回の日本でのプログラムではそういった交流の難し
さを感じさせることなくお互いに交流ができたと評価しており、国内学生には国
内留学として非常に効果があったと思う。このコースの一番の魅力はある意味知
識の獲得より国際交流かもしれない。

　東京での大部屋生活や山梨県での合宿は、自然と学生同士の距離を縮めること
ができるものだったと思う。自分の経験によるものだが、日本へ留学に来る学生
の宿舎を大学で用意する場合、大概は一人部屋か二人部屋がほとんどである。学
生同士の争いを回避することやプライベートを確保するなどの点では優れている
が、活発な交流を促すためには何か別の工夫が必要なことが現実である。その中、
性別によって分かれてはいたが、大部屋での生活は雑談や日常会話が常にあり、
勉強以外にお互いの趣味や興味を知ることができた。また、日本のクラブ活動で
よく行われる合宿を、日本の学生と同じように体験できたことは、日本でしかで
きない経験だったと思う。そういった環境のおかげで時には一緒に銭湯に行った
り自由時間に一つの部屋に集まってゲームをしたり悩み話をきいたりなど、誰も
予想できない形でいろんな交流ができて、思い出をたくさん作ることができたと
思う。

●ティーチングアシスタントの声

UTokyo/ANU ExchangeでのTAとしての学び

東京大学　**福與直人**

　私が2016年度のUTokyo/ANU Exchangeにティーチングアシスタント（TA）として参加した動機は、大学での教育そのものに興味があったこと、そして本プログラムのテーマが自身の専攻と重なるものであったことにある。総じて東京大学の学生を含め、日本の大学生は勉強をしないとよく言われる。これが事実かどうかはさておき、私自身の観測範囲においてはこうした傾向は確かに見られた。一方、6年間にわたりアルバイトとして教育に関わる中で、生徒の学習に対するモチベーションを向上させることの難しさを痛感していた。そんな私にとっては、大学での教育、特にどのように学生の学習へのモチベーションを上げるか、という問題は主要な関心事の一つであった。また、本プログラムのテーマは、富士山の自然・歴史・文化から日本文化をとらえ直すことであり、文理横断的な内容であった。私は、文系として東京大学に入ったが、現在は地球科学を専攻しており、本プログラムで扱われる全てのトピックに対する基礎知識があるため、その点でTAとして役に立てるのではないかと考えた。このような動機の下で本プログラムに参加したが、当初想定していた働きが概ね満足できる形で遂行でき、また改めて大学での教育への理解を深める機会を得ることができた。

　実際、TAとして私が行った主たる役割は、研修全体の知識面からのサポートであった。本プログラムに参加した東京大学の学生は、全員日本人であったが富士山に関する知識が多くはなく、特に日本文化に関する知識については、オーストラリア国立大学の学生と大差ない場面もあった。また、本プログラムの講義は総じてレベルが高く、前期課程で専門的な学習をしていない日本人学生にとっては、英語による講義の受講に不慣れということも手伝って、内容理解が難しい場面もあった。そうした場面において、私は学生に積極的に話しかけて、補助的な知識やヒントとなる情報源を提示したり、より噛み砕いた説明を行ったりすることで、

学生がより深く広くプログラムの内容を理解できるように努めた。

　こうして本プログラムのTAに従事する中で、私自身も学びを得る機会が多くあった。その中でも特に印象的なのは、1.大学生に対する教育への再理解、2.他言語によるコミュニケーションへの意識、についてである。本プログラムが始まるまで、前述した日本人学生の学習時間の短さは、学生の学習意欲に因るものだと考えていた。しかし、少なくともこの研修に参加した学生は総じてとても学習意欲が高く、毎晩遅くまで学生同士で議論を重ね（時には教員やTAにも相談しながら）、課題に取り組んでいた。彼らは決して学ぶ意欲が無いから学ばないのではなく、学ぶ機会が与えられていないから学ばないのではないかと感じた。『大学生は自ら学ぶものだ』という根強い意見もあろうが、この研修を通じて私は、大学が教育機関である以上、　学生に多くの学ぶ機会を提供すべきだとの思いを強くし、今後もTAとして大学生への教育に積極的に寄与したいと思った。他方、本プログラムを通じて、英語を用いてコミュニケーションをする際のためらいが私の中から完全に払拭された。英語で自分の意図が相手に明確に伝わらない際に感じる、ある種の恥ずかしさを払拭することが私のこれまでの英語学習における課題であった。実際、本プログラム参加前は、それを理由にしてコミュニケーションを諦めてしまうことも多々あった。そこで、私はTAとしての職務を果たすという外発的な強制力をもって、どうにかして伝わるまで諦めずにコミュニケーションを取ることを実践した。強引な手法ではあったが、結果的に相手に伝わっている、という感覚（錯覚？）が得られ、伝わらないことを恐れて話しかけないのはもったいないことで、伝わらないからこそ積極的に話しかけていくべきだと意識できるまでになった。

　このように、本プログラムは参加した学生だけではなくTAにとっても実りのある貴重な経験を与えるものである。様々な分野についての学習機会を得られることは、専攻を決めずに広く学習する東京大学の前期教養課程の理念によく合致するものであるし、学問的に日本を再認識する機会も少ないため、本プログラムの内容自体もとても興味深いものであると感じる。

　最後に、本プログラムで得られた充実感や学生/TA問わずの結束は、とても大きいものだと思われ、一年経った現在でも参加学生は定期的に集まり近況を報告し合うほどである。私がTAとしてどれほど貢献できたかはわからないが、本プログラムのこうした成功は、自分のちょっとした努力が報われたようで素直に嬉しいと思う。

第 2 章

東京大学の取り組み：
大都市「東京」を舞台にした短期国際研修

文 景楠／トム・ガリー

「東大生は国際経験が足りない」という言葉をしばしば耳にする。本章の執筆者であるガリーと文が、それぞれ教員と学部1年生という立場で東京大学と関わり始めた2000年代初頭にも、同じことが言われていたと思う。そのときに比べれば、東京大学が提供する国際経験の機会は格段に増えた。例えば東京大学に学びにくる留学生の数は増加の一途をたどっており[8]、なるほどキャンパスを歩いてみると、そこかしこで外国語が聞こえてくる。

ただし、東京大学の構成員全員がその恩恵に与っているとは限らない。この章で紹介するプログラムのためにガリーと文が初めて出会ったとき、二人がまず同意したのは、東京大学の学部生、特に1・2年生に対しては、未だ質の高い国際経験の機会が十分に確保されていないという点だった（以下、「東大生」は東京大学の学部1・2年生を指す）。

本章の主題となる「Tokyo: Representation and Reality」（以下、TRR）は、米国出身で日本語と英語をまたぐ長年の実務経験をもとに東京大学の英語教育の改善などに努めてきたガリーと、韓国出身で学部から大学院までを全て東京大学で終え、ちょうど教員としての最初のステップを歩み始めていた文の二人の外国人が、東大生の国際経験の促進を目指して行った一つの試みである。ちなみに、ガリーの専門領域は辞書学・外国語教育・言語政策などで、文の専門領域はギリシア哲学であり、どちらも国際的な教育そのものの専門家ではない。本章の目的は、このような背景を持つ二人がTRRの実務者となって体験したことを、その成功と失敗を含めて読者と共有することである。

8　東京大学「外国人学生・留学生数」https://www.u-tokyo.ac.jp/ja/intl-activities/intl-data/ d03_02_02.html（2019年10月18日アクセス）

1.　TRRを着想する

1.1.　基本となるコンセプト

　国際経験の促進は様々な形でなされる。2015年夏、今までとは違う試みを模索していたガリーの念頭にあったのは、日本にいる学生を海外に送り出すのではなく、海外から学生を日本に短期で招き、日本の学生とともに学ばせるというものだった。このようなプログラムが共通して持つ特徴に関しては本書の第Ⅰ部と第Ⅴ部を参照していただくことにして、ここでは特にTRRと関連する背景的な事柄を述べておきたい。

　東京大学では、教員や大学院生のための国際経験の機会は充実しているが、学部1・2年生に関してはそうではないと上で述べた。その原因としてガリーは、次の二つの条件を同時に満たす学部1・2年生向けの国際研修プログラムが非常に少ないことに着目した。

1.　短期間で参加でき、金銭的負担が軽いこと。
2.　単位を取得できる正規の教育課程に含まれること。

すなわち、現在ある国際研修プログラムは、学修計画や進路計画を立てるうえで負担となっており、結果的に東大生の参加を難しくしているのである。

　こういった問題をクリアしたプログラムとして考案されたのが「海外から学生を日本に短期で招き、日本の学生とともに学ばせる授業」、すなわち「日本国内で実施する短期国際研修」だった。短期間で単位を授与できる正規の授業は「集中講義」という形で実現できる。しかし今回は、海外の学生を招くという前提があるので、日本の学生のみで実施される通常の集中講義よりも考慮すべき条件が多くなる。

　まず実施期間に関して、わざわざ日本に滞在しにくる海外の好奇心旺盛な大学生が、二泊三日といった短いプログラムで満足するとは思えない。それに、国際交流としての充実を図るためにも、あまり短すぎるものは望ましく

ない。内容に関しては、通常の講義を聞くだけでは海外からの受講者には物足りないだろうし、なによりも東大生との交流を促進することができない。よって、フィールドワークといった共同作業を含むプログラムを提供することが必要となる。TRRのコンセプトは、1か月間の実践型国際研修プログラムに固まった。

　このプログラムは、金銭的な負担も通常の活動への影響も、長期の海外留学と比べれば格段に小さい。それでも海外の学生との交流の時間は十分確保されているので、同期間の海外留学と比べて遜色ない効果を期待できると思われる。ただし、あくまで通常の集中講義と比べた場合は、1か月という期間は長く、取得できる単位数に対する学習負担も軽くない。この点がどう作用するか若干の不安はあるが、国際交流に強い関心を持つ学生には、それを差し引いても十分魅力あるものになっていると思われる。

　次に決めるべきは、このプログラムをいつ実施するかである。これは思ったよりも複雑な問題なので、節を改めて論じる必要がある。ここでは、ある意味今まで挙げた条件と同じぐらい根本的である、人的・財政的資源の確保の問題を先にみておこう。

1.2.　人的・財政的資源の確保

　優れた教育プログラムを思いついても、それを実現するための人的・財政的資源がなければ教員はなにもすることができない。上で述べたコンセプトを温めながらガリーが取りかかったのは、2016年度にTRRを実行する際に運営を補助できる専任教員を一名確保することと、海外での宣伝や書籍の購入のための活動経費を調達することだった。

　専任教員を十分に確保することは今日の大学における最も困難な課題の一つであり、それは東京大学でも変わらない。ガリーが着目したのは、東京大学が2015年度から実施していた「総合的教育改革」である。そこで掲げられていた目標の一つに国際的な学習体験の充実化があり、TRRはそれに合致していたので、プログラム運営を補助する任期つき専任教員のポストをなんとか申請することができた。

　活動経費に関しては、2014年度から文部科学省によって実施され、幸い東

京大学も採用されていたスーパーグローバル大学創成支援事業に頼ることができた[9]。この事業では海外でも有数の大学との交流のために使える財源が確保されていたが、ガリーはその中でも特に米国プリンストン大学との戦略的パートナーシップにもとづいてTRRを実施することを決め、助成を申請し採用された。自然に、今回TRRに招待する海外からの参加者には、プリンストン大生が選ばれることになった。

2.　TRRを具体化する

2.1.　日程を悩む

コンセプトが決まり人的・財政的資源の目処が立つにつれて、「東大生とプリンストン大生」という受講者の姿も見えてきた。いよいよ決めなければならないのは、これをいつ実施するかである。まず思いつくのは両校の休業期間だが、これには問題があった。ここ数年、東京大学はクォーター制の導入と相まって学事暦の全面的な見直しを進めてきたが、TRRが実施された2016年度の東京大学の休業期間はプリンストン大学のそれと大幅にずれていた。休業期間中の実施は断念せざるを得ない。

ガリーが次善策としてとったのは、東京大学の学事歴を構成する四つのクォーターの一つとして6月に始まるS2タームがプリンストン大学の夏期休業期間とほぼ重なるので、この期間に両校の学生の参加を求めるというものだった[10]。結果的に、東京大学の学生にとっては授業期間中の実施となるが、従来の学期制と比べれば学修計画にTRRが与える影響は少ないはずである。

しかし、これは思っていたよりも東大生の積極的な履修を阻む大きな障害となった。TRRは密な国際交流のためにほぼ毎日の参加を要求する。よってS2タームにほかの単位を取得できなくなることは予想していたが、 問題は、

9　東京大学における「スーパーグローバル大学創成支援事業」に関しては、次のウェブサイトを参照。https://www.u-tokyo.ac.jp/ja/intl-activities/global/sgu.html（2019年10月18日アクセス）

10　東京大学のクォーター制は、従来の夏学期（今はSセメスター）をS1とS2タームに、冬学期（Aセメスター）をA1とA2タームに分ける形で実施されている。

東京大学のクォーター制への移行が完了しておらず、実質的にはS1とS2タームをまたがって学期制で運営されていた科目が多くあったので、それらの単位取得が全て難しくなってしまうという点だった。金銭的負担は軽減できたが、学修計画などに対する負担は軽くできなかったのである。

2.2.　宣伝を行う

なんとか実施日程を決めたガリーが次に進めたのは、プリンストン大学での宣伝である。プログラムのコンセプトを伝える簡単なパンフレットやホームページを作成し、2015年10月と2016年2月にプリンストン大学を訪れ、そこで開かれた国際交流フェアやTRRに関する個別説明会で参加を呼びかけた。プリンストン大生のために用意されている国際研修プログラムは豊富で、TRRはその中の一つにすぎない。十分な数のプリンストン大生を集めるためには、積極的な宣伝は不可欠だ。

TRRの担当者と実際に会えたという経験は、参加を考えていたプリンストン大生にとって非常に大きかったようだ。中には後日スカイプなどを通してガリーに問い合わせをしてきた学生もいたが、その学生は実際にTRRに参加してくれた。

2.3.　プログラムの形が定まる

宣伝と同時に進めなければならないのは、教育プログラムとしての詳細を確定する作業だ。ガリーが苦心の末に選んだのは、「東京」という都市そのものをテーマにすることだった。東京は単に歴史の古い文化遺産であるだけでなく、まさに今、世界で最も興味深い都市の一つだ。東大生は日本の歴史や文化にはプリンストン大生より親しんでいるかもしれないが、自分たちが今住んでいるこの都市を学問的に考察した経験はない。その意味で、現在の東京を「世界の中の大都市」として分析するという課題は、両校の学生の興味を引くという点だけでなく、彼らが協力して探究を進めるという点でも適したものに思われた。海外の学生の視点は、東大生が自ら住んでいる場所を相対化するためにとても効果的だからだ。

幸い東京大学には都市としての東京を考えるための講義を英語で提供でき

る教員がバランスよく在籍しており、講師の確保という点では恵まれていた。今回のプログラムのために特別に講義を用意して欲しいというガリーの依頼に対して、すぐに7名の教員が快く加勢を申し出てくれた。大学教員よりも実務家に講演を依頼すべき分野もあったが、現在活躍中のファッションデザイナーの協力をすんなりと取りつけることができたのも、東京という環境があってのことだったと思う。

　結果的に、TRRは次のような形で具体化された（表1も参照）。

- 概要：巨大都市「東京」を舞台に、東大生とプリンストン大生が東京大学内外の教員による講義及び学外でのフィールドワークにともに参加しながら、広い意味で「都市」と関連する課題を自ら立て、その成果をプレゼンテーションすることで、「都市」に関する理解を深める。
- 実施期間：2016年6月6日から7月5日
- 講師：計11名（ガリーと文及び東京大学外の協力者2名を含む）

　計9回にわたって行われた講義は、哲学、ファッション、生態学、クィア・スタディーズ、歴史学、都市計画、文学、建築学といったバラエティ豊かな内容となった。同じ回数行われたフィールドワークは、これらを補うためのものである。その内容もまた、博物館や資料館の訪問をはじめとして、谷根千（谷中・根津・千駄木）や浅草、多摩ニュータウンや秋葉原といった街を実際に踏査したり、日本橋や渋谷の商業施設で担当者の説明を聞いたりなど、文字どおり多岐にわたる。ほぼ一日がかりのものもあるので、詰め込みすぎず薄すぎないものを用意するために、ガリーと文は後ほど何度も打ち合わせを行った。

　受講者は教員によって用意された活動をこなしながら、最後は自分で研究課題を設定し、その成果をまとめることを要求される。そのための予備的プレゼンテーションやディスカッションの時間も、TRRの活動の一環として十分に確保された。

表1　TRRのスケジュール

	月	火	水	木	金	土	日
第1部：都市に浸る							
	6/6	6/7	6/8	6/9	6/10	6/11	6/12
午前	オリエンテーション	講義1	フィールドワーク1	講義2	フィールドワーク2	フィールドワーク3	休日
午後	キャンパス案内	学生による自主活動		プレゼンテーション1	学生による自主活動		
第2部：都市の人々							
	6/13	6/14	6/15	6/16	6/17	6/18	6/19
午前	ディスカッション	講義3	学生による自主活動	講義4	講義5	学生による自主活動	休日
午後	学生による自主活動	学生による自主活動	フィールドワーク4	グループ課題決定	ディスカッション	フィールドワーク5	
第3部：都市の変化と進化							
	6/20	6/21	6/22	6/23	6/24	6/25	6/26
午前	ディスカッション	講義6	講義7	フィールドワーク7	講義8	個人課題決定	休日
午後	学生による自主活動	学生による自主活動	フィールドワーク6		ディスカッション		
第4部：都市を眺める							
	6/27	6/28	6/29	6/30	7/1	7/2	7/3
午前	プレゼンテーション2	ディスカッション	講義9	学生による自主活動	ディスカッション	学生による自主活動	フィールドワーク9
午後	学生による自主活動	学生による自主活動	フィールドワーク8		学生による自主活動		休息
	7/4	7/5					
午前	学生による自主活動	プレゼンテーション3					
午後							

＊「学生による自主活動」は、グループ課題や個人課題の準備を行う時間として設けられた。

・講義：計9回
・フィールドワーク：計9回
・ディスカッション：計6回
・プレゼンテーション：計3回

2.4.　教員体制の整備

いよいよ2016年度になり、TRR実施が数か月後に迫ってきた。ここで転機となったのは、文が東京大学の助教として無事任用され、少なくとも当分はTRRに専念できる環境が与えられたことだ。準備もそうだが、なによりもTRRを実施する1か月はかなりの時間を受講者とともに過ごす教員が必要であり、ほかにも多くの業務を平行して抱えていたガリー一人で全てを担当することは不可能だ。こうして教員体制が整った4月の時点で二人が始めたのは、プリンストン大学からの受講者の確定、講演やフィールドワークのスケジュールの決定、東大生に対する宣伝などである。

プリンストン大学からの受講者は最終的に5名となった。日本語学習経験者が2名いたが、基本的には全員米国育ちの英語母語話者である。ガリーと文は、彼らのために来日に必要な情報をまとめ、東京大学での滞在資格などを用意した。講演をお願いする講師にも、改めて個別に面談をしてプログラムの趣旨を確認するといった作業を行った。フィールドワークを行う現場にも教員が実際に足を運び、意図したとおりの活動ができるか、安全面で問題はないかを一つひとつ確認した。

学外での活動の準備も大事だが、学内で使用するスペースの確保も考えなければならない。当初は学生が自由に出入りできる部屋を確保することも視野に入れたが、セキュリティ面での課題もあり、これは思ったほど簡単ではなかった。結局ガリーと文は（小さな資料置き場を除いて）TRRの学生だけが利用できるスペースはあえて作らないことにした。これは、食堂や図書館といった、より多くの東大生が訪れる場所をTRRの受講者にも使ってもらったほうが、交流の促進という点で望ましいと考えたからだ。スペースが足りなくて苦労したという報告を受けることはなかったので、この判断は正解だったと思う。

2.5.　東京大学からの受講者を選抜する

東京大学からの受講者の募集にはかなり手こずった。特殊な授業ということでまず説明会を二度実施し、その甲斐あってか、当初の参加申し込み数は

上で述べた悪条件にもかかわらずほぼ10名に届いた。全体で約15名の受講者がいれば、一つの授業として一応十分な数であると言える。問題は、東京大学からの申請者のほとんどが、交換留学生として在籍している学生だったという点だ。東京大学に留学生として既に在籍している学生がTRRに関心を持つことは十分予想できたし、彼らは東京大学の正規の学生なので履修に際して学制上の問題はない。しかし、TRRを履修する期間はほかの講義に参加することができないという点に、彼らの登録を断念せざるを得ない要因があった。日本での在留資格を維持するためには一定数以上の単位を取得しなければならないという制限を、ほかの部署から指摘されたのだ。細かい日程を調整することで対策を練ってはみたが、最終的に東京大学からの受講者は2名（うち1名は、日本以外の国の出身）になってしまった。

　プリンストン大学からの学生5名に対して東京大学の学生2名という結果は、やはり満足のいくものではない。少しでも交流の幅を広げるために、後ほどガリーと文はTRRを正式に履修しない東大生にもフィールドワークの一部を開放し、単位にならないという条件で参加を認めることにした。学内での宣伝や事務作業は増えたが、より多くの東大生とプリンストン大生が交流することができたので、苦労する価値はあったと思う。

2.6.　宿舎の確保

　5月に主に行ったことは、プリンストン大生の宿舎の確保と大学院生TAの選抜だ。まず宿舎に関して、候補として挙がったのは、東京大学の宿舎と民間の施設、そして代々木にある国立オリンピック記念青少年総合センター（以下、オリンピックセンター）である。

　東京大学の宿舎は様々な面で最も安心して利用できる場所であり、費用も魅力的だ。問題は、学内の手続きの関係で、プリンストン大生が必要な時期に確実に宿泊できるかどうかがわかるまでに時間がかかるという点だった。今回は宿泊日数が多いので、部屋を確実に押さえることを優先するために見送ることになった。民間の宿泊施設で適した物件を探すことも不可能ではないが、今度は費用がかさむ。結果的に、オリンピックセンターの宿泊施設を利用することに決めた。

　名称からもわかるように、この施設は「青少年」つまりは高校生などを主な対象とするものであり、引率者が大人数の学生とともに滞在することを想定している。格安であることもあって、滞在時の活動がセンターの目的と合致することを証明するなどの手続きが要求されるので、文は登録のために何度かセンターを訪れ、数十日分の活動内容を指定の用紙に記入することになった。これよりも大変だったのは、引率者が学生と一緒に寝泊まりしなければならないという点だ。高校の合宿などでは自然かもしれないが、東京住まいの大学教員が東京で実施するプログラムのために学生と一緒に泊まり込むというのは予想外の展開だった。ほかにも、外部から搬入したモバイルWi-Fi端末の接続がうまくいかないといった細かいトラブルはあったが、センター内のセミナールームを利用できたことや、なによりも代々木という便利な場所に非常に安価に宿舎を確保することができたという点で、オリンピックセンターには大いに感謝している。

2.7.　大学院生TAの選抜

　宿舎と同じぐらいガリーと文が気をつかったのは、大学院生TAの確保だ。東京大学には多様なバックグラウンドを持つ大学院生が豊富に在籍しており、すぐに多国籍で多彩な専門を持つ大学院生6名を集めることができた。ただし、各自の研究活動を抱えている大学院生が全員1か月の間TRRに専念することは不可能なので、このうち時間的に余裕があった2名に多めの参加と受講者の生活面での支援をお願いし、残りのメンバーには専門と関連するプログラムやディスカッションで貢献してくれるよう負担を調整した。

　大学院生TAはプログラムの成功に決定的な貢献を果たした。TAたちは、教員が把握しきれなかった場所で受講者に助言を与え、ときには先輩、ときには友人として活躍してくれた。その全てを列挙することはできないが、中には自分の経験を生かしてフィールドワークのコースを組み立ててくれた者や、専門と関連する内容を扱うわかりやすいレクチャーを用意してくれた者がいたことを記しておきたい。特にグループワークや個人課題を遂行する際に、TAの役割は不可欠だった。東大生とプリンストン大生はどちらも高い能力の持ち主だが、それでも彼らはまだ学部の1・2年生であり、自分で課

題を設定し研究を進めるためには助けがいる。TAのきめ細かいサポートは
とても有効で、中にはTAとの交流を最も満足した経験として最後に挙げた
受講者もいた。

3.　TRRを実施する

3.1.　TRRの日々

　6月に入り、いよいよプリンストン大生を迎える日がきた。米国を初めて
離れる学生もいるので、空港から宿舎までの交通もある程度サポートする必
要がある。当日は大学院生TAと文がチームとなって動き、無事に全員をオ
リンピックセンターに迎えることができた。夜は宿泊や今後のスケジュール
の案内だけ手短に行い、最初の夕食をセンターの食堂で済ませて早めに就寝
した。おきまりだが、箸の使い方を練習したのが彼らにとって日本文化との
最初の接触となった。

　翌日からはまさに怒涛の日々である。

　初日はガリーによるオリエンテーションで始まった。プログラムの構成や
成績評価などを改めて説明した後、キャンパスと周辺地域を案内した。この
オリエンテーションは東大生とプリンストン大生の顔合わせの場であり、散
策は双方の緊張をほぐす意味で効果的だった。二日目からはいよいよメイン
のプログラムに入り、以後、午前は講師によるレクチャーを受け、午後は関
連するフィールドワークを行うという組み合わせをどんどんこなしていく。
その概要は本章第2節で伝えたので、ここでは受講者が主体となって行った
活動を中心に紹介したい。

　受講者は、3回のプレゼンテーションと最終レポートの提出を義務づけら
れている。最初のプレゼンテーションはTRRが開始されて間もない時期に実
施され、東大生には英語で活動することに慣れる機会を、プリンストン大生
には東京という異国の大都市の第一印象を整理する機会を与えるためのもの
だった。開始してすぐなので、膨大な文献調査を必要とする課題を出すわけ
にはいかない。ガリーが考えたのは、前日のフィールドワークでいくつかの

写真を撮り、それに一つのまとまりをつけて発表するというものだった。スマートフォン世代の受講者の興味を引くに適した課題だったと思う。ちなみに、受講者が互いに打ち解けるまでにほとんど時間はかからなかった。もとからこういった国際的な交流に気後れしない学生が集まっていたこともあると思うが、それを勘案しても、初日から早速渋谷の町を一緒に散策するなど、積極的な姿が目立った。

　2週目に入るといよいよプログラムも半ばだ。受講者の関心も具体的なものになり、それぞれが個人的に訪れたい場所も少しずつ異なってくる。毎週月曜日と金曜日にはガリーと文によるディスカッションの時間を設け、こういった関心の変化を含め、決まったテーマを扱う講義やフィールドワークでは話せない事柄を共有した。2週目の最大のイベントは、これらを踏まえてグループ課題のテーマを決めることだ。7名の受講者は三つのグループに分かれ、次のような研究テーマを設定した。

- 東京の飲食店における食品とジェンダーの関連
- 東京所在の大学で学ぶ女性大学生のジェンダー表象
- 東京大学とプリンストン大学の学生による互いの生活様式に対する認識の比較

　3週目はグループ課題を進めるとともに、最後の締めくくりとなる個人課題のテーマを決めることが要求される。受講者は互いによく打ち解け、プリンストン大生も東京の回り方に慣れてきたところなので、個人的な動きもさらに増える。以前からの知り合いに連絡を取ったり、単独で遠方に旅行したりする者もいた。同時に疲れもたまってくる頃なので、ガリーが一度受講生全員を対象に個人面談を行った。幸い健康面でも学習面でも大きな問題は認められなかった。

　グループ課題のプレゼンテーションとともに始まった4週目は、実質的には最後の週となる。予定されていた全ての講義とフィールドワークが終わり、その代わりに個人課題のための時間が多く設けられる。そのテーマは、下記のとおりだ。

- ◦ 三宅一生のデザインの特徴
- ◦ 日本の若い女性とソックス・ファッション
- ◦ 外国及び大都市を初めて訪れた自らの経験の自伝的記述
- ◦ 渋谷交差点の欧米における表象と東京で経験した現実の差異
- ◦ 高額硬貨の有無による日米の消費傾向の違い
- ◦ 里山におけるバイオマスの経済性
- ◦ 東京に訪れる外国人観光客の関心と移動経路

　最終日となる 5 週目の火曜日はいよいよ個人課題のプレゼンテーションということで、長い時間をかけて行った研究成果を一日がかりで発表し、TAたちも多く参加して議論を行った。夜は別れを惜しんでの食事会となり、文が翌日の朝プリンストン大生をオリンピックセンターから見送った。

3.2.　TRRが終わって

　学生を見送ってからも教員の仕事は終わらない。まずは成績評価だが、これはグループ課題や個人課題などを総合して判定することになる。ただし、具体的にどのような評価を行ったのかについては若干の説明を要する。

　東大生に関しては、TRRのような「国際研修」という枠に分類される科目は合否判定のみで評価が終わる。問題は、日本の大学と全く異なるシステムを採用しているプリンストン大学の学生の成績である。この点に関して、実はガリーは既に何度かプリンストン大学側と交渉を行っていた。当初考えていたのは、評価の材料を取りまとめたものをこちらから送り、それをプリンストン大学側の教員が採点して、そちらの基準で成績判定を行ってもらうという段取りだった。しかしプリンストン大学側は、自らの学生が滞在先の大学の学生と、成績評価などを含めてまさに同じ体験をすることを望んでいた。結果的に、TRRに参加したプリンストン大生たちは、東京大学に正規の聴講生として入学し、そこで定められた基準で評価を受けることになった。とはいえ、東京大学の基準に従って100点満点で採点した成績を最終的にはプリンストン大学にも報告する必要があったので、万が一でも受講生たちの不利益になることがないよう、ガリーと文はどのような成績を与えるべきか

を最後まで悩んだ（後ほど確認したところ、TRRの成績は受講生のGPAには影響しないような単位として認められたとのことである）。

　TRRは文部科学省の特別な援助を得た試みであり、その成果を広く伝えることも責務となる。そのためにガリーと文はTRRの成果を記したカラフルなパンフレットを作成したり、本書のもととなったシンポジウムの企画を進めたりした。

4.　TRRの成果と課題

4.1.　TRRが達成したもの

　教育プログラムとしてのTRRは、大型総合大学としての東京大学が持つ利点と、東京という地理的・文化的背景を最大限活用した「都市研究」だ。受講者は、文理を横断する様々な観点から都市としての東京を論じる講義を受講し、それを補強する豊富なフィールドワークに参加した。理論と実践を融合したTRRの内容の濃さは、東京大学及び東京という拠点が持つ利点を生かすことで実現されたものと言える。

　受講者が行ったグループ課題や個人課題もまた、東京大学及び東京という舞台を十二分に活用したものとなった。例えば、ファッションに関する講義を聴講して著名なデザイナーの作品をテーマに選んだ学生は、東京で開かれたそのデザイナーの展示に訪れ、市街のブティックで彼の作品に身近に触れる機会を得た。TRRの狙いは、こういった仕方でも達成されたのである。

　国際交流の促進という面でも、TRRは一定の成果を収めた。グループ課題やフィールドワークは言うまでもないが、講義中に課された無数のディスカッションにおいても、異なる者同士が互いを理解し、ともに課題を遂行するという国際交流の基本的な形は、TRRの基軸であり続けた。日本語が話される都市で英語を用いて学習を行うという状況も、日米の受講者のバランスを保つのに理想的だった。移動中のカジュアルな会話といった、授業やフィールドワークの合間を縫って与えられた潤沢な「余白」もまた、教員が用意したものと同等に重要な役割を果たしたようである。

　成果に関しては、受講者の言葉をもって示すのがなによりも効果的だろう。本章に付された、東京大学とプリンストン大学の受講者と、TAとして参加した大学院生の体験記に是非目を通していただきたい。後ほど実施したアンケートで、受講者の多くがTRRをほかの学生にも強く推薦したいと述べており、中にはより長い期間実施することを望む（！）声があったこともつけ加えておきたい。

4.2.　今後の課題

　課題は文字どおり山積みだ。ここではいくつかにポイントを絞ってみていきたい。

- 実施時期：本章第2節の1で述べた問題が解決されない限り、より多くの受講者を確保することは難しい。とはいえ、これは学事歴の安定化といった大きな課題と連動するので、妙案がないのが現状だ。
- 制度的支援：TRRの企画は実質的にガリーの独力で行われた。実施に際しては事務側の全面的なバックアップと文の参加も重要だったが、このようなプログラムを維持するためには、スケジュールの詳細をつめ、パートナー校との交渉を行うといった作業を助ける制度的支援が必要である。若干名の教員の自主的な努力にプログラムの開催が左右されるのでは、安定的な運営は望むべくもない[11]。
- 資金：自由に使える資金の確保も大事だ。TRRが今回利用した文部科学省の支援金には、学生の宿泊費や交通費には使用できないという制限があった。結果的に受講者に対する財政的援助は限られたものとなり、プログラム実施前に検討していた、東京を離れた地域での研修は断念することになった[12]。より根本的な問題は、資金の安定化である。スーパーグローバル大学創成支援事業には最大10年間という明確な終了時期が設

11　国際的な教育活動全般を支援する部署は東京大学に既にあるが、「国内で実施する短期国際研修」に的を絞った場合、支援はまだ十分とは言えない。
12　生活費や活動費として、プリンストン大生1名が日本学生支援機構の助成を得た。記して感謝する。

定されている[13]。運営費交付金といった打ち切りの心配のない資金を利用することが望ましいのは言うまでもない。資金の目処が立たない限り、安心してこのプログラムに打ち込む教職員も確保できない。

　教育内容に関しても改善の余地がある。より受講者の関心に沿った講義やフィールドワークをさらに模索すべきだし、1か月という長い拘束時間と学習量に比べて得られる単位が少ないというバランスの問題にも配慮すべきだ。特に東大生に対して、語学面でのサポートをどう強化するかも今後の課題となるだろう。

5.　むすび

　最後に最もつらいことを述べなければならない。TRRは、一回の実施をもってその幕を下ろした。教育や国際交流という本来の目的において成果を収めたことを考えれば、これは勝負に勝って試合に負けたということになるだろうか。一番の敗因は、正規の課程にTRRを定着させることに失敗したことだった。ガリーと文は次年度のために利用できる資金を探した。しかし、TRRの実施だけでなく、文の雇用を継続することも難しいということが判明し、結局TRR第二期は断念せざるを得なかった。残念なことに次回にはつながらなかったが、そこから学んだことは多く、その一部は本書第Ⅴ部で生かされている。

　TRRが終わってから数か月、ガリーは東京大学での通常の業務に戻り、文は幸いにも次の就職先が決まったので東京大学と東京を離れた。現在の勤務校である東北学院大学はいわゆる地方の中堅私大であり、その置かれた状況は東京大学とは全く違う。海外以前に、東北地域からどう視野を広げるかが課題となる学生を前に、彼らが必要とする国際化とはいったいなにかを悩む日々だ。

13　日本学術振興会「スーパーグローバル大学創成支援事業　制度概要」https://www.jsps.go.jp/j-sgu/gaiyou.html（2019年10月18日アクセス）

●履修生の声

唯一の日本生まれとして

東京大学　鈴木啓太

　TRRが始まる数か月前、アメリカの大学や企業を訪問する別のプログラムに参加したことがあった。3週間で様々な大学の学生寮に泊まり、現地の学生と交流するといった多くの成果を得ることができたが、直前の準備に時間と労力がかかり、現地でも治安や気候への順応に苦労した。このプログラムでアメリカの学生の姿や、価値観に触れたことで、より多様な文化に触れ合い国際的な視野を持ちたいと思い始め、さらなる機会を東京大学のシラバスや国際交流ウェブサイトGo Globalで探していた。しかし、開講されるプログラムの総数が少ないうえ、通常授業期間に重なるものや費用の高いもの、修士・博士課程といった学年や専門分野によって履修資格が限定されるものが多く、前期教養課程に在籍し休学を望まない自分にとって選択肢は少なかった。

　その中、TRRをシラバスで確認し、東京で自分の生活を維持しながら英語や異文化を集中的に学べる、自分の要求に合致しているプログラムであると感じ参加をすぐ決めた。事前ガイダンスでは自分の他に履修する東京大学の学生が見当たらずとても不安に思ったことを今でも覚えている。TRR開始前に何度か事前準備があったが、英語圏のTAや教授たちの英語が聞き取れず、プログラム開始前に自信を無くしていた。

　プログラムが始まってからも、たった1人の日本育ちの学生として過ごす1か月はかなり負担の大きなものだった。開始前に想定していたことと実際にプリンストンの学生を迎えてからの状況が食い違い、何度もはがゆい思いをした。例えば、毎日の授業後、アメリカ側の学生は東京で色々な場所を訪れたいと思い案内を頼まれることが多かったが、講義後に家族や友人との用事やアルバイトをあらかじめ予定に入れていたため、彼らとより多くのプライベートな時間を過ごしたかっ

たのにもかかわらずその機会を失うことが多かった。また、東京の街を案内しているとき、アメリカ人5人と行動するとすれ違う日本人から奇異の目差しを感じることが多く、今までは気づかなかった日本人の外国人に対する視線を理解できた。自分は集団の中で唯一の日本人で、なぜ日本人が1人だけいるのだろうと不思議に思われることもあり、珍しい状況に対する日本人の不慣れな態度も感じることができた。

　講義では、東京の様々な側面を学ぶ中で、唯一の日本育ちの学生として意見を発信する立場に何度も置かれたため、歴史認識や文化理解において誤解を生まないよう気をつけた。江戸東京博物館に行ったとき、東京大空襲の展示があったことから、広島と長崎の原爆投下について話した機会は印象的だった。原爆投下がなければ戦争が長期化することでより多くの人命が失われるため、投下は正当だったという考えを学んできたアメリカ人の学生に対し、日本では原爆投下の理由について学ぶよりも、その後遺症の恐ろしさなど平和教育に重点が置かれると説明した。国家間で様々な歴史認識があり、史実をより俯瞰的に捉える視点を身に付けられたと思う。このような環境で責任を持って価値観を表現するようになり、自分の意見が偏りの少ないものになり、海外から来た人に向けて正しく日本の学生の様子を伝える窓口としての役割を多少担えるようになった。しかし、その裏で、個性を表現することは難しくなり無難な人格になってしまった可能性もあり、葛藤も少し抱えていたことは確かだった。

　このように、プログラム期間中は難しい状況に置かれることも多かったが、全ての日程を終えてから、進路選択や休暇期間の課外活動など、他の活動をするようになるにつれ、TRRがいかにその後の大学生活における自分の方向性の決定を有意義なものにしたか実感するようになった。TRRで大都市東京の様々な側面を考察したことがきっかけで、工学部都市工学科で都市計画を専門に学ぶようになった。世界の都市像とその表情をさらに深く捉えるため地球を一周し多くの都市を観察したが、この行程で、TRRでともに過ごしたプリンストンの学生を訪れ、寮に宿泊し、授業に参加させてもらい、クラブ活動も一員として楽しみ、TRRで築いた信頼関係を基に相互に文化を理解することができた。また、TRRでさらに強まった国際交流への関心をもとに、他の集中講義を履修してニューヨークの国連本部を訪れ発展途上国の現状を理解し、帰国後国連機関や民間企業と協力して

「持続可能な開発目標（SDGs）」に参加する新たな団体を立ち上げた。これと関連して、さらに6週間インドのNPO法人でインターンシップを行い、発展途上国の都市が抱える貧困について現場で真摯に向き合い、都市貧困の実態を訴えるドキュメンタリーを作ったり、日本企業からの援助をサポートしたりした。多国籍の人が集まるこういった環境で大学生から捉える日本の現状などを英語で偏見なく正しく伝えることができ、TRRで培った経験が大きく実を結んだことを実感した。

　TRRがきっかけとなって、様々な価値観や文化を多角的に学ぶ意欲が湧き、国連難民高等弁務官事務所（UNHCR）や国連開発計画（UNDP）でのインターンやアメリカ・カリフォルニアへの留学など、その後の大学生活がとても価値のあるものになった。これからもTRRでの経験を生かし世界に羽ばたく人材を目指したい。

東京でのひととき：ネオンの物語から得た知識

プリンストン大学　ジェームズ・オニュクー（James Onyeukwu）

　東京という都市に対して、私は常にエキゾチックな関心を抱いてきました。ボストンの都市部で子供時代を送った私は、最先端のテクノロジーとネオンに満ちたイメージで東京を描く漫画やアニメを見ながら育ちました。東京とのこうしたファースト・コンタクトに加えて、米国史を学ぶ際になぞった日本の歴史と、東京に影響を受けた米国のポップ・カルチャーから、私が訪れたい旅の目的地の第一候補はいつの間にか当然のごとく東京になっていました。

　TRRは東京訪問をついに実現してくれただけでなく、学問的な視点からこの都市を深く理解し、味わうことを可能にしてくれました。米国プリンストン大学に入って最初の年、主に大学1年生向けの入門講義を取り終えた私は、今度はより具体的で先進的なトピックを学ぶことに夏休みを捧げたいと熱望していました。東京大学が主催していた都市研究プログラムであるTRRは、様々なトピックを扱っていただけでなく、一つの有機的なシステムとしてそれらのつながりを明確に打ち出していたという点で、私にうってつけのものに見えました。TRRは、一般的な意味での「都市」を巡る社会と経済・文化・構造の諸相と、東京という個別の都市に関する無数のアジェンダを理解するための最適な「型」を提供していたのです。幸いなことに事前の準備は必要最小限に押さえられており、プログラムの中身を理解するために必須となる文献を読むことと、「サバイバル・ジャパニーズ」と後ほど私が名づけた、生きていくために欠かすことのできない日本語に目を通すことのみを要求されました。そこで費やした努力は、その後、学業においてもまた個人的な旅行においても、東京を満喫するために大いに役に立ちました。

　私が東京で得たのは、学業における知識・スキル・態度での目を見張るべき成長です。TRRは日本及び都市としての東京を背景とする多彩なトピックを扱って

おり、それには建築学や生態学、フェミニズムとクィア理論、ポップ・カルチャーと歴史、哲学、さらには伝統的・現代的なファッションと言語学が含まれていました。都市研究は真に学際的な分野であり、そこで研究されてきた事柄の全体像を知るために、私は様々な分野の知識を吸収しておく必要がありました。私はこのことを特に建築学において強く実感しました。建築に関心を持てば持つほど、その重要性は増していきました。渋谷駅から半マイル、渋谷駅前の交差点に続く道路で、私は奇妙なビルの一群に出くわしました。金色でアクセントをつけたおしゃれな白いビルの隣に、黒みがかったガラス張りのずっしりとした赤い建物があり、その隣に今度は高い青いタワーが見えます。私はこれらを一ヶ所に集めるという美的判断に疑問を抱かざるを得なかったのですが、この疑問に対する答えを見つけたのは、東京の歴史の奥深くへと入り込む講義を聴いた後でした。

　クラスメイトの一人が、「東京に住む日本人は誰でも、1945年3月10日が持つ重要性を知っている」と述べてくれたことがあります。私たちはそのとき、江戸東京博物館で東京大空襲の展示を前にしていました。そこで彼は、自分の祖父が辛うじてアメリカの攻撃を生き延びたときのことを語ってくれました。彼の話は、日本の過去の政治的決断や、アメリカの過去の暴力的行為に対する日本の人々の見方、そして、現在の我々がこれら忘れることのできない出来事からさほど遠ざかっているわけではないという事実にまで及びました。その後受けることになった爆撃に関する歴史の講義では、100万以上の人が家を失った後になされた再建のための努力が話題に上がりました。爆撃の直後に建てられた建物の多くは安普請で、後に別の新しい建物を建てるために取り壊されました。二度目の再建のプロセスは地域や時期に応じて不均一なものとなり、異質なスタイルの建築物が、新しい都市計画プロジェクトが打ち立てられる度に新たに採用されました。このことが、講義に参加するために私が毎日歩いた道で見た建物が持つ特有の配列につながったのだと思います。

　身の回りの建物の外見がなぜ全てばらばらなのかという、この一見単純な事柄をきちんと理解するために、地域住民との交流、東京の歴史の綿密な学習、建築の流行や安藤忠雄といった著名な建築家のインスピレーションを議論する幾度もの建築学の講義とフィールドワーク、そして東京に居住する人々の間で徐々に形成された社会経済的な空間分布を見渡す作業が必要となりました。これら全てを

高い水準で取りそろえていたTRRのおかげで、私は上記の洞察を得ることができたのです。

　TRRを終えたとき、私は数多くのことを発見し、今後の学習を進めるために必要となる新たな能力に目覚め、さらなる研究への意欲に溢れていました。都市研究に見られる学習の体系的アプローチをいかに私が高く評価しているかを自覚したのです。米国のプリンストン大学に戻った後の私の学業は、そこから明白な影響を受けたものになりました。私は自分の専門分野として、当初考えていた分子生物学ではなく、生態学と進化生物学を選ぶことになりました。それらがより大きなスケールを持つ学問であり、様々な部分の相互作用に注目するという点に魅力を感じたのです。また、TRRは都市の生活を理解するためのもう一つの視点を私に与えてくれました。私は住まいのあるボストンに戻り、都市計画が地区ごとの社会経済的なステータスにおける移り変わりや都市の文化的アイデンティティにいかに直接的に貢献しているかを知りました。後日パナマ市に留学したときも、私は都市のレイアウトに（芸術作品や食品、ファッションなどを通して）文化がいかに分かちがたく溶け込んでいるかを見て取ることになりました。さらに、私は東京で美に関しても以前より洗練された見方を養うことができました。現代的な東京の表情豊かでときには刺激過多ですらある様式に対比される、伝統的な東京で見つけたシンプルで色あせないスタイルをよりきちんと味わえるようになったのです。そこで見つけたシンプルさは、写真作家及び映像作家としての自分の芸術活動の方向性を根本から変え、デザインにアプローチする仕方を揺さぶりました。

　私の意見では、TRRは全面的に成功したプログラムです。質の高い学びに浸れるという約束は達成され、結果として私は生涯のものとなる体験を得ました。それでも、さらなる成功のために一つだけつけ足し得る点が残されています。TRRには、私と他のプリンストン大生がとても親しくすることのできた二人の東大生がいました。彼らは初めて日本を訪問した我々の適応期間を最小限にするために不可欠な役割を担ってくれました。彼らは我々にとって東京の有能な水先案内人、現地で最初に親交を築いた友人となりました。他にも私は、バスケットボールのサークルに参加することで、全く新しい東大生のネットワークに触れ、大学における東京体験をより深める機会を得ることもできました。東京大学の駒場キャン

パスや本郷キャンパスの学生たちと交流する機会をより増やすことは、プログラムの目的達成のさらなる助けになると思われます。

　私はTRRに参加する機会を得たことに心から感謝しています。そこで得た思い出、知識そして視点を、私はこれから生涯を通して育んでいくことになるでしょう。

●ティーチングアシスタントの声

英語で日本について教えること

東京大学 **藤本大士**

　私がTRRのTAに応募した背景には、2014年から2015年にかけて、イェール大学に1年間留学（当時、博士課程2年次在籍）したことがあった。私は近代日本の医学史を専攻していることから、同大学では博士課程学生向けの日本史ゼミを受講した。それに加え、学部生向けの日本史ゼミも聴講した。学部生向けの授業には、日本史を専攻する者はごく一部で、当初、多くの受講生は日本史への関心はそれほど高くなかったように思われる。しかし、担当教員の工夫された授業運営により、1学期の授業が終わる頃には、多くの学生が日本史に強い関心を持つようになっていた。このときに私は、英語で日本についてどのように教えるかについて関心を持つようになった。

　帰国後、その関心に合致するTRRという授業が開講され、そのTAが募集されていることを知った。私はすぐに応募し、TAとして採用される知らせを受け嬉しく思ったが、同時に、TAをうまくつとめることができるかどうか不安を感じた。というのも、私はそれまで、東京大学の「基礎演習」（文系1年生の必修授業で、学術的な作法に関する基礎的スキルを学ぶ）のTAをつとめた経験しかなく、ましてや英語でTAなど行ったことがなかったからである。

　しかし、TRR責任者のお一人である文景楠先生を中心として、事前準備が十分に進められたので、そういった不安も次第になくなっていった。特に、Jordan Sand, *Tokyo Vernacular: Common Spaces, Local Histories, Found Objects* (Berkeley: University of California Press, 2013) の読書会を事前に行ったことは非常に有用であった。同書は、第二次世界大戦後、東京という巨大都市がいかに過去を再発見し、都市計画を進めてきたかを、多くの魅力的な事例を用いて描き出したものであった。その中には、TRRのフィールドワークとして

訪れた、江戸東京博物館などへの言及もあり、そこで得た知識は授業期間中に大いに役立った。

　TRRにおけるTAの主な業務は、講義内容のフォローアップ、グループワークのファシリテーション、フィールドワークの引率、グループ課題・個人課題へのアドバイスなどであった。とりわけ印象的であったのは、グループに分かれて行った東京都内のフィールドワークである。私の引率したグループは早稲田・高田馬場周辺を探索し、受講生たちは町中で多くの発見をした。例えば、早稲田大学構内で男子チアリーディングサークルに遭遇した受講生は、アメリカではそういった活動を見たことがなかったため、その活動に強い関心を示していた。

　一方、グループ・個人課題へのアドバイスにおいては、専門的知識よりも一般的な学術的作法を教えることが重要となった。というのも、受講生の多くが1、2年生であったため、レポートの書き方、主題の設定の仕方などのスキルがまだ十分になかったからである。この点については、「基礎演習」のTAを経験していたことが役立ったと思う。受講生たちは、講義やフィールドワークを通じ、それぞれ興味深いテーマを発見し、まとまったレポートを完成させた。過密日程であり、レポートに割ける時間もそれほど多くなかったにもかかわらず、そのような成果を出せたのは、受講生たちの勤勉さによるものであろう。

　1か月にわたる授業を終え、東京という主題について、英語で授業を行うTRRは、日米双方の学生のニーズをうまくくみ取っていた授業であると実感した。つまり、海外の学生のなかには、日本への関心はあるが、言語面での不安があるために、長期的な留学をためらっている者が少なくないだろう。そのため、日本で、短期間で、英語で授業を受けることができるTRRのような授業は、そのような学生には魅力的であろう。ただし、既に大学で日本研究を専攻し、一定程度の日本語能力を有する者は、今回のようなプログラムではなく、より長期的なプログラムに参加するように思われる。一方、日本側の学生にとって、一般に、英語で授業を受けることのハードルは低くはないが、授業の内容が日本に関するものであれば、英語の授業を受講することの心理的障壁は下がるのではないか。そのため、TRRのような授業は、海外の学生からすれば、格好の日本研究入門となるし、日本の学生からすれば、英語で授業を受けるファーストステップともなる。

　今後、英語で日本についての授業を行う機会を得たとき、TRRを通じて教育者

として得た経験を存分に活かしたいと思う。特に、今回実感したのは、授業の主題と関係する、信頼に足る英語文献（TRRで言えば、Jordan Sand, *Tokyo Vernacular*など）を見つけることの重要性である。つまり、教員は、そういった英語文献をベースに授業内容を構成することができるし、学生にその文献をアサインメントとして課すことができる。TAは、そういった英語文献を読むことで、事前に対象に関する知識を深めることができ、学生からの質疑に対応する準備もできる。学生は、そういった文献をガイドとして用い、授業で受けた主題をさらに掘り下げていくことができる。そのためにも、一研究者として、英語で書かれた文献を常に把握しておくことが重要であると感じた。

第Ⅲ部

実践:

日本の自然と環境をとらえなおす

第 1 章

北海道大学の取り組み：

Cool Hokkaido——グローカルな教育研究拠点を創造する——

瀬名波 栄潤

1. はじめに

　2015年から 3 年間、北海道大学（本学）は短期集中型の英語による国際研修授業「Pacific Music Festival: Art, Politics, and Economy」（本授業）を開講した。本授業は、文部科学省の「スーパーグローバル大学創成支援事業」（通称：スーパーグローバル事業）に採択された本学構想の四つの教育改革プランの一つ、「Hokkaidoサマー・インスティテュート（HSI）」プログラムの一環として実施された。北海道という魅力ある地域を舞台に全地球的課題を考える文化研究授業だ。

　2010年代に入り、本学は魅力ある国際化への取り組みを進める。まず、2014年 3 月に「北海道大学創基150年に向けた近未来戦略（近未来戦略150）」を公表すると、同年 9 月には文科省のスーパーグローバル事業に本学の構想「Hokkaidoユニバーサルキャンパス・イニシアチブ〜世界に開かれ世界と協働〜（HUCI）」（本構想）が採択され、10年間の財政支援を受けることになった。大学執行部は、本構想の下、「世界の課題解決に貢献する北海道大学」へ向け、2014年から大学創基150年にあたる2026年までの大学改革プロジェクトに着手した。

　世界的にも「魅力ある北海道」で、「魅力的でありたいと願う北海道大学」が本授業を実施した。座学と実習を組み合わせ、様々な言語・文化背景を持つ受講生を英語で結び、異文化理解及び相互交流を促した。本授業を受講し、海外渡航を実現する本学学生が生まれ、本授業の評判を聞いて来道する

外国人学生も現れた。日本国内での国際研修授業が、大学だけでなく、学生の自己改革のための魅力的な手段になっていった。

2.　経緯と理念

　本学の魅力ある大学作りの起点は、近未来戦略150の公表、文科省の大型事業採択、HUCIの策定だった。時代の課題を解決すべく新しい道を切り拓く人材育成に取り組むことをミッションとし、「世界に開かれ、世界と協働する大学」への変革を目指すことになる。そしてその取組の一つとしてHSIが開設され、本授業が生み出された。

2.1.　Hokkaidoユニバーサルキャンパス・イニシアチブ（HUCI）

　本構想は、世界の課題解決を牽引する人材を世界の各地で育成する仕組み、つまり本学を拠点とした「ユニバーサルキャンパス」を確立する行動計画である。それを具体的に企画・調整・検証するために、HUCI統括室が総長を本部長とする「大学力強化推進本部」内に設置された。ちなみに、同本部は学内４機構（産学・地域協働推進機構、創成研究機構、国際連携機構、高等教育推進機構）と連携し、教育研究の国際展開を推進する組織である。

　この行動計画は三種の改革（通称：1-4-4改革プラン）からなる。「ガバナンス改革プラン」「四つの教育改革プラン」「四つのシステム改革プラン」だ。これらを連動させて、実施体制を確立する「立ち上げ期（2014-2015年度）」「アウトプット開始期（2016-2017年度）」から「アウトプット増加期（2018-2021年度）」、そして「次フェーズへの移行期（2022-2023年度）」と大学改革を段階的に進め、「近未来戦略150」の達成を目標にしている。

　「1-4-4改革プラン」の一つ「四つの教育改革プラン」とは、海外で授業を行う機動型の「ラーニング・サテライト（LS）」の開設、異分野連携による「国際大学院」群の新設、全学横断型学部・大学院特別教育課程「NITOBE教育システムによる先進的教育」の実施、そして本章で扱うHSIの新設開講を指す。

　本学取組概要によると、HSIは国内で行う英語による短期集中型国際研修

として「より多くの日本人学生と外国人学生が共に世界のトップ研究者から専門分野を学ぶプログラム」として位置づけられる。特に、北海道内で開講するHSIは、海外で展開するLSと好一対をなし、海外大学と相補的な連携関係を築く足がかりとなる。連携相手によって「1科目の数コマを協働する場合や複数単位を協働で教える場合がある。また、講師として単独で参加することもあれば、日頃指導している学生を伴ってLSやHSIに参加する場合もある。いずれのきっかけであれ将来的には、LSやHSIを学科や専攻単位、もしくは学部や大学院単位といった組織的な形態で、複数年にわたり実施していくことについて、双方で覚書を交わし、研究者間の協働を組織的な連携に進化させていく」と記されている。

　LSとHSIは、本構想の「立ち上げ期」に試行し「アウトプット開始期」に正式開講した。同概要の教育改革・国際化の項で、本学は教育の徹底的な国際化改革を表明している。

　学生もしくは教員が参加するには、各学科・専攻もしくは各学部・大学院は、留学を可能とする学事暦の設定、世界の大学と互換可能な成績制度の導入、英語による授業科目の増加とそのシラバスの質の向上、授業アンケートや修学ポートフォリオの導入、アクティブ・ラーニング科目の増加、そして世界の第一線で活躍する研究者やOBとの協働教育へと、自らの仕組みを変革することが必要となる。これら変革の積上げにより全学の国際流動性ならびに教務システムの国際通用性を高め、同時に教育の質を持続的に向上させていく。

2.2.　Hokkaidoサマー・インスティテュート（HSI）

　2015年4月1日、HSIの始まりを告げる文書「平成27年度トップランナーとの協働教育機会拡大支援事業「A：先導型」（略称：H27トップコラボA）の公募について」が、HUCI統括室長から各部局長に通知された。支援対象は、大学院の専攻単位でLSとHSIを総計して60件程度。目的は「世界の課題解決に貢献する本学の教育研究力及び知名度を向上させること」とし、「そのために、本学が強みを持つ教育研究を基軸に、優れた教育研究業績や活動歴を有する世界のトップランナーを招へいし、世界の課題解決に資する人材

の育成のために協働教育する活動に対し、資金的な支援を行います」とある。「H27トップコラボA」は、2016年から本格化するHSIの試行事業として位置づけられ、当初提示された支援金は一件につき上限200万円。公募書類では、トップランナーとは「各分野の研究をリードしている研究者（例えば、学術専門誌のエディターや国際学会で主要な講演や議長を務める人）や、企業や国際機関で顕著な活動をしている人、各国のキーパーソンや政府の要人などの個人もしくはその人物を中心としたグループや専攻」とされ、厳しい条件が設けられた。

　本学は、2023年度までに300科目のHSI開講を本構想採択時に企図している。HSI科目は、各部局等の専門科目として開講することに加え、全学生を対象とした科目群である国際交流科目（学部）または大学院共通授業科目（大学院）としても提供できる。受講申請は、交換留学生や特別聴講学生を含む本学の学生は、通常科目と同様に履修登録するだけでよい。本学以外の学生は出願が必要で、申請手続きは全てウェブサイトで完結でき、単位付与が可能となるよう特別聴講学生として受け入れる。授業料は、不徴収の協定を締結している大学からの受講生は無料だが、そうでない場合は1単位につき約1万5千円を徴収することになった。

　HUCIが「アウトプット開始期」に入った2017年春、総長はHSIウェブサイトのメッセージを更新し学生たちを改めて鼓舞している。HSIが建学以来の精神を引き継ぎ、総長が牽引する極めて意欲的な試みであることの表れだ。この年、96科目（学部14科目、大学院82科目）が開講された。

3.　"PMF: Art, Politics, and Economy"

　本授業は、定員20名の2単位科目として7月下旬に8日間開講した。PMFとはPacific Music Festivalの略称で、1990年にレナード・バーンスタインの提唱で始まった日本のクラッシック音楽の国際教育音楽祭を指す。PMFは札幌市の外郭団体「公益財団法人PMF組織委員会（PMFOC）」が毎夏札幌市を中心に開催し、「タングルウッド音楽祭」「シュレスヴィヒ＝ホルシュタイン音楽祭」とともに、世界三大教育音楽祭の一つとされている。本授業は、こ

のPMFを主たる教育資源として、芸術・政治・経済の観点から文化研究の教育を行うことにした。そことの連携は、芸術系部局がない本学としては異色だった。

　本授業は2015年に試行、そして16年と17年にHSIの一環として正式開講した。様々な背景を持つ学生が参加できるよう、全学の学生を対象とした。当初は本学が大学院大学であるため、大学院生のみを対象にすることを検討したが、国際化教育を成功させるためには、専門分野に対して比較的柔軟な学部生に文理融合の授業環境を提供する方が効果的と考えた。また、国際連携機構の援助資金を超過する場合には、本研究科（当時／2019年度「研究院」に改組）が補填することになった。

3.1.　体　制

　本授業の企画運用にあたっては、学内外の人材とネットワークに可能なかぎり協力を仰いだ。教員、職員、学外の理解者が魅力ある授業の実現に向け積極的に関わってくれた。

　特に、文学研究科URA（以下、部局URA）の存在は大きかった。2012年に文科省が「リサーチ・アドミニストレーターを育成・確保するシステムの整備」を実施した際、本学は全学的な戦略策定機能の強化を図ることを目的に、総長が直接指揮する研究戦略室内にURA（ユニバーシティー・リサーチ・アドミニストレーター）ステーションを設置し、大学と産業界・自治体・地域との連携推進を始めた。大学を「地域に役立つ教育機関、世界を変える研究機関」として発展させるのがミッションだ。全学において大学内外との研究・地域貢献の調整を行う全学URAとは別に、本研究科では研究推進室に独自の部局URAを配した。そこは、研究・地域連携に加え、HSIやLSも業務の一環として担った。

　部局URAは本授業体制の要となった。学生・教員だけでなく、本研究科の事務や国際連携機構などの全学組織や学外機関との連絡・調整も行い、活動の全てを把握した。申請書や報告書などの草案作成・会計処理から会場・移動手段の手配まで、雑多な業務のほとんどを、部局URAが担った。広報でも部局URAが活躍した。国際連携機構の全学的取り組みに加え、部局独

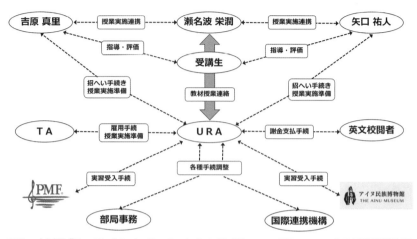

図1　本授業「Pacific Music Festival: Art, Politics, and Economy」の授業連携体制

自のポスターやチラシを日英両文で数種類作成し掲示した。学内他学部向けには、国際交流課を通じてポスター・チラシの掲示や本学12学部から選考された学生を対象とした横断的学士課程教育カリキュラムの新渡戸カレッジの学生へメール配信した。学外向けポスターは、メール添付及び紙媒体の両方で部局間交流協定校宛に送付し、先方大学からの問い合わせには国際交流室長が対応した。これが結実して、協定校からの参加もあった。また、本研究科ウェブサイトにてHSI授業の広報も行い、国際連携機構のHSIウェブサイトにもリンクを貼り、受講希望者が手続きも含め、HSIサイトに誘導されるようデザインした。加えて、前年度までの内容を参照できるよう日英両語で報告文書を載せた。　学内外からの取材・問い合わせにも部局URAが仲介した。

　さらには、部局URAはその経験をマニュアル化して残した。部局URAがインターフェイスとなって作り上げた教員・学生・事務の分離独立の連携体制のノウハウは迅速・丁寧かつ効率的で、他部局にとって垂涎の的だった。本授業の企画と実施に向けよき理解者となり推進力にもなった、当時の山本文彦研究科長と森岡和子URAに心から感謝したい。

3.2.　構　想

　科目責任者は本執筆者が務めた。執筆者は国連大学に事務局を置く国際的

な教育連携組織「ProSPER.Net（The Network for the Promotion of Sustainability in Postgraduate Education and Research（アジア太平洋環境大学院ネットワーク））」の理事会議長を務め、サステナビリティの観点から大学の果たすべき役割について教育研究に携わってきた。この経験から、本授業は文化相対主義に基づく異文化理解促進という観点で構想を立ち上げた。

　前述の通り、試行年には、世界のトップランナー招聘という条件があった。そのため、学外からは、北海道を研究対象としており且つ世界的認知度の高い2名の研究者を擁立した。国外からはハワイ大学の吉原真里教授、国内からは東京大学の矢口祐人教授だ。二人は文化研究の業績はもちろん、教育者としての功績もトップランナーだった。受講生たちのロールモデルとして絶対的な存在になると確信した。吉原氏は、アメリカ研究の代表的研究誌 *American Quarterly* の編集長を務めており、アメリカ文化研究のトップである。氏はバーンスタインと日本の関係についての著書を執筆中で、その一部でPMFを取り上げていた。氏のPMFへの関心は、本学を文化研究のための教育研究拠点として内外に示すこともできると考えた。本授業では、プログラム設計から授業運営まで、中心的な役回りを氏にお願いした。矢口氏は、ハワイ先住民研究における日本の第一人者である。国内外でハワイ文化の学術的研究に貢献しており、アイヌ先住民研究に関しての英語出版物もある。加えて、矢口氏は本務校で国際化教育支援室室長、国際交流センターグローバリゼーションオフィス長、同教養学部国際交流センター長、同国際化推進学部入試担当室室長を歴任し、国際化教育事業の中心人物として長年携わっていた。そのため、本授業の立案からプログラム運用まで、様々な知見提供を求めた。本授業の概念説明を受け、両氏とも快諾した。

3.3.　枠組み

　開講キーワードは、「全地球（グローバル）」と「地域（ローカル）」の複眼性「グローカル」であり、授業では、座学（講義と演習）と実習を織り交ぜ、現地訪問と学生参加型のアクティブ・ラーニングを融合させた。授業の直接的成果目標は、文化研究の理論と手法を学び実践し、文化に対する自らの考えを表現できることであり、長期的には専攻分野や日常生活を俯瞰して

ほしいとの思いがあった。全地球的な概念や視点から、地域の実態・課題に着目し、個人の経験・思考を通して、学問的検証・提言ができるサステナビリティ志向の人材創成が授業の狙いであった。

　教科書や課題は欧米並みの質量を課した。3年間で教科書は延べ7冊、推薦図書は12冊。その中には吉原氏と矢口氏の著書や論文も含まれた。日本語翻訳書がある場合は、それも参考図書に加えた。それでも、短期間授業でこの量を要求された日本人学生は、かなり負担を感じたようだ。そのため、事前に「宿題集」を配布した。これには授業毎の読書範囲のポイントが質問の形でまとめられており、受講生はこれを基に予習・復習を行うことができた。実習でも同様のリストが配布された。「宿題集」は授業の道標になった。なお、教科書・参考書は科目責任者が教育経費として公費購入し、開講2か月前から受講生に貸し出した。希望者には、海外発送も行った。

　授業は、教室内での座学が5日間（1日2〜3コマ）、学外での実習は3日間だった。シラバスに記した日程や授業概要は以下の通り。

- 1・2日目（座学）：文化研究の概念説明、PMF・アイヌ先住民の基本知識の提供。
- 3日目（実習）：白老町アイヌ民族博物館にて現地学習。
- 4日目（座学）：博物館実習のレビューとPMF実習の準備。
- 5日目（実習）：札幌コンサートホールKitaraでPMFリハーサル参観。
- 6日目（実習）：PMFコンサート鑑賞後、PMF関係者への面談。
- 7日目（座学）：PMF実習のレビューと課題論文についての討論等。
- 8日目（座学）：英語論文執筆講義、個人指導、授業全体のまとめ。

　座学では、まず吉原氏が文化研究の基本概念と研究手法を紹介し、音楽文化への学術的アプローチを説明した。そして、PMFの歴史や関係者のエピソードを織り交ぜながら、直接面談による質的データ収集を手法とするエスノグラフィー調査の実践に向け、討論やグループワークで演習を行った。実習では、パーソナルヒストリーやPMFへの思いを聞き出した。アイヌ民族博物館現地学習については、矢口氏が文化資源と観光資源という観点からハワ

イ先住民文化と比較しながら講義を行い、訪問時の着眼点を例示した。当時のアイヌ民族博物館は、1976年に財団法人白老民族文化伝承保存財団として設立されて以来、紆余曲折を経て、2020年4月に「国立アイヌ民族博物館・国立民族共生公園」という民族共生象徴空間として整備する転換期にあった。受講生には博物館が直面する課題を知るまたとない時期であった。

　もう一つ、本授業で重要な役割を果たしたのは論文指導である。企画段階から、大学の授業として資するためには、アカデミックな論文執筆は欠かせないと講師陣は考えた。そのために、英語ネイティブで英語教育経験のある、言語学専門の博士課程大学院生を短期支援員として雇い、授業終了時から課題提出までの短期間に臨機応変な校閲指導態勢を整えた。また、教室環境（器材設置や配布物の印刷等）の整備や出欠点検などに、サステナビリティ教育や先住民研究に詳しいTAを一人配置した。

　成績評価は、授業への貢献度を50%、課題論文で50%で算出した。論文には複数の課題案が示され、受講生は一つを選択した。量は1250単語程度で、学会では要旨や予稿集にあたるような小論ではあったが、学部生にとっては、自らの考えを英語で的確に伝える訓練として至極適切であった。

　本授業は「フレンドリーな環境」が大きな特徴だった。授業だけでなく休憩時間にも、講師陣は受講生に気軽に話しかけた。特に、留学生には生活に適応できているか気にかけ、欠席の場合は即座にメール連絡し、心身の体調管理について助言や対応を行った。パワーランチと称して、昼食も共にした。短期間の授業ではあったが、教師と学生の信頼関係は急速に築かれた。修学や進路指導を仰ぐ受講生も現れた。3年間で最も印象深かったのが、PMFとアイヌ先住民という一見かけ離れた文化現象が、受講生たちに相乗効果をもたらしたということだった。吉原氏や矢口氏との意見交換が、受講生たちに多層的な思考を生み出し、それが共鳴するようになった。英語表現を得意としない学生までもが思わず手を挙げ、懸命に発言するようになった。二人はそのような時にも丁寧に耳を傾け、暖かな眼差しとサポートによって自信を与えた。一つの地域の二つの文化に関する授業は、二人のトップランナーによって一つとなり、（授業では英語だけが使用されたものの）世界で活躍するバイリンガルな二人の教育者は、期待通り受講生のロールモデルに

なった。

3.4.　各年度の特徴

2015年春、学内限定でこの授業の受講生の受け入れが始まった。2016年度からは学外からの受講生募集が始まり、申請書による採否審査を行った。懸案は、英語力をどう考慮すべきかだった。結局、受講を切望する学生を英語力で振り分けることは本プログラムの趣旨にそぐわないということで、受講動機をより重視した。以下に、各年度の特徴をまとめた。

3.5.　2015年度：7月20日（月）―27日（月）

この年、18名の学生が参加した。文学部の学生が14名と最も多く、それ以外に理系分野を専門とする学生も3名ほどが履修した。一人を除いて学部生で、数名の留学生も聴講した。受講生は本学内の正規学生や特別聴講学生だけで、制度的には通常科目と同じく任意登録であったため、受講理由を正式に確認することはできなかった。

開講にあたり、吉原氏と矢口氏二人の学外講師陣に加え、北海道情報大学の三浦洋教授に協力を願った。氏は音楽一般やPMF研究では道内随一の研究者であり知名度も高い。2002年度に本執筆者が担当責任者として全学教育科目「PMFの響き」を初開講した際、氏が現実的な授業進行役となり現在も継続している。本執筆者とPMFOCとの打ち合わせには、氏に同席いただき、Kitaraでの公開リハーサルの参観席と本番演奏会チケットの確保、首席指揮者やアカデミー生との面談などが可能になった。また、アイヌ民族博物館訪問については、本学のアイヌ・先住民研究センター教員に紹介されたアイヌ民族博物館学芸課学芸係長（当時）の八幡巴絵氏に連絡し、窓口となっていただいた。八幡氏には、博物館内の正規ツアーと本授業のためのオリジナルツアー、アイヌ伝統料理の試食体験、楽器ムックリの実演体験実習、特別講義、米国大学からのインターンシップ生との意見交換の実施など、多様な要求にその後も柔軟に応じていただくことになった。

初年度は、本授業の基本的教育手法となるエスノグラフィー導入のミニシンポで幕を開けた。吉原氏と矢口氏に加え、音楽発達心理学の専門家である

本研究科の安達真由美教授も参加した。また3日目には、教育手法の直接的特色として、吉原氏自身も初の試みであるピアノ演奏レクチャーを導入した。吉原氏は、2011年と2016年にヴァン・クライバーン国際アマチュア・ピアノコンクールに出場しているほどの人物で、座学で教えたことを実際に演奏しながら解説するスタイルは斬新で、受講生からも好評であった。

　授業最終日には、「受講修了証」を各学生に手渡した。本授業が正式なHSI授業ではなかっただけに、これが本学の未来を切り開く特別な試行授業であったことを記憶に残してもらうためだ。受講生たちは、ことのほか喜んだ。

3.6.　2016年度：7月19日（火）—26日（火）

　本授業は、2016年からHSI授業として正式に開講された。国際連携機構は学外からの申請者向けに願書のひな型を作成し、科目責任者はそれを基に採否の決定を行った。結果、17名の学生が参加した。日本からは正規学生12名（学部生が9名と院生は3名）と交換留学生が1名、海外からの受講生は5名で、出身は中国、台湾、シンガポールであった。

　志望動機は、学内受講生と学外受講生では大きな違いがあった。学内受講生は前年度の試行授業の評判を耳にしており、授業への期待値が高かった。実際、受講した学生たちの多くは既習学生の知り合いで、うち4名は英米の大学留学経験者だった。授業初日を終えた彼らは「留学先の授業と同じだ！」と喜び頬を紅潮させていたのを今でも鮮明に覚えている。対して、学外申請者の受講理由には、クラシック音楽やPMFなどに興味がある、文化研究に関心を持った、自分自身が所謂少数民族でありアイヌ民族に興味がある、本籍校での協定大学単位習得プログラムだからなどの他に、前年の受講生や教員に勧められた者もいた。が、残念ながら多くはシンプルで情熱に欠き、授業内容を十分に把握しているとは言えなかった。HSI元年には、学内外の情報量の差が受講動機に影響した印象を受けた。

　PMF関連では、PMFOCの芝木謙吉氏に出張講義を一コマ担当いただいた。氏は内部関係者の立場から組織構造や運営について説明し、またPMF第1期アカデミー生としての経歴から、バーンスタインとの思い出も語った。そして、この年からPMFOCは首席指揮者が市民と語る一般公開事業「PMF教育

セミナー」を始めた。吉原氏はその進行役を託され、本学とPMFOCとの互恵関係が生まれた。当日、受講生は最前列でセミナーを満喫した後、独自に企画されたアカデミー生との面談に臨んだ。

　アイヌ民族博物館では、米国からのインターンシップ生との意見交換が2年目を迎えた。日米の先住民族の文化・政治的共通性や差異の話題はもちろんだが、それを実感できるインターンシップ生との意見交換という専門実習に、受講生は随分と刺激を受けたようだ。同世代の者同士が率直に意見を交わすことにより、自身の変革の可能性について学んでいた。訪問後、受講生たちは感想をまとめて博物館へ送った。

3.7.　2017年度：7月18日(火)―25日(火)

　3年目（HSI2年目）は定員以上の応募があり、欧米からの申請者も出た。受講生は最終的には15名であった。本学からは7名で、海外からの受講生は8名に増えた。出身地は結果的に前年同様中国、台湾、シンガポールであった。

　学外申請者の受講理由は、国外からの応募動機を前年と比較すると、まず文章の長さが目についた。2016年度は初心的で抽象的な理由からの応募が目立ったが、2017年度は本授業自体に対する興味や自らの専門分野に結びつけて応募する受講生が増えており、動機はより具体的になり目的もはっきりしていた。広報や評判が功を奏したのだろう。科目責任者として嬉しかったのは、前年の受講生から推薦されて受講する学生が国内外からこの後毎年出たことだった。ただ、渡航手続や履修上の問題などにより国外からの辞退者が5名も出たのは残念だった。

　一方、PMFOCとの連携はさらに強まった。出張講義は芝木氏が再度引き受けてくれた。「PMF教育セミナー」も2年目を迎え、本セミナーは北大との連携事業としてPMFOC広報誌などで紹介されるようになる。吉原氏は通訳を兼ねて司会進行を務め、授業終了後は受講生が作成したPMF発展のための提案書をPMFOCに提出した。他方、アイヌ民族博物館は2018年3月末日には休館予定であったため、現状のアイヌ民族博物館を見ることができるのは本授業ではこれが最後になった。この転換期において、インターンシップ生の受け入れは見送られていたが、アイヌ民族の家チセを使って長時間の特

別講義と質疑の機会をいただいた。矢口氏は、博物館関係者と受講生の仲介役を務め、今後の伝統文化理解・保護と観光・経済のあり方や課題について現実的に学び考える機会を与えた。この年も訪問後、受講生たちは民族共生象徴空間のあり方などを博物館へ提出した。

またこの年、講師陣が前年以上に必要性を強く感じたのが論文指導であった。この年から課題論文についての議論と英語論文執筆指導の時間を増やした。座学とグループ討論に加え、個人指導を徹底して行うことによって、自らの考えを英語で的確に表現し、自らの専門分野にも応用できる技術を養った。

4.　成果と課題

本授業は、卓越した講師陣の招聘に始まり、地域の理解・協力、学内の支援体制、そして知的好奇心に溢れた学生たちの参集を得て、素晴らしい成果を残した。サステナビリティの概念が唱える「全地球的思考、地域貢献、自己変革」が、「連携」により実現した好事例だ。ただし、本授業にも伸び代はある。以下では、科目責任者と受講生の両面からの授業評価を紹介し、成果と課題を明らかにした後に、持続可能な発展像を提案したい。

4.1.　科目責任者による授業評価

まずは、受講生たちが楽しんで学んでくれたことを評価したい。次は、学内外との連携が3年間で確実に強化されたことだ。協働関係により、受講生と関係者に相乗的効果がもたらされた。

高質で細やかな指導を実現できたのも成果の一つ。文化研究の知見を、座学と実習を組み合わせた多面的な教育技法で教授した。吉原氏や矢口氏はもとより、PMFOC、アイヌ民族博物館とのネットワークも活用できた。短期間集中型授業ではあったが、このような重層的な取り組みが学生同士の絆を強めた。最終課題の校閲指導も効果的だった。当初は希望者のみに実施したが、2017年度は英語ネイティブの学生を含め全員に課した。国際標準的英語論文の執筆方法を指導することにより、全受講者の国際化への自信を培った。同時に、授業の二次的産物というべきだが、非英語話者の読む・聞く・

話す・書くという 4 技能に一定の自信を与えた。彼ら個人の国際化に向けた貴重な収穫だった。

　最終評価は、レポートの内容だけでなく、授業貢献や今後の課題・展望について建設的なコメントを付して各学生にメール通知した。結果、この授業を通して、協定校への交換留学や海外インターンシップ、そして海外の大学院への進学を果たす学生が登場した。国内で実施する短期国際研修として、最も理想的な成果を引き出したと思う。

　また、世界のトップランナーにとって、北海道が魅力ある研究対象であることも証明できた。HSI期間中、吉原氏は何度もPMFOCに足を運び資料収集をしていたし、PMFの教授陣やアカデミー生からも情報を入手していた。さらに、その研究成果として、2019年にはオックスフォード大学出版局からバーンスタインの研究書*Dearest Lenny: Letters from Japan and the Making of the World Maestro*を研究成果として出版した。矢口氏もアイヌ民族博物館の現状や将来について関係者と意見を交わし、先住民族が直面する問題を共有していた。本学が北海道発のグローバル研究の拠点になる姿を見ているようだった。

4.2.　受講生による授業評価

　2015年度は本研究科が独自に作成した自由記述による授業評価を実施した。翌年度からは国際連携機構が指定した選択式と自由記述欄からなる書式を用いて、授業最終日に実施した。選択式では、HSIを知ったきっかけ、シラバスの明快度・遵守度、講師の準備度、学生質疑への対応度、課題の量、授業の多様性、異文化交流のしやすさ、フィールド研修の適切度、評価基準の明快度、フィードバックの適切度、知的刺激度、北海道大学への満足度、HSIを友人らに推薦するか、などを選択肢もしくは数値で回答する形式だった。本授業は、総じて高評価を得た。選択式では10点満点中平均で8点を超えた。多くの項目は10点か 9 点であったが、本学学生の広報への認識度は低かった。

　自由記述欄も概ね好評だった。本授業の目標は達成されたと思うが、「受講生の英語力にばらつきがあった」や「課題が多すぎる」との指摘があった

のも事実。さらに、詳細は後述するが、今後の最重要課題として学事暦の不整合問題が本学学生の多くに指摘された。

4.3.　課題と展望

国内での短期国際研修授業の実施を検討する際、HSIの本授業は適例となるだろう。3年間を振り返ると、望ましい成果ばかりではなかったからだ。アカデミックでフレンドリーなユニバーサルキャンパスを築き上げるには、世界標準化や多様性対応など、さらなる課題が見えてきた。同時に、より魅力ある授業を実現するための新たな展望も開けてきた。

まず、受講生の関心と満足度を高める努力が必要だ。受講生の授業評価にもあったが、開講時期の調整は急務だ。本学の学事暦では、現在4学期制と2学期制が並存しており、部局毎で異なる場合がある。本学の受講生のほとんどは、前期終了間近の7月末に、夏学期授業として本授業を履修した。結果、他授業の学期末試験が本授業とバッティングすることがあり、どちらを優先するかを迫られる学生がいた。この事態は予測されていたため、本研究科から重複する授業の担当者に、一定の配慮を依頼する文書を事前に送っていた。実際、何らかの措置は用意してもらったようだが、多くの学生は所属部局の専門科目を選択した。安定した教育の質保証と一貫した知識の蓄積という点で、歪みが生じたのは確かだ。海外からの受講生にも重複受講している学生がいた。授業に等しく専念できる環境整備が不可欠だ。

もう一つの課題は、国内市場の開拓だ。本授業では、国内の他大学からの受講生は3年間ゼロだった。国内他大学の日本人学生や留学生向けにも広報を行い、単位互換や経済面での支援など、積極的に受け入れる体制を整えるべきだ。これは、本学を国内においても魅力ある大学として発信する機会となり、知名度だけでなく進学者増の実利も期待できる。新たなフロンティアだ。

また、受講希望者への情報提供の充実も望まれる。広報や情報提供は2015年度から比べると格段に向上している。受講生に対する情報共有環境は、2017年度は本学の教職員と学生を対象とした学習管理システムやMoodleを使って授業資料を供給できるまでに改善された。しかし、学外受講生にとっての使い勝手は良いとは言えず、招聘講師が利用するには手間がかかる。も

う少し利便性が高い機能が望まれる。同時に、学外受講生に対し、授業とは別に、基本情報を提供するオリエンテーションを設けてほしい。北海道の歴史や札幌市の生活ガイドそして大学の施設案内など、期間中に幾度か説明会を催してもよいし、eラーニングを活用してもらうのもよい。HSI学生対応の相談室や図書館ガイダンスそして英語論文校閲サービスがあると、講師陣も専門分野の教育に専念できる。さらには、HSIの他授業受講生や本学の学生が交流できるサロンのような共有空間や機会があるといい。

　同時に、個々の学生の多様なニーズに応えることも大切だ。初めて日本や本学を訪れる学生にはHPだけでなく学内の英語案内掲示板等の拡充は基本だし、宗教やアレルギーなどで特定の施設を必要としたり食事制限のある学生がいる場合、安心安全な対応は当然だ。本授業の場合、2年目にイスラム教徒の学生がおりハラール食や祈祷室の情報提供が遅れた。その時は学内外のイスラム文化施設やサービスに詳しい日本人学生がいたので、最終的には問題を最小限に留めることができたが、実習時の昼食などで十分な対応は取れなかった。翌年は、（受講生の個人・文化的属性がHSI採否に影響しなかったことを示すために）受入れ決定後、各受講生に個別対応の必要有無についてメールで尋ねた。最後に、言うまでもないが、学内の多様性を促進するためには、奨学金制度の拡充が望まれる。

　全学の実施体制に関しても課題が残った。まず、国際連携機構の方針は必ずしも安定していなかった。特に、予算面では、当初の説明とは異なり年々減少傾向にあった。結果、部局の負担が増大したのは否めない。また何よりも、「世界のトップランナー」の招聘を謳い上げていたHSIの当初の募集要項から「トップランナー」という文字が消え、本学の国際化理念が下方修正されたと思われても仕方がない印象を与えた。これには強く苦言を呈したい。

　しかしながら、HSIの展望は明るい、と本執筆者は思っている。上述の課題改善はもちろんだが、将来、北海道を教育研究拠点とする集中的な授業をHSIで企画実施できればと考えている。例えば、北海道の様々な地域を巡りながら、それぞれの土地について多角的に学べる宿泊型モジュール授業はどうだろう。全行程で30単位程のカリキュラムを作り、受講生の事情や本籍校の方針に合わせて部分的参加も認め、参加ユニットにあわせて単位を取得で

きる仕組みだ。北海道の文化、歴史、科学技術、自然環境といった文理融合かつ地域連携型の授業を、部局の枠を超えてオムニバスで学内外の教員が授業を半日か１日担当し、受講生は北海道の各地を（本学の宿泊施設や研究施設を利用しながら）移動学習するのである。メリットは受講生の北海道への興味を満たせること、教員個人の負担が減ること、そして集中的に行うことで経費を節減したプログラム設計ができることだ。これなら、春季・夏季・冬季の一週間に、１プログラムずつ提供すれば十分だ。そして、何よりも「北海道」というローカルな地域を全地球的教育研究の起点として発信し、季節毎に変化する「北海道学」をブランド化できる。実現には強力なリーダーシップと実働体制の構築が必要になろう。だが、それだけに本学のビジョンとミッションを生かせる本学らしいアンビシャスな取り組みになる。

5.　おわりに

　グローバルな視点からローカルな課題を理解し解決する能力を身につけ行動できるグローカル人材の育成を目指した「Pacific Music Festival: Art, Politics, and Economy」は、思った以上の成果を残した。国際的に著名な文化研究者と本学教職員が力を合わせ、本学が地域密着型の教育研究拠点となり得ることを示せた。極言すれば、「魅力ある北海道」で本学が「魅力ある北海道大学」になるための可能性を、本授業は引き出せたと思う。世界のトップランナーの招聘、地域連携、地元教育資源の活用が鍵であった。そして、それらを連動させる実施体制が成功の秘訣だった。

　このような取り組みは学内外から注目を浴びた。まず、開講期間中は、国際連携機構の職員が何度か授業参観に訪れ、PMFOCとの連携事業にも帯同した。リクルート社は、大学案内の記事作成のために本授業を取材した。2016年、文科省のスーパーグローバル事業に採択された本学の構想「Hokkaidoユニバーサルキャンパス・イニシアチブ〜世界に開かれ世界と協働〜（HUCI）」の第２回目のフォーラム「海外大学との英語による協働教育をどう進めるか——学内の好事例と今後の課題」が、本学及び全国の高等教育機関向けに開催された。本執筆者は、HUCIグッドプラクティスとして本授業

を招聘発表した。これは、本授業がHSIのフラッグシップ授業になった証と言ってもいい。PMFOCの公式報告書にも連携事業として記載された。また、国内他大学から、本授業及びHSIに関する問い合わせもあった。沖縄県立芸術大学の谷本裕教授からは取材を受け、雑誌『教育音楽』（音楽之友社、2016年10月号）で、地域の音楽祭と大学の連携による事例として、本授業が紹介された。そして、本章執筆のきっかけとなった東京大学でのシンポジウム「世界の中の日本、日本の中の世界：国内で実施する国際研修」でも、報告の機会をいただいた。このような公的な認知に加え、最も嬉しかったのが学生や講師陣とのネットワーク形成だった。講師との進路・進学の相談の他に、海外受講生と本学学生が在学中から連絡を取り合い、共に通学したり、街を案内したり、留学先で再会したり、本学を再び訪れるようになった。

　3年間を振り返り、教育・研究・地域が繋いだ人材育成モデルが見えてきたと思っている。これを持続的に展開させるには、その地域や大学が世界の一流研究者にとって魅力あるものでなければならない。そうなると、仕掛けは自ずと動く。「著名な研究者が魅力を感じている」と広報できれば、学生たちは関心を持ち、世界から集う。地域も自信を持ち、協力してくれる。すると、研究者は再びこの地に戻ってくる。大学がこの循環を起動・連動させれば、グローバルな教育研究拠点として、全地球的持続可能な発展に貢献できる。本授業の場合、原点は吉原真里氏と矢口祐人氏の招聘成功だった。あらためて謝辞を表したい。

　理想は、産学官民連携による「Cool Hokkaido」の誕生だ。将来的には、先述したように、モジュール型の宿泊研修教育プログラム創造がより柔軟で効果的だと思う。北海道を研究対象とする世界のトップランナーを招き、受講生に北海道を体験させ、地域との連携を築く。これが実現するなら、「魅力ある北海道」で「魅力的でありたいと願う北海道大学」が、教育研究の世界的拠点「Cool Hokkaido University」として世に認められることになるだろう。本授業はその一歩であったと記憶されたい。

第 2 章

上智大学の取り組み：
フィールドから学ぶ人間社会と自然環境の相互関係

伊藤　毅／渡邉剛弘

1. 「Human Ecology: Rivers」の理念・目標

　上智大学は文部科学省の「大学世界展開力強化事業」である「東南アジア学生モビリティプログラム（ASEAN International Mobility for Students：通称AIMS）（2013-2017年度）に採択大学の一つとして参加することになった。ここで報告する国際研修「Human Ecology: Rivers」は、本事業に応募する際に構築されたフィールド実践型環境ゼミナールである。本ゼミナールは、構想段階より二つの教育目標を目指してきた。第一に、人間社会と自然環境の繊細かつ複雑な関係性への理解を深めることである。北海道の東部に位置する日本最大でラムサール条約の認定を国内で初めて受けた釧路湿原には、タンチョウ、シマフクロウ、イトウ、キタサンショウウオなどの稀少な野生生物が暮らしている。明治期以降の北海道開拓の歴史において、湿原は経済的有用性が低いという理由で「不毛の土地」として見られ、森林や湿地は開墾され木は木材として土地は農地へと姿を変え、戦後の所得倍増計画では機械化による大規模酪農が推進された。その結果、湿原生態系は劇的に変容し乾燥化が急激に進んだため、湿地面積は60年前と比べて２割も減少した（釧路湿原再生協議会2015）。こうした社会・経済活動の歴史と現在行われている自然再生の取り組みを流域のステークホルダーからの視点を通じて学ぶことで、森里山海の繊細かつ複雑な関係性を理解することを目的とする。釧路湿原が直面する問題群の解決には、既存の学術分野の枠を超えた視点と方法が必要とされる。本ゼミナールでは、社会科学と自然科学の様々な分野の知識

を融合し、環境の持続可能性を考えることを目指してきた。

　第二の目標として、日本の環境問題をフィールドで体験的に英語で学べる科目を作ることである。これは日本語能力が十分でない留学生にとっても、伝統文化・ハイテク・ポップカルチャー以外のあまり知られていない日本の側面を理解することに繋がる。留学生も川が自分たちが暮らす場所の近くを流れていることを日常的に経験しているが、それが昔から現在まで姿形を変えてどのような社会的・生態的役割を果たしてきたかをあまり知らない。さらに、本ゼミナールでは、都会のキャンパスで勉学に励む一方、東京だけに留まっていては決して学ぶことができない「環境」問題を発見し、それが純粋に環境だけの問題ではなく、人間の社会・経済活動と密接に結びついていることを学ぶ。川は両岸を分ける境となると同時に、上流と下流の異なる生活様式と生態系を繋ぐ重要な役割がある。川を通じて学ぶ人間社会と自然環境の相互関係は、異なる風土・文化の中で育ってきた学生たちが、お互いに異なる視点を持ちながらも積極的に理解しようとする人と人の交流の場にも発展する。世界そして域内経済の統合が進む21世紀に、環境教育はこれからますますその重要性を増す。グローバルな舞台でリーダー的役割を果たす若い世代にとって、大学における環境教育は複雑に絡み合った諸問題を理解するのに有効なスキルを育てる役割を担うだろう。

2.　「Human Ecology: Rivers」の発想

2.1.　準　備

　上智大学では、一般的にAIMSプログラムと呼ばれるプログラムを「上智のAIMS」という意味で「SAIMS（Sophia AIMS）」という愛称で呼ぶことになった。この事業に応募するにあたり、提携大学とのネットワークの構築とカリキュラムの強化が必要となった。既存のフィリピンのアテネオ大学とデラサール大学、タイのチュラロンコン大学とマヒドン大学、そしてマレーシアのマレーシア国民大学に、SAIMSプログラムのために新たに提携を結んだインドネシアのボゴール農業大学とガジャマダ大学を加えて、計7大学の

東南アジアの提携大学と学生を1学期間相互に交換することになった[14]。本SAIMSプログラムは、既存の自然科学、社会科学、及び人文科学の枠組みを超えた「人間開発」（Human Development）に焦点をあてた学融合型のプログラムを組織し、持続可能かつ包括的な共同体形成を目指す機会としてアジアの学生に学びの場を提供する。そして理論だけでなく、ケーススタディやフィールドワーク等の実践を通じ、学生主体のアクティブ・ラーニングの視点を取り入れて学び、議論を交わすことで、次世代を担うグローバル人材育成の国際協働教育プラットフォームを構築することを目的としている。

　こうして東南アジアの有力な提携大学にとって意味と魅力ある科目を新設することが、学内で立ち上がったワーキング・グループの目標となった。ワーキング・グループが大切にしたのは、先述のような複数の学問分野を横断する学融合的アプローチで上智大学が留学生との学びのハブとなるような科目という発想であった。著者の伊藤と渡邉の専門は環境政治学と文化人類学であるが、二人ともフィールドワークを東南アジアと日本で行ってきた。伊藤は、上智大学に着任する前に、学生を引率してシンガポールとインドネシアでフィールド実践型の授業を行った経験があった。それをもとにワーキング・グループでは、川が本来持つ特性、すなわち季節や気候に合わせて変幻自在に流れを変えながら、人間社会と自然環境に生態系サービスの恵みをもたらしてきた点に着目して、社会・生態システムの相互作用を流域のステークホルダーを中心にして理解する構想を提案した。実際にどの場所でフィールドワークをしながら授業を行うかについて、ワーキング・グループは、流域の連結性の見え具合、テーマの適正さ、移動距離・時間・気候などの指標をもとに考えることになった。著者の一人である伊藤が、その前年に北海道の釧路湿原を訪れて蛇のように雄大に流れる釧路川を観察していたこともあり、総合的に判断して道東に残された貴重な自然環境は、ワーキング・グループが目指す魅力のある科目を構築するのに適した場所であるという結果になった。このフィールド実践型環境ゼミナールを「Human Ecology: Rivers」と名付けたのは、人間社会（Social systems）と自然環境（Ecosystems）

14　東南アジアにおける本学の提携校は、上記以外にもあるが、SAIMSプログラムとして参加したのが上記の7大学である。

は個々に完結して対峙するのではなく、二つは相互に依存し一つの大きなエコロジーというシステムの一部であることを川という視点を通じて学んでもらいたいからである。

　採択が決まってからは、フィールドワークを実施するための具体的な準備を急いで始めることになった。まずは協力できる団体をホームページなどで探して連絡を取った。2014年度の春学期が始まる前の休みには、協力団体との打ち合わせのために道東地域を訪れた。教員と学生が宿泊する場所はどこにすれば良いのか、大きな湿原を効率よく移動するにはどのような手段があるのか、食事はどこで何をどのように手配したら良いのか、一人当たりの費用はどのくらい必要なのかといった点に関して、全てが初めからスムーズに進んだのではなく、手探りの状態でフィールドワークの内容とロジスティックスを一から作り上げるといった状況であった。

　こうした問題を解決する方法に、大学のゼミ合宿などを取り扱う旅行代理店などに丸投げすることも考えられる。そうすることで教員はカリキュラム作成のみに集中できるというメリットがある。しかし、旅程を作成する業者の方にカリキュラムの内容と学習目的をどのくらい正確に伝えることができるかに関して限界がある。カリキュラムをデザインするためには、地形、気象、社会規則などフィールドの様々な特徴を理解し、加えて時間的・空間的制約も考慮して、何をどのようにして学ぶかといったテーマを選択しなければならない。例えば、移動にかかる時間を最低限にしながらも川上と川下の環境変化を結びつけて学ぶにはどうしたらよいのか、天候に恵まれなかった場合のバックアッププランでは何を学習するか、といった情報を整理しておくことが必要になる。そのためには、学習目標を含むカリキュラムの統合的視点から、訪問する場所、交通手段、宿泊先などを決定することが重要である。すなわち、フィールド実践型コースをデザインするということは、フィールドの特性と制約の中で、カリキュラムと旅程の整合性と親和性を高めることである。そのためには、時間と労力は必要になるが、教員がカリキュラムと旅程の両方を作ることが望ましい。

2.2.　カリキュラムと実施体制

　フィールド実践型の授業を実施するには、いくつかの問題を克服することが必要になる。その問題は大きく分けると、時期、単位、そして費用の問題になる。一つ目に、通常のセメスター制あるいはクォーター制では、学生は複数の科目を各学期に同時に履修する。フィールドへ行く授業だと、教員も学生もキャンパスを離れることになり、その期間他の授業に参加することができなくなる。そうなると、短期集中型のサマースクールやウィンタースクールの期間に行うことが必要になる。SAIMS科目として立ち上がった「Human Ecology: Rivers」は、最初の受入れ学生が入学する2014年度の春学期の授業として開講することを目標とした。北海道という土地の気候も考慮すると夏にフィールドワークをすることが冬よりも容易であったということも、春学期授業としての決定を左右した大きな理由であった。また、学事上の問題として、春学期の授業の成績を8月中旬までに提出する必要があった。そのため、必然的にフィールドワークは7月下旬からお盆休みの前に実施することが最善であるということになった。こうした時期的制約を考慮して、本科目は4月から7月までの通常授業期間に、四谷キャンパスでの授業と東京近郊のフィールドワークを行い、最終試験が終了すると同時に北海道に出発するという日程になった。

　二つ目に、フィールド実践型科目の単位をどうするかも考慮が必要である。設立当初「Human Ecology: Rivers」は、授業時間数だけで計算すると6-8単位相当であったが、グローバル教育センターが開講元になっている他のフィールド実践型の科目に倣って2単位であった。のちに開講科目をグローバル教育センターから国際教養学部に移行する時に、後者の科目単位数に揃えるようにして4単位の科目となった。単位数の適正化により、本ゼミナールに関心を持つ学生が増えて履修しやすくなった。これまで大学の授業と言えば、教員が大教室で教科書を用いて一方的に講義して知識を伝授するというのが一般的である。フィールド実践型の授業では、学生が学ぶ知識と情報の源を教員と教科書だけからではなく、フィールドで発見・体験する事象、フィールドで活動する諸団体との対話、そして諸学生との意見交換・共

同学習など、多様なソースから得られる情報や知識をノートに取りながら積極的に学ぶことになる。すなわち、教員と学生がともにフィールドを題材に体験的に学ぶピア・ラーニングそして学生が問題の所在を明らかにしてその解決に向けて主体的に学ぶアクティブ・ラーニングという新しい教育スタイルで学ぶのである。これからフィールド実践型の授業が大学カリキュラムの中に増える傾向であることから、教職員の間でこうした授業を既存の教授型授業と同等に扱う考え方を育てていくことが重要になるであろう。上智大学では、学びの多様性を積極的に推奨して、フィールド型授業そしてインターンシップに対して適切な単位を与えることを柔軟に行っていくことが求められている。

　三つ目に、フィールド実践型の授業をどのように経済的に実施することができるかという問題がある。基本理念として、受講生は授業に関わる費用を支払うことになっている。そうなると、費用を低く抑えて、受講生の負担をできるだけ軽減することが重要になる。2014-17年度の4年間は、文部科学省からの補助金と上智大学の資金を用いて、本科目を運営してきた。東南アジアからのSAIMS受入れ学生が本科目を履修するには、来日前に本科目用の申請書を書いて事前に提出してもらうことにした。どうしてこの科目を受講したいのかと、何を学ぶことを期待しているのかについて短いエッセイを書いてもらった。受講が認められた東南アジアからの留学生に対しては、科目にかかる費用を上智大学が支払うことにして、参加費用が足かせにならないようにした。それ以外の上智大生や他の交換留学生は、渡航費、宿泊費、食事代などにかかる費用全てを自ら払って参加している。フィールドでの移動をスムーズにして時間を有効に使うために、バスを借り切って移動する方法を選んだ。しかし、その費用と本科目に協力をいただいている団体に対しての謝礼については、上智大学から寛大な理解と補助をいただいて、授業の運営を行ってきた。

　2018年度は、文部科学省の助成が終了し、上智大学の資金だけで運営する最初の年となった。その2年くらい前から大学の諸関係部署と一緒に準備を行い、大学の理解と補助を継続的に受けることができるようになった。これにより、補助金終了後も本ゼミナールは常設科目として、後述するように多

様性に富んだ留学生と上智大生の学びのハブの役割を果たすことができるようになった。

2.3.　参加学生の募集

　当初どのくらいの学生が環境問題に関心を持って、北海道でのフィールドワークに参加するのか予想することができなかった。ただあまり大きなグループであると、フィールドでの移動、宿泊施設の収容能力、グループ内でのコミュニケーションなどが困難になることが予想された。そのため、本ゼミナールに参加する学生数に一定の人数制限を設けることが必要であった。総合的に判断して、募集学生人数は最大で15人と決めることになった。2014年度は初年度ということもあり、本ゼミナールは学生の間で認知度が低く、うまく宣伝をしなければ参加学生が集まらないのではないかと心配された。4月中旬に昼休みを利用して学生向けにインフォーメーション・セッションを2度開催して、本ゼミナールの詳細を紹介した。

　この他にも募集する母集団が大学の一部のグループに限られてしまう特殊要因が三つほどある。一つに、本ゼミナールは、全て英語で行われるため、最低限の語学力が必要になる。二つ目に、参加学生は北海道でのフィールドワークの部分で発生する費用（航空運賃、宿泊費、食費など）を支払う必要がある。三つ目に、夏休みの就職活動やインターンシップと重ならないように予定を調整できる。この3点をクリアできる学生だけが、参加できることになるので、上智大学で学ぶ全ての学生に機会があるというところまでには至っていない。費用をできるだけ抑えることは大変重要であり、学生負担を軽減できるようなフィールドワークの内容とロジスティックスを計画する努力が必要である。また、優秀な学生に対して奨学金という形でサポートできないか、より一層の工夫が必要になる。

　加えて、留学生が本ゼミナールに参加することは、彼らの滞在期間が1学期あるいは2学期と短いために、難しい点も見受けられる。留学生にとっては、コースの情報を先輩学生から聴くということができないため、留学生向けのオリエンテーションで本ゼミナールのチラシを配布して、ギリギリになるが履修に間に合ったという事例が数件あった。2014年度の数名の学生が中

心となってフィールドワークの様子をビデオで撮影して、東京に持ち帰ってビデオを編集する作業をし、翌年の学生募集に際してのインフォーメーション・セッションで上映したり、大学のホームページに載せて宣伝したりした。

3. 学生の成果 「Human Ecology: Rivers」で学ぶこと

フィールドは道東地域の湿原（釧路湿原と別寒辺牛湿原）を中心として、学習テーマ、学習対象、そして日程を組み立てた。2014年度から5回実施した中で学習内容は変わってきているが、その内容は大きく三つの分野から構成される：1）森林・川・海の関係性、2）自然保護と生物多様性、3）持続可能な自然資源管理、である。ここでは、学習の詳細を含め、各分野について説明する。そして道東地域でのフィールドワークの前に東京で実施される事前学習と準備についても触れる。

3.1. 森林・川・海の関係性

森林・川・海の複雑な関係性は、日本の環境学では重要なコンセプトになっている。環境省の「つなげよう、支えよう森里川海プロジェクト」や国土交通省が推進している「グリーンインフラ」といった社会資本整備手法などにより、この科学の概念が国の政策にも影響していることがわかる。道東は、日本国内でもこの自然界の複雑な関係性が早くから注目されていることもあり、また原始に近い自然環境の姿がまだ残っているので、学生にとってはこの現象を把握しやすい環境なのである。

3.1.1. 釧路湿原と森林伐採の関係性

道東では、明治の開拓期から現在に至るまで、木の伐採により森や山が破壊されてきた。その道東にある釧路湿原では、木がなくなった山肌から土砂が大量に川を通じて湿原に流入するようになり、湿原が自然のペース以上の速さで乾燥し面積が縮小することになった。また、住民の居住地域と農家の畑を洪水から守ることを目的として、釧路川に水門を設けたり、河道を変更したり直線化したことが、これまでの生態系を破壊して、湿原に多大な負荷をかけることになった。本ゼミナールは、森林保全を行っている地元のNPO

から土地開発により伐採された森林の再生の試みについて学び、次に環境省の自然保護官から達古武湖の富栄養化による水環境の悪化について理解を深めた。このように、流域内の土地利用の変化により、栄養塩のバランスを失うことや水循環の変化により、湿地にも大きな影響があることを学生は学習する。

3.1.2.　流域環境による汽水湖への負荷

　その昔、別寒辺牛湿原では、別寒辺牛川がその上流の森林がもたらす鉄分を河口部の厚岸湖まで運び、そのおかげで汽水湖では天然の牡蠣がたくさん生息した。北海道大学の犬飼哲夫は、1937年に出版した西尾新六との共著論文の中で、厚岸湖の牡蠣が絶滅したのは、上流の魚付き林が伐採されたことで降雨時に笹のみとなった山から大量の土砂が湖に流れ込み、水温の急激な変化と牡蠣が泥で覆われることで大量の牡蠣がへい死したためだと指摘した（Inukai & Nishio 1937）。漁業者の環境に対する意識と配慮は、どうしたら生業としての漁を続けていけるかという大きな問題に深く根付いており、1980年代になると、漁業者による植林運動が厚岸、北海道そして日本全国で実施されるようになった。

　本ゼミナールでは、川を通じた森と海の連結性を学ぶために、厚岸町でフィールドワークを実施している。北海道大学厚岸臨海実験所のご協力をいただき、別寒辺牛川と厚岸湖の水質調査や厚岸湖内の生物調査の実験を通じて、森、川、湿原、汽水域、海の関係性について学ぶ。湖内での生態系の視察では、牡蠣養殖を生業とする人々が自然環境とその変化にどのように対応してきたかを学ぶ。

3.2.　自然保護と生物多様性

　自然保護の活動は、生物多様性の保全を目的としている。道東では原始の状態に近い湿原や森林がまだ残っていて、その環境を生息地としている野生動物は多い。また、湿原と野生動物の保護は、歴史上深い関係がある。1935年に釧路湿原は「釧路丹頂鶴繁殖地」として国の天然記念物に指定され、1980年には水鳥の保全を目的としたラムサール条約の「国際的に重要な湿地」として登録された。ただし、農業や林業など人間の活動が、道東の生物に与え

た影響は甚大で、その生物の生息地の破壊により、水の浄化や涵養機能、機構の調整や治水効果などの生態系サービスも失われている。本ゼミナールでは、元に戻すことや野生動物を保護する取り組みを単純に肯定するのではなく、社会、経済、行政、文化、歴史、倫理などの観点から考察する。特に地元の声に耳を傾けることも大事にし、人間の生業と野生動物の保全について考えた。

3.2.1.　タンチョウと農業

　渡り鳥であった国の天然記念物であるタンチョウは開発の影響から免れた釧路湿原で確認された歴史がある。湿原周辺の酪農家たちからの給餌を受けることで近年個体数が増加していることが確認されている。しかし、給餌に依存している傾向も見られ、本来は冬期中に南へ渡っていたのが、現在道東に留まっていることについて、環境省やタンチョウの研究者は懸念している。環境省が進めている野生動物への給餌の防止運動には、鳥インフルエンザなどの伝染病が広がることや、自ら捕食する能力の劣化を防ぐという目的もある。タンチョウの場合は、酪農家の給餌により保護されてきた歴史がある一方、タンチョウが酪農に被害を与えていることもあり、農業と自然保護の間で難しい利害関係が生じている。このようなすぐ答えが出ない状況を、タンチョウコミュニティ、日本野鳥の会、そしてタンチョウ保護研究グループなどの団体の案内により学習した。また、酪農への被害を理解するために、鶴居村の酪農家の牧場を訪問し、牛舎などの見学も行った。

3.2.2.　流域の象徴種としてのシマフクロウ

　さらに危機的な状況にあるのが、150個体にまで減ったシマフクロウである。日本最大級のフクロウで、絶滅危惧種として国では希少野生動物に指定されている。川魚を餌とし、巨大な広葉樹で営巣する習慣なので、健全な川と河畔林が存在する環境が必要である。虹別コロカムイの会は、地元の酪農家や漁業従事者が構成員として活動している市民団体で、この種を守るために、行政と協力しながら植樹祭やバイカモの保護に取り組んでいる。虹別地域は、明治時代の前はアイヌの猟場であり、サケ、大型鳥類の羽や爪、毛皮などを狩猟し、和人の商人と貿易していた。流域全体のシンボルとしてシマフクロウを保護することにより、地域の基幹産業である漁業と酪農の活性化

にも貢献していることを学習した。

3.3.　持続可能な自然資源管理

　近年、気候変動や過剰な環境負荷により、自然資源の維持がグローバルな問題として深刻化している。人口増加と産業開発が進む一方、食料、水、エネルギー、そして産業資源としての木材や鉱物などをどのように持続可能な形で利用していくことができるかは日本、そして世界の課題でもある。様々な分野の知識や観点を取り入れることにより、次世代に継ぐことができる資源を管理することが解決につながる。道東では、資源の乱獲の歴史が前近代から始まるが、明治の近代化が進むにつれて、自然破壊が目立つことになる。ニシンやサケ、木材、石炭や硫黄の採取や、治水や農地開発を目的とする河川工事、そしてこの経済活動を支える大規模なインフラの建設により、自然環境の再生産機能が低下する状況が続いている。

3.3.1.　サケ漁の資源管理

　流域の重要な資源であるサケも、明治以降人の手によって増殖が試みられてきた。釧路川では、河口より10キロのところに設置されたウライと呼ばれる捕獲場によって、川に産卵に戻ってきたサケを全て捕獲してしまい、上流の生き物や森には還元されていない。さらに、近年サケの漁獲量は減少してしまい、釧路川のようにサケが自然産卵することが難しくなっていることが原因の一つとして挙がっている。この問題は、ふ化場でサケを人工繁殖していることにも関連していることがわかってきた。本ゼミナールでは、ふ化場や漁業組合の関係者、サケ科の魚類学者、河川管理者である国土交通省、そして地元の自然保護団体などと共にこの問題に関して学習している。

3.3.2.　再生可能エネルギーと工業の将来

　再生資源として注目されている太陽光発電が、湿原の中・周囲で大規模に設置されるようになった。その背景には、東日本大震災後の電力不足を解消するために太陽光で発電した電力を高価で買い取る国が打ち出したエネルギー政策がある。このように日本のエネルギー業界が転換期に突入している中、道東の土地利用にも変化が起きている。国内唯一の炭鉱である釧路コールマイン株式会社や日本製紙の釧路工場では、現場ツアーなどで近年の様子

について理解を深めることができた。また、エネルギーの自給自足を目指す白糠町が開発に関わった太陽光発電所についての学習では、株式会社ユーラスエナジーホールディングスの東京本社を訪問し、自然エネルギーの可能性について勉強した。

3.4.　東京での事前学習と準備

研修前の講義の内容はその年のテーマに合わせて毎年変わり、道東の状況を理解するための予備知識（主に北海道の歴史、社会構成、経済）、日本における自然環境や河川の歴史、そして自然環境に関わる各分野の基本理論（政治学、倫理学、経済学、文化論、生態学）を総合的にカバーする。具体的には、コモンズ論と環境政治学、環境倫理、日本の河川管理と流域ガバナンス、サケ漁の今昔などの講義を行っている。東京でのフィールドワークは、道東と比較できるように東京の自然環境の現状を知ってもらう目的がある。また、野外でのフィールド調査が初めての学生が多いので、水質調査や聞き取り調査などに実際に参加することにより、道東での参加型学習活動に向けて、事前に経験を積み、調査方法や研究倫理に関して理解を深めることも狙いである。また、道東ワーク最終日の公開研究発表の準備として、研究テーマの発掘、資料収集などの文献調査と分析を四谷で行ってきた。

4.　地域との交流

川流域は単なるフィールドワークの場ではなく、道東の人々や動植物が生活を営んでいる空間である。この大切なエコロジーを保護して、その恵みを持続的に享受するために、市民、産業そして行政が協働で努力をしているのである。こうした様々なステークホルダーの考えと活動を十分に理解することは重要である。また、本ゼミナールは、こうした協力団体（表1）の善意に支えられて実施されており、改めて感謝の意をここに記したい。

私たちは道東の人々が自然と向き合ってきた在来知を学んでいるのであり、私たちの学びの成果を地元の人々と共有することを目的に、滞在最終日に公開の報告会を行ってきた。2015年度と2016年度は、環境省釧路事務所

表1　2014-18年度協力団体一覧

市　　民	釧路国際ウェットランドセンター、釧路シャケの会、札幌ワイルド・サーモン・プロジェクト、虹別コロカムイの会、日本野鳥の会、NPO法人トラストサルン釧路、タンチョウ保護研究グループ、タンチョウコミュニティ
研究・教育	北海道大学厚岸臨海実験所、北海道総合研究所、北海道区水産研究所、釧路市博物館、北海道標茶高等学校、北海道釧路湖陵高等学校、厚岸水鳥観察館、厚岸海事記念館、厚岸カキ種苗センター、猛禽類医学研究所
産　　業	株式会社ユーラスエナジーホールディングス、釧路市漁業協同組合、十勝・釧路管区さけ・ます増殖事業協会、日本製紙株式会社、釧路コールマイン株式会社、マイペース酪農交流会、カキキン有限会社
行　　政	環境省、国土交通省、釧路市役所、厚岸町役場、標茶町役場

が行っている市民による釧路湿原保全活動（ワンダグリンダプロジェクト）として、学生たちが釧路湿原で学んだこと、そしてどのようにして湿原を保全することができるかを学生なりに一生懸命考えてグループで発表してきた。2017年度は、野生サケ種の保全が湿原の保護にどのように重要であるかをテーマとして、国際シンポジウムを開催して、同種の活動をしているノルウェーのサケの研究者、札幌で野生サケの保全を行う市民団体の札幌ワイルド・サーモン・プロジェクト、北海道総合研究所の森林の研究者、釧路でサケの保全を行う市民団体釧路シャケの会、そして釧路博物館の研究者から報告してもらい、学生たちもフィールドで学んだことをグループ発表した。

　2018年度（表2）は、釧路市の協力を得て、「上智と語ろう釧路のかわまちづくり」という市民交流会を開催した。釧路市長のご挨拶で開会し、前半では、上智大生によるグループ発表が行われた。学生による発表は、4月の東京・四谷キャンパスでの学習から8月の道東地域でのフィールドワークまでを総括するものであり、また北海道ではないところで生まれ育ったいわゆる外部者の視点からの観察を地域の人々と共有して交流を図ろうとするものである。後半では、国土交通省、北海道水産研究所、札幌ワイルド・サーモン・プロジェクト、北海道総合研究所の専門家からの報告があった。最後に来場した高校生向けに教員による模擬授業と進学相談会が開催された。

表2　2018年度フィールドワーク・スケジュール

	午前		午後	
	トピック	協力団体	トピック	協力団体
7月31日 （火）	航空機による移動：羽田—釧路		釧路湿原の形成と現状（温根内ビジターセンター）	環境省北海道自然環境事務所、釧路国際ウェットランドセンター
8月1日 （水）	釧路川流域のイトウの生息調査	釧路市博物館	湿原の再生 釧路川でのサケ・シシャモの増殖活動	国土交通省北海道開発局 釧路市漁業協同組合・十勝釧路さけます増殖事業協会
8月2日 （木）	釧路湿原の土地利用変化	標茶町議会、標茶農協	湿原と酪農	酪農農家、虹別コロカムイの会
8月3日 （金）	市民シンポジウムの準備		市民シンポジウム「上智とかたろう！〜釧路のかわまちづくり〜」	北海道総合研究所、釧路市長、釧路市図書館
8月4日 （土）	釧路川流域の生物調査	北海道区水産研究所、釧路シャケの会	航空機での移動：釧路—羽田	

5.　「Human Ecology: Rivers」参加者の特徴

　本ゼミナールは、多様性に富んだクラスに発展した。2014年から2018年までの5年間で、15か国と地域から62名の学生が参加した。多様なバックグラウンドと専門性を持つ学生が参加することで、生まれ育った環境は異なるがフィールドからの共通の発見に皆で感銘しあったり、ある専門の学生が違う専門の学生に互いに教えあったりすることが見られた。グループ学習では、学生たちは釧路川流域の資源の保全・利用形態が、自分の生まれ育った地域のそれと異なっている点に着目して、どうしてそういう資源管理の方法を取るのかを発表のテーマとして設定して、メンバーと一緒に答えを導き出すことにもなった。例えば、サケはほとんど全ての学生がよく知っている魚

であったが、自然界でサケがどのようにして成長して私たちの食卓まで届けられるのかについては必ずしもよく理解されていない。学生の中には北海道と同様に川に遡上したサケを捕まえて増やして食べる文化が根付いている地域（アメリカ、カナダ、スウェーデン）からの学生もいたが、サケは輸入されてきて主に食べることしか知らない学生もいた。こうした学生たちが、フィールドワークを通じて、サケが道東地域の生業と文化に根付いているだけでなく、その生態系と密接で繊細な関係を持っていることを学ぶことで、サケを食べる自分たちの行動とサケを中心とした流域環境の間にあるプロセスを明確に理解することになった。

　過去5年間の参加学生のパスポートに基づく出身国の構成を見ると、約3割が国内の参加者で残りの3分の2が他の地域である。学生の環境への関心は、一般的に海外で勉強する学生の方が高いように思われる。アメリカの大学からの留学生は、日本で環境について学べる授業を探していて本科目のことを聞いて参加したという。タイとインドからの留学生は、開発が現在進む母国の川は汚れていることを認識しており、どうしたら環境を保護しながら経済発展を遂げることができるのかを知りたくて参加したという。

　2014-18年の5年間、本ゼミナールにはどのような専門分野の学生が参加してくれたのであろうか。一つ目の特徴は、本学の国際教養学部（Faculty of Liberal Arts）の学生が占める割合が半分であったことである。上述したように、英語の語学要件をクリアしている国際教養学部の学生は応募しやすいという理由がある。担当教員としてこれを問題視してはいないが、もう少し学内での宣伝を強化して他学部の学生の参加が増えるよう努力したいと考えている。二つ目に、SAIMS留学生とその他の受入れ交換留学生が占める割合が多い年で定員の半分になっていることである。これは、日本の伝統文化・マンガ・経済・ハイテクに関心を持つ留学生の間でも環境に対する関心が高いことを示唆している。三つ目は、数としてはまだわずかであるが、バックグラウンドがサイエンスの学生では、交換留学生が1名、本学の理工学部物質生命理工学科Green Science Programの学生1名が参加してくれたことである。理系の受入れ生を含めるとさらに数は増える。本ゼミナールが理系・文系の枠を越えた学びの場としてゆっくりではあるが育っていることを反映し

ている。

　「Human Ecology: Rivers」は、2017年度から内容の一部が新たにデザインされ、上智大学大学院グローバル・スタディーズ研究科のカリキュラムとして採用された。同時に国連大学と協力して、相互に持続可能性に関するコースを履修することで、大学院生が認定証を得られるプログラムにも採用された。このような背景から、持続可能性に関する高度な知識を体系的に習得できるよう大学院生が使用する教科書や課題を付け加えた。社会科学系の大学院カリキュラムにフィールドワークを含む授業は上智大学では少なく、初年度にも関わらず、2名の応募者があったが、残念ながら参加費用が足かせとなって、参加を断念せざるを得なかった。2018年度は、前年に参加を諦めた学生も含めてグローバル・スタディーズ研究科3名の大学院生が参加してくれた。大学院生がフィールドワークに学部生と一緒に参加することで、相互の意見交換を通して理解を深めることができ刺激的な経験にもなった。

　学生たちだけでなく、多様なバックグラウンドを持った教員と職員も「Human Ecology: Rivers」を専門分野を越えて楽しく学び、交流できる場にしてくれた。2014年度は外国語学部英語学科のジョン・ウィリアムズ先生（フィルム専門）、2017年度は国際教養学部のアンジェラ・ユー先生（日本文学専門）が参加してくれて、文学の視点から自然、湿原、川についての話題提供をしてくださった。2017年度には、職員のスタッフ・ディベロップメントの一環として、佐藤真知子さん、そして2018年度はこのゼミナールの準備から実施まで携わっていただいていた島田志保子さんが参加してくれた。この他に、ニューヨークのニュースクール大学のPh.D.学生で本学に留学中のエミリー・セキネさん、本学大学院のグローバル・スタディーズ研究科のユカリ・セキネさんとアキエ・トオヤマさんも興味を持ってくださり、全行程参加していただいたことは、フィールド活動の様々な場面で大変有益であった。

6.　むすび

　「Human Ecology: Rivers」のようなフィールド実践型の授業は、アクティ

ブ・ラーニングやピア・ラーニングと言われる教員と学生が積極的に双方向に学ぶ姿勢を育てる新しい学習メソッドとして注目され、大学のカリキュラムに少しずつ取り入れられるようになっている。しかし、上述したように、実際にそうした科目を立ち上げるには、大学組織として取り組む仕事の量が増加するだけでなく、単位数、費用、日程など従来の授業とは異なる性質の問題を克服することが必要になる。そのためには準備・企画・実施のプロセスで大学の複数の部署で働く教職員がその方向性を共有し、各プロセスで協同することが重要になる。

　自然環境の豊かさは、人間社会の経済活動を支えるが、両者の関係は繊細で複雑である。人々の生活を支える農業や産業は、貴重な生態系サービスの恩恵を享受することで発展してきたことからも、自然環境と人間社会のバランスのとれた関係が持続可能性のために重要である。開発という名の下に、人間社会が利潤性・効率性を強調するあまり、自然の多様性は悪と見なされ、人工的に作られた一つの基準によって自然の多様性は単純化されてきた。ここでは、自然は人間がコントロールする対象であって、両者の存在は相反する関係である。「Human Ecology: Rivers」では、東京での事前学習と原始の状態に近い自然環境が残る道東地域でのフィールドワークを通じて、人間社会と自然環境は個々に完結して対峙するのではなく、二つは相互に依存したエコロジーという一つの大きなシステムの一部であることを体験的に理解する。それはすなわち両者の繊細で複雑な関係性、そして自然の多様性をそのままの形で理解して共生するための手がかりを学ぶことを意味している。まさにこうした点をフィールドに身を置いて多様なバックグラウンドを持った留学生と上智大生が一緒に学ぶことは、持続可能性を考えるのに必要なスキルを身に付けることにつながるのではないであろうか。

　最後に、本ゼミナールを支えてきてくださった大学関係部署の皆様、特に学長・副学長、グローバル教育センターのSAIMSチーム、国際教養学部のオフィスに感謝の意をここに記す。

7.　参考文献

Inukai, T., & Nishio, S.（1937）. A limnological study of Akkeshi Lake with special reference to the propagation of the oyster. Journal of the Faculty of Agriculture, Hokkaido Imperial University［北海道帝國大學農學部紀要］, 40(1), 1-33.

釧路湿原再生協議会（2015）『釧路湿原自然再生全体構想：未来の子どもたちのために』釧路湿原自然再生協議会運営事務局.

第 3 章

上智大学の取り組み：
アジア・パシフィック　イエズス会大学連盟（AJCU-AP）
サービスラーニング・プログラム

佐藤和美

1.　はじめに

　上智大学は、1913年に当時のローマ教皇の命を受けた 3 人のイエズス会神父によって設立された大学で、創立当時から世界中にネットワークを持ち、海外大学との交流も活発に行ってきた。学生の海外派遣の歴史も古く、1935年にはアメリカのジョージタウン大学に最初の交換留学生を派遣している。現在では大学間協定に基づく交換留学の他にも、大学が提供する 3 〜 5 週間の海外短期留学やインターンシップ、個人で行う一般留学（学位授与権のある大学へ留学し取得した単位を本学単位として換算できる留学制度）や休学による海外勉学（留学目的や留学先の制限がない制度）など、留学の種類も増え、年間約1,300名の学生が海外に留学している。

　留学生の受入も活発で、学位プログラムへの正規生の受入の他、協定校からの交換留学生の受入など、世界81か国から1,760名（2018年 4 月 1 日現在）と、外国人留学生の数は全体の約12％にあたり、キャンパス内のグローバル化も進んでいる。この他、日本の大学における留学生向け短期受入プログラムの先がけとして、1961年から海外の学生に日本語の修得及び日本・アジア研究の機会を提供するサマーセッションも実施しており、これまでの受講者は 1 万人を超える。

　派遣・受入どちらの留学プログラムも、海外協定校との 2 大学間での学生相互交流、または一方向の派遣・受入という形で行われることが多いが、近年、海外の複数大学がコンソーシアムを形成し、共同で実施する研修プログ

ラムも増えている。コンソーシアムを形成するメリットは、多様な大学との連携がしやすいことが挙げられる。例えば、通常の2大学間の交流では、各大学と個別の協定等を締結して、プログラムを実施することになる。特に、交換留学の場合は、相互に授業料を免除する形が一般的であるため、学生の派遣・受入の人数がバランスよく行えることが重要であり、いずれかの人数が多くなった場合には交流が停止されることとなる。また、そもそも、派遣・受入のバランスが見込めないような場合には、協定を締結することができない。このように2大学間の交流の場合は、交流先パートナーの開拓や関係維持が難しいこともある。一方、コンソーシアムの場合は、加盟大学全体としてバランスをとればよいため、単独では交流が難しいような大学でも参加がしやすく、継続的な交流を行いやすいことが多い。ただし、コンソーシアムの場合は、加盟大学全体としてのプログラムの運営が必要になるため、中心となる事務局の役割が重要となる。

　上智大学においても、近年、コンソーシアムによる連携プログラムが増えている。その一つが、「アジア・パシフィック　イエズス会大学連盟（Association of Jesuit Colleges and Universities-Asia Pacific: AJCU-AP）」の参加大学による「AJCU-APサービス・ラーニング・プログラム（AJCU-AP Service Learning Program: AJCU-AP SLP）」である（以下、「本プログラム」という）。本プログラムは、アジア太平洋地域のイエズス会系高等教育機関のネットワークで、現在は11か国・地域から22団体が参加している。

　本プログラムは2008年に開始され、参加大学が毎年持ち回りでホスト校を務め、イエズス会の教育理念に合致したプログラムを実施している。ホスト校を担当する頻度は5〜8年に1回程度であるため、本プログラムは、各大学にとって基本的には学生を海外へ派遣する留学プログラムという位置づけであるが、ホスト校を務める年は、ホスト校学生は自国で開催される国際研修プログラムへ参加することになる。研修期間は、数週間と短いが、開催国の学生と留学生がともに参加して、密度の濃い国際協働学習が行われている。

　本プログラムは、上智大学グローバル教育センターの全学共通科目として実施され、グローバル教育推進室の職員が担当した。筆者は、グローバル教育推進室の事務を統括する立場の大学職員である。本章は主に、上智大学が

2018年に本プログラムのホスト校として、主に大学職員の立場からプログラムを実施した経験を事例として紹介する。

2.　プログラムの概要

2.1.　目　的

　上智大学の教育精神は「Men and Women for Others, with Others（他者のために、他者とともに）」である。これは、イエズス会の教育精神を継承したもので、「与えられた自分の才能を自分の利益のためでなく、他の人のために役立てること」、「他者に奉仕することによって自己実現を目指すこと」を意味する。本プログラムは、こうしたイエズス会の教育精神を体現する教育プログラムの一つで、「研究と教育の場（大学）」と「地域社会への貢献」の融合、すなわち、授業などでの「学内での学び」と地域社会における実践を通した「学外での学び」を結びつけることで、自身の学びを深めるとともに、自らが社会にどう貢献していくかを考えることを目的としている。

　上智大学で本プログラムを主催したのは2018年が 2 回目で、 1 回目の2010年には、上智大学が実施しているアンコールワット遺跡修復プロジェクトの拠点があるカンボジアで開催した。これは、本プログラムが、生活環境の厳しい地域を訪れ、家屋の修繕や清掃活動、子供への学習支援などの奉仕活動を柱とする内容で実施されることが多く、日本で同様の活動を行う場所をみつけることが難しかったという事情による。また、参加者の多くが、東南アジアの大学からの参加であるため、日本への渡航よりも同じ東南アジア内への渡航の方が、参加者の経済的負担が少ないという理由もあった。2018年のプログラムを計画する際には、大きな自然災害に見舞われる国が増えており、日本も東日本大震災などの大規模災害の経験から被災地の復興が大きな課題になっており、このテーマであれば日本で研修を実施する意義はあると考え、日本での開催を決定した。

　プログラムのテーマは、毎年ホスト校により決定される。上智大学が主催した2018年も様々な検討が重ねられたが、日本国内で日英両言語により短期

間での活動ができるボランティア受入先の選定は簡単ではなかった。東北での受入先が決定した後も、震災から一定期間経過した現在、求められるボランティアの内容も、瓦礫撤去などから、心のケアや話し相手などに変化していることがわかり、数日の訪問で学生たちが被災地でできることは限られていた。そのため、例年の奉仕活動中心のサービス・ラーニングでなく、「Post-Disaster Community Recovery in Japan（震災後の地域コミュニティの回復）」をテーマとして設定し、東日本大震災で被災した東北地方のコミュニティの現況を知り、現地の方々との交流から復興について学び、各自が社会でどのような貢献をしていくことができるかを考えることを目的とした。

2.2.　全体構成

本プログラムは、グローバル教育センター開講の「全学共通科目」として実施し、担当教員による事前・事後研修を含め、所定の成果を修めた本学学部生には2単位（成績評価は「P（合格）」）を付与している。この扱いは、本プログラムが海外で実施される年でも同様である。

本プログラムでは、全参加者による集合研修の前に、各大学がそれぞれの大学で「事前研修」を行い、その後、日本に集まって行う「本研修」、そして、各大学に戻ってそれぞれに行う「事後研修」という三つのパートから構成されている（表1）。

上智大学では、「事前研修」として、プログラム参加までのスケジュールの説明・確認や必要な手続きや単位付与に関する説明を行う「参加者ガイダンス」の他、担当教員による事前講義（全2回）を行い、イエズス会の精神や今回の研修テーマに関する理解を深めるための講義を実施した。また、プログラム開始直前には「実施前ガイダンス」を行い、主に、ホスト校の学生として留学生を迎え、支援する役割に関する最終確認と打合せを行った。

日本での「本研修」は約2週間行われた。東京の上智大学における講義の後、東北へ移動し、岩手県釜石市、大船渡市、大槌町において、被災地の様々な場所を訪問して、震災を経験した方や行政の方による講義・視察や、地域住民の方との交流等のフィールドワークを行った。その後、再び東京へ戻り、グループに分かれて研修の成果をまとめ、発表を行った。

表1　2018年プログラム全体日程

	月　日	スケジュール	滞在地
事前研修	日本渡航前	各大学で事前研修を実施	
本 研 修	8月1日（水）	海外参加者日本到着、歓迎レセプション	東京
	8月2日（木）	オリエンテーション、各大学紹介プレゼンテーション、講義、ミサ	東京
	8月3日（金）	講義	東京
	8月4日（土）	移動（東京→釜石） 釜石よいさ祭り参加	釜石
	8月5日（日）	大船渡協会ミサ、フィリピン人コミュニティとの交流 陸前高田市の被災地視察	釜石
	8月6日（月）	地元の農園・水産加工品工場でボランティア活動	釜石
	8月7日（火）	地元のお祭りで文化パフォーマンスを披露 釜石市・大槌町の被災地視察	釜石
	8月8日（水）	老人ホーム慰問訪問（文化パフォーマンス披露） 震災当時の災害対策本部長による講演・懇談	釜石
	8月9日（木）	被災者による講演・懇談 国際交流団体との文化交流（文化パフォーマンス披露）	釜石
	8月10日（金）	移動（釜石→東京）	東京
	8月11日（土）	最終プレゼンテーション準備	東京
	8月12日（日）	最終プレゼンテーション準備	東京
	8月13日（月）	最終プレゼンテーション、プログラム全体振り返り	東京
	8月14日（火）	海外参加者日本出発	―
事後研修	終了後	各大学で事後研修を実施	

　日本での「本研修」終了後は、各大学はそれぞれの大学において、事後研修または事後レポートの提出を課すなどにより、研修内容の振り返りを行った。上智大学では、各学生に事後レポートの提出を求め、各自での振り返りと研修成果の確認を行った。

　プログラムは、全体を通じてイエズス会系大学が重視するイグナチオ的教育手法に沿って進められた。イグナチオ的教育手法とは、五つのサイクル、

すなわち、1. 背景学習（Context）─2. 経験（Experience）─3. 振り返り（Reflection）─4. 行動（Action）─5. 評価（Evaluation）を経ながら学生が学びを深めるよう指導する教授法である。具体的には、授業などでの学び（背景学習）とフィールドワークでの経験について、毎日の研修の後、ディスカッション等により自らの学びを言語化し他者と共有することで自身の学びを振り返り、翌日の研修につなげ、最終的には、本研修で得たものを、今後、自分自身がどのように社会での貢献につなげていくかを考えるように計画された。

2.3.　参加者

　本プログラムには、5か国（インドネシア、フィリピン、東ティモール、韓国）、8大学から計28名の学生が参加した。参加者は各大学がそれぞれに募集、選考して決定した。参加学生は全員学部生だったが、学年は1～4年、専攻は経済、法律、新聞、経営、社会学など、様々であった。本プログラムはキリスト教精神に基づく教育プログラムであるが、参加にあたって信仰の有無の要件は設定していない。

　本学学生のプログラム参加動機を確認すると、次の三つの意見が多かった。一つは、東北の被災地でボランティア活動の経験がある、あるいは一度も被災地を訪問したことがないが以前から強い関心を持っているなど、東日本大震災というテーマや被災地（東北）自体に強い関心を持っていたというものであった。次に、本プログラムが「サービス・ラーニング」であり、実際の体験を通じて自らの知識や技術を高めたい、というものであった。もう一つが、様々な国の参加者の異なった視点や意見から学びたい、というものであった。

　海外からの参加学生の動機も、上智大学の学生とおおむね同じようなものが多かった。しかし、プログラムの内容・訪問先への関心という点では、日本人参加者の場合は「東日本大震災」、あるいは「東北（被災地）訪問」という具体的なテーマと場所に強い関心を示していたのに対し、海外からの参加者は大規模災害や津波被害といった、もう少し大きなとらえ方で関心を持ったようであった。また、留学生にとっては海外で行われるプログラム参

加のためと思われるが、日本について学びたい、あるいは様々な国からの参加者と交流を深めたいという期待を、参加動機の最初に挙げている学生も多かった。

2.4.　研修費用

本学学生については、プログラム参加費用の負担は求めておらず、学生は費用負担なしで本プログラムに参加できる。そのため、同じ時期に海外で開催される国際プログラムと比較して、本プログラムへの参加を選択した学生もいたのではないかと考えられる。ただし、本学からの参加学生には、後述の通り、海外から参加する留学生のホスト役を担うなど、プログラム運営面での貢献も期待された。

一方、海外からの参加学生、引率者には、日本国内での宿泊費、交通費、食事代、プログラムにかかる費用として参加費（US 800ドル）の負担を求めている。ただし、参加費用は、学生個人が負担しているのではなく、大学が負担しているケースも多い。

2.5.　宿泊場所

参加学生は全員、プログラム期間中は同じ宿泊施設に宿泊し、共同生活を行った。東京ではユースホステルを利用し、東北での研修期間中は、民間ホテルの他、東北での研修に協力いただいた認定特定非営利活動法人カリタス釜石（以下、「カリタス釜石」という。カリタス釜石については3.2で詳しく説明する）のボランティア向けの宿泊施設も利用させていただいた。参加学生は部屋数に応じて男女別の国籍混成のグループを形成し、各部屋に配置された日本人学生がグループリーダーとなり、同じ部屋に滞在する留学生を支援するとともに、日々のスケジュールや大学からの連絡事項などを伝達するなど、プログラム運営の補佐的役割も果たした。例えば、海外参加者は文化や生活習慣が異なり、言葉の壁もあるため、施設の共同利用にあたっては、ごみの出し方や共用スペースの利用に関するルールを守るといった点を学生に繰り返し説明する必要等は生じたが、海外からの参加者にとってもよい経験になったものと思われる。

3.　プログラムの運営体制

3.1.　担当教員・職員について

　本プログラムは、上智大学グローバル教育センターの開講科目として実施
した。グローバル教育センターは、学部・学科の枠を超えて、全学生を対象
としたグローバル教育プログラムを提供しており、学内での授業科目以外に
も、インターンシップ等の実践的なプログラム科目も多く提供している他、
多様な海外留学プログラムも提供している。

　本プログラムの運営は、グローバル教育センターの教員1名と職員3名
（チームリーダー1名、主担当1名、副担当1名）が担当した。本プログラ
ムの担当教職員は、プログラムのテーマの検討から、プログラム全体スケ
ジュールの策定までを協力して行った。企画段階では、上智大学の国際協働
教育プログラムを総括するグローバル化推進担当副学長、さらには、イエズ
ス会神父でもあり、AJCU-APで本プログラムが開始された当時から深く関
わっている、総務担当理事からも助言を得ながら計画を策定した。

　本プログラムの担当教員は外国籍で、イエズス会の教育手法を理解してい
る教員で、学内で授業科目を英語で実施しているほか、本プログラムも毎年
担当し、海外へ派遣する学生引率の経験を有する。しかし、本プログラムを
本学で主催し、日本で実施するのは初めてであった。今回の実施にあたって
は、主に事前研修（上智大学生対象）、本研修（全参加学生が対象）、事後研
修（上智大学生対象）の授業計画の策定、主要講義の担当、他の講義担当教
員との打合せ・連絡調整、学生指導と学習成果の評価等、プログラムでの教
育指導に関する内容を担当した。

　一方、職員は、本研修の全体にかかる企画案の準備や受入先の開拓などを
担当し、本事業開始時の立ち上げにも関わった教員（イエズス会神父）や本
学のグローバル化推進を担当する副学長、さらには本事業の担当教員といっ
た学内関係者と意見交換を行いながら進めた。また、企画決定後の日程調整
や、教室や宿泊施設、移動手段の手配、プログラムパンフレット（しおり）

やプログラム参加者用のTシャツの作成、レセプションや食事の手配といった、研修を円滑に実施するために必要な幅広い調整・手配業務も担当した。この他、研修内容についても、東北での研修については、職員が中心となり、東北での研修全体のコーディネーションに協力いただいたカリタス釜石との打合せや連絡調整を担当した。また、海外参加大学との連絡調整も職員が担当し、海外大学からの様々な問い合わせや要望に答え、研修の準備や内容に反映した。研修開始後はプログラムの進捗管理・進行や学生支援、さらには、東北でのフィールドワーク中の訪問先での通訳なども担当し、担当教員による学生指導を補助するなど、職員の業務内容は多岐にわたった。

3.2.　外部協力団体について

　学内では、通常は学生センターが学生ボランティアの派遣を行っているが、日本語での受入先が多く、今回のプログラム実施においては連携が難しかった。そのため、学内関係者の紹介により、カリタス釜石に協力を依頼し、東北でのフィールドワークの全体プログラムの策定と実施に多大なる支援をいただくこととなった。カリタス釜石は2013年3月設立の認定特定非営利活動法人で、キリスト教精神に基づき、東日本大震災によって被災した人々の自立や孤立孤独化の防止を支援する活動を、地方自治体や各種団体とも連携しながら進めている。また、現地のフィリピンコミュニティとのつながりを持っていたことから、海外からの参加者が日本に住む外国人と交流する機会にも恵まれた。本プログラムでは、中心的な活動を釜石市におけるフィールドワークで構成したが、事前の計画の段階から、カリタス釜石と協議を重ね、研修内容や運営方法についても助言をいただきながらプログラムを形成した。例えば、今回のプログラムは、例年、他国で開催する場合よりも全体の研修期間が短かったため、フィールドワークも1週間に短縮する必要があった。また、フィールドワークの内容も、例年は奉仕活動が中心であったが、今回の訪問地となった東北では、震災から一定期間経過していることから求められるボランティアの内容も、瓦礫撤去などから、心のケアや話し相手といった活動に変化していることがわかり、数日の訪問で学生たちが被災地でできることは限られていた。こうした制約がある中で、カリタス

釜石は、本プログラムにおけるフィールドワークの目的や位置づけを踏まえて、適切な訪問先や講師を提案してくださり、被災したコミュニティの現況に直接触れたり、地域住民の方とも直接交流したりする機会を盛り込むことが可能となり、様々な視点と立場から理解を深めることができるようなフィールドワークを実施することができた。

　また、フィールドワークは、その前後に実施した東京での講義ともよく連動した内容となり、全体を通して学生の学びの効果は高まった。本プログラムは、前述の通り、イグナチオ的教育手法のサイクルに沿って進められ、東京での研修は、「1. 背景学習」のための講義を中心に構成し、まずは、その後のフィールドワークをより効果的なものとするための基礎知識の習得と自分なりの目的意識と動機付けによる土台形成を行った。その後、フィールドワークに参加し、知識として理解していたことや、自分なりに思い描いていたことについて実際に自分自身で「2. 経験」した。そして、日々の「3. 振り返り」の時間を通じて経験を振り返り、そこで得た気づきを、新たな目的意識や問題解決のアイデアにつなげて、それらを次の「4. 行動」につなげ、また「2. 経験」を行う、というサイクルを繰り返しながら、「1. 背景学習」で得た知識に対する理解を深め、自分自身の目的意識や問題意識を高めるという構成であった。

　実際のプログラムとしては、学生は、東京で東北地方の震災からの回復の状況を概観する講義を受講し、フィールドワークで訪問する地域の基本的な知識を得るとともに、学生同士のディスカッションにより、それぞれが講義を通じて得たことや気づいた自らの学びを言語化し、他者と共有した。また、学生同士のシェアリングの他、学生個々人が自分の考えを深めるために黙想の時間をとることで、各自が授業で学んだことを自身の専門や経験と結びつけながらより掘り下げて理解することも促した。学生は、こうした講義やエクササイズを通じて、これから経験しようとする内容についての基本的な知識を習得し、自らの考えも深めておくことで、フィールドワークに能動的に取り組むこととなり、フィールドワークによる「2. 経験」の効果が高まった。その結果、フィールドワークの期間中、釜石の復興や現状を学びながら、自国で災害が起きたときにはどうすればよいかについて考え議論し、

震災後に更新されたマニュアルが主に役所の男性が作成しているため女性目線が足りないことや、日本では被災者への経済的な支援は恵まれているもののメンタルケアがもっと必要なのではないかなど、学生間で活発な議論が行われ、参加者たちが日々真剣にプログラムに向き合い、学んだことを吸収している様子が見られた。

3.3.　海外大学引率者について

本プログラムの特徴として、参加大学の多くが、学生とともに引率者も派遣していることが挙げられる。これは、本プログラムは教育理念を共有するイエズス会系大学による連携プログラムであり、各大学において重要な教育プログラムの一つに位置づけられていること、さらには前述の通り、本プログラムがイグナチオ的教育手法の5段階のサイクルに沿って構成され、派遣前・派遣中・派遣後まで一貫した指導を行うことで、学生の学びを深めていけるよう、各大学がそれぞれに担当教員・職員を配置して、積極的に運営に関わっていることが理由として挙げられる。

引率者は、各大学における事前研修から学生を指導し、日本での研修中もプログラムに同行して学生の学習状況を見守り、必要があれば、各大学における事前研修と結びつけながら気づきを促したり、日本と各国との違いから学生の理解が難しいと思われるような点があれば、情報を補足したり質問を促す役割を担っている。こうしたきめ細かな指導は、ホスト校だけでは難しく、ホスト校と参加大学の教職員が連携することで、可能となっている。そして、こうした連携が可能であるのは、教職員が教育理念と手法を共有していることによるところが大きい。

4.　プログラムの成果・課題と今後の展望

4.1.　教育上の成果と課題

本プログラムの目的は学内での学びと地域社会における実践での運用を結びつける体験から、自身の学びを深めるとともに、自らが社会でどのような

貢献をしていくことができるかを考えることであった。この点については、参加学生は、各大学での事前研修に参加し、本プログラムのテーマに関連した講義や事前課題による学習などの事前準備を行った上で日本での本研修に参加し、また、東北でのフィールドワークに先立ち、東日本大震災や震災からの復興に関する講義を受け、テーマや訪問先について知識を得るという流れであったため、多くの学生が、研修最終日の全体振り返りや研修終了後のレポートにおいて、フィールドワークの活動を意識的に行うことができたと述べており、目的は概ね達成されたと考えられる。こうした構成は、東日本大震災や東北地方について事前の知識が少ない海外からの参加者も事前講義で必要な知識を得ることを可能とし、日本人学生も、事前講義やその後の振り返りを通じて、自らの考えを深めることができた。

　また、研修全体を通じて、リフレクションの時間を多くとり、参加者間で考えを共有する時間を意図的に組み入れた。リフレクションは、「黙想」という学生がそれぞれに自分の中で考えを深め、研修を振り返ったり、各自が自分の考えを文章にまとめる形で行うものと、小グループあるいは参加者全員で考えを共有したりディスカッションを行うというグループでの振り返りの二つの形をとった。小グループのリフレクションは、フィールドワークの期間中、毎晩、大学ごとに分かれて行い、各大学の引率教員がファシリテーターとなり、学生一人一人がその日に起こった出来事を通して学んだことや感じたことを共有した。プログラムのほとんどが英語によって行われた中、小グループのリフレクションについては、学生たちにとって話しやすい母国語を使用したことで、本音を引き出すことができ、参加者同士の意見交換がより深まった。また、日によっては、引率教員と一対一で話す時間を設けたグループもあり、他の学生に共有しづらい事項を掘り下げて聞き出すことができた。こうしたリフレクションの機会によって、学生は自分自身で考えを深めるとともに、そうして得た自分の学びや意見を他国の学生とのディスカッションで改めて言語化するという作業を通じて、海外と比較した自国のあり方についても新たな観点を得るとともに、自分自身の価値観に気づくなど、より深いレベルでプログラムでの学びを定着させることができた。

　さらに、本プログラムは、災害復興というテーマへの理解に加えて、キリ

スト教精神に基づき、他者との関わり方、自分と社会との関わり方について考えることを促すことも意図していたが、その点でも成果が確認できた。例えば、「同年代の学生と信念を語り合う経験を通して自身を見つめ直すきっかけとなった」、「本研修で得た価値観や考えを今後の日常生活でも生かしていきたい」と述べる等、本研修への参加が、今後の大学生活への大きな転機になったと感じている学生も多かった。さらに、本研修で様々な国からの参加者とともに学ぶ経験が海外留学を考える動機となり、実際に海外への長期留学を行う学生も出ている。

　このように、学内での学びと地域社会での実践、そしてリフレクションの時間を多く取り入れることは、学生の主体的な学びを促すとともに、様々な背景を持つ学生間での学び合いを可能とし、短期間の研修でも密度の濃い学びを実現することができ、効果的な方法であったといえる。

　一方、英語でのコミュニケーションスキルの獲得、あるいはさらなるスキル向上の必要性を認識したということを挙げている学生も多かった。この意見は、日本人学生だけではなく、他の国から参加した学生からも出ていた。今回の参加者は、グループ全体としてよい関係性を作り、誰もが発言しやすい雰囲気作りが行われていたが、やはり、英語力によって、発言の多さに差が出ていたことも事実である。日本開催の場合でも、プログラムでの使用言語は英語となるため、研修内容の理解と参加の度合いを高めるためには、一定レベル以上の英語力は不可欠となる。参加者に求める語学力をどの程度に設定するか、また、こうしたプログラムで求められる自身の思考や信念等の抽象的な内容を表現できる語学力をどのように身につけていくかが今後の課題である。

4.2.　日本で開催することによるメリットと課題

　本学学生は、プログラム参加者であるとともに、海外からの参加学生のホスト役でもあった。こうした役割が期待されている点については、事前研修で担当教職員から日本人学生へよく説明を行った。その結果、日本人学生は本研修が始まる前から何度かグループで集まり、どのような形で留学生を支援するかを考えるなどの準備を協力して進めた。また実際に本研修開始後は、日本人学生は、常に留学生の様子を気にかけて積極的に留学生とコミュ

ニケーションをとるとともに、参加者全員の学びが充実したものとなるよう、講師への質問や学生同士のディスカッションをリードするなど、積極的に研修に参加した。特に、フィールドワークでは、留学生と地域の方とのコミュニケーションの橋渡しを行い、留学生の日本人や日本文化に対する理解が進むよう補足説明を行うなど、留学生を支援していた。こうした日本人学生の活躍により、グループ全体としての学びの質が高まり、また、日本人学生も主体的に研修に参加したことで、より多くのことを吸収することにもつながったと思われる。

　このような結果が得られたのは、日本人学生は、普段は語学面での自信のなさから他国からの参加者に比べて発言が限られる場面が多いが、今回は研修開催場所が自国であり、環境への適応・理解という点で日本人学生にアドバンテージがあったことが大きい。加えて、今回の研修のテーマは学際的なアプローチが求められる内容であり、各自の専攻に応じた立場から発言がしやすかったこと、また、研修の中では、キリスト教に基づくヒューマニズムや倫理観といった、いずれの学生も自分の経験や考えに基づき考えやすいテーマであったことが、各学生の主体的な研修への参加を可能にしたと考えられ、学生が主体的に関われるテーマを設定することが重要であるといえる。

　一方、プログラムの実施期間は、他国で実施する場合は3週間であることが多いが、今回は2週間であった。これは、日本での研修実施は、東南アジアで開催する場合に比べて費用がかさむことから、研修参加者の負担が例年とあまり大きく変わらないよう、期間を短縮することで調整したためである。また、2週間の研修期間中の研修場所も、中心となる研修場所を東京ではなく、東北での実施とする等、宿泊費をできる限り抑えるよう工夫した。

4.3.　Staff Developmentとしての効果

　本学で本プログラムを担当した部署では、過去にも類似の国際研修を主催した経験はあるが、実施は数年に1度の頻度となる。ある程度のノウハウは蓄積されているとはいえ、プログラム毎に異なる事情もあるため、毎回、手探りで進める部分も多く、今回も同様であった。

　今回、本プログラムを担当した職員は、日常的に海外の大学と連絡をとり

ながら協定関係の確立や政府系奨学金による留学生の派遣・受入等の業務も担当していた。海外大学からの学生団体の受入（半日程度）を頻繁に行っており、大学の国際部門での経験が豊富であるものがリーダーとなり、主担当職員、副担当職員とともにプログラムを担当した。しかし、一つの研修プログラムの企画立案から運営を行うという業務は日常的には行っておらず、国内の協力団体との協議、連絡調整や、学内協力者（主に本プログラムで講義を受け持つ教員など）との連絡調整、さらには、プログラム実施にかかる様々な物品手配やそれに伴う経理処理といった、あまり経験したことのないような対応も多く必要となり、苦労する場面も多かった。しかし、チーム内でよく協力し、お互いにサポートしあいながら、一つずつ解決して乗り越え、結果としては内容の充実した研修を円滑に運営することができた。担当職員は、研修に同行し、参加学生の学びの様子と成長の姿を直接見る機会を得ることで、自分たちが行った仕事がどのように大学教育の場をつくり、学生の成長を支えているかを実感することにもなった。こうしたプログラムの企画・運営から、実際にプログラムに参加する学生の学びの姿を見るという経験は、担当職員にとっても良い経験になったと思われる。

4.4.　今後の展望について

　短期間のプログラム参加では、一定のインパクトがあったとしても、一時期でその効果、影響が薄れてしまうことも少なくない。今回のプログラム参加を単なる経験、気づきで終わらせるのでなく、より長期間にわたり効果を持続し、学生の成長につながるよう、プログラム参加後も、学生生活の中で、具体的な行動に結びつけて活動、行動できる機会をプログラム終了後に提供していくといった取り組みも望まれる。

　本プログラムは数週間という短期間で実施されたが、サービス・ラーニングを通して接する社会的テーマは比較的重く、長期的な視点や取り組みを必要とするものであるため、プログラムで学んだことをその後、どのように社会に還元していくかが課題となる。この課題は、海外・国内のいずれで行われる研修プログラムにも共通しているが、今回のように自国で開催されたプログラムの場合、研修で訪問したフィールドは国内にあるため、プログラム

が終了しても、継続的に関われる可能性は高い。例えば、本学授業科目には、東日本大震災の復興支援に関連したテーマを扱っているものもあり、ゼミ等で被災地を訪問してボランティア活動などを行っているケースもある。また、本学にはボランティア・ビューローが設置されており、そこでは、東日本大震災復興支援ボランティアも行っている。短期のプログラムを、こうした既存の科目と連動させることによって、プログラムが終了した後も、継続的に関連したテーマや活動を続け、短期研修での学びをより長期的な学びに発展させていくことが期待される。

　なお、本プログラムに限らず、夏期休暇中（あるいは春期休暇中）に実施する海外留学プログラムは多数あり、また、国内でもインターンシッププログラムなど、様々なグローバル教育プログラムが提供されている。在籍中に複数のプログラムに参加するなど、大学が提供する機会を最大限に活用している学生もいる一方、こうしたプログラムへの参加にあまり関心をもたない学生や、費用、語学力等の制約から参加をためらう学生がいることも事実であり、今後、いかにして幅広い学生にグローバル教育の機会を提供していくかが課題である。その意味で、国内で開催される国際研修プログラムは、期間や費用面において学生の負担が少なく、比較的参加しやすいといえる。国際研修であるため、英語で研修に参加できることが必要となるが、海外プログラムよりも馴染みのある環境の下でプログラムに参加できる点は、海外渡航への費用や安全面での不安を感じる学生にとっても参加への心理的ハードルを下げる効果もあり、今後、国内での研修を増やすことで、より多くの学生がグローバル教育プログラムに参加しやすくなることが期待される。

　上智大学では、2019年度からセメスター・クォーター併用制を導入することとなった。これは、学生がより海外留学をしやすい環境を作ることが主な目的であるが、学内での国際的な学びの場の創出にも活用する計画を進めている。その一つが、サマーセッションの開講時期を第2クォーター内におさまるよう変更することで、正規生も履修しやすい環境をつくり、短期間の受入留学生と正規生がキャンパス内でともに学ぶ場を創出しようとする取り組みである。このような取り組みを通じて、学生がキャンパス内でも様々な国際的な学びの機会が得られるようになることが期待される。

第 IV 部

実践:
専門性に根差した
国際的資質の養成のために

第 1 章

埼玉医科大学の取り組み：
包括的な国際プログラムの国内国際研修

種田佳紀／斉藤雅子／チャド・ルイス・ゴッドフリー／藤巻高光

1. はじめに

　本章では、埼玉医科大学医学部で実施されている、海外における国際研修、国内における国際研修、ならびに日常的な語学トレーニング等を含む、包括的な国際プログラムについて、特に国内における国際研修に焦点を当てて紹介する。具体的には、本学医学部で実施されている学生相互交換留学制度（5年次8月の4週間、海外の協定校にて臨床実習を行うことを中心とした、4年次3月から5年次11月までの9か月間のプログラム[15]）のうちの、国内での研修部分（4年次3月のセミナー、5年次7月の河口湖セミナー）についての紹介となる。この交換留学制度は1995年に開始され、すでに20年以上の実績のあるプログラムであり、他の章で述べられているようなプロジェクト立ち上げの困難があるわけではない。だが、時代状況の変化への対応は常に求められている。例えば、立ち上げ時には医学生に海外での研修の経験を積ませることそれ自体に価値が置かれていたが、時代状況の変化とともにアウトカムの評価が求められるようになってきていること、あるいは新規相手校との交流基本合意書（Memorandum of Understanding）締結の際の実務が20年前よりも確実に細かくなっていることなどはその一例である。したがって、形になったプログラムを運営していく際でも、常に時代状況に対応したスキルが要求されることになる。

15　ただし、プログラム参加者20名中、スウェーデンのリンシューピン大学に派遣される2名だけは双方の学事日程の都合で、6年次4月に派遣される。

　交換留学制度、と一口に述べると相互の実施校が学生を派遣しあうだけ、という印象があろうかと思われるが、本学の場合、交換留学制度は、受入学生の受け入れ準備や生活支援、派遣学生帰国後の成果報告会までを含む、包括的な国際プログラムである。また、本学の交換留学制度は、語学教育や文化教育ではなく、専門教育に比重を置くという特色を持つ。

　そもそも本学国際交流センターは、学生相互の交換留学制度を中核としながらも、医学部6年間、さらには卒後教育も視野に入れた形での国際的な医療人の育成を狙いとしているが、学部レベルにおいては、以下のようなビジョンを提供している。入学後、学期中のEnglish Cafe（月2回程度実施）で国際交流に興味を持った学生が、低学年次で春季語学研修プログラム（EHSPプログラム）に参加し、語学研修や文化研修を受ける。そうしたプログラムの中で国際感覚を養った学生が海外での臨床医学実習を行う交換留学制度に応募し、4年次年度末の選考後、9か月にわたる包括的なプログラムに参加するというものである。

　また、そうしたプログラムに参加した学生が、卒業して初期研修医になった後、国境や言語、人種や文化といった垣根を越えて活躍する医師／研究者になっていくというのが本学国際交流センターの最終的な狙いということになる。こうしたキャリアパスにおいて、交換留学制度は、卒業前の学部レベルでの国際プログラムの集大成的な意味合いと、卒業後のキャリアでの国際的な活動の始まりという意味合いを持つ、本学国際交流センターの活動の中核的なものと言える。

　しかし、そうした重要な位置づけの交換留学制度だが、実際に海外で活動する期間は約4週間と、決して長い期間とは言えないのが実情である。これは、医学教育特有の事情が影響している。医学教育のカリキュラムは、文部科学省の策定する医学教育モデル・コア・カリキュラムに準じて実施され、授業のほとんどが必修科目となる。そのため、単位の互換等を行うことが難しく、医学部では学期中に学生を留学に送り出すことは困難な場合が多い[16]。資金や受け入れ先の問題よりも先に医学部特有のカリキュラムとの兼ね合い

16　海外での研修の単位化の取り組みも一部の医学部では進んでいる。特に6年次でのAdvanced Clinical Clerkship（臨床医学実習）を海外で行うプログラムは少なくない。

から、本学の交換留学制度での海外研修部分は、主に5年次の夏季休暇を利用した、単位化されない研修[17]となっており、単位化されていないがゆえに学生の自主性を尊重できるという利点に注目して実施されてきた。

　ともあれ、こうした事情から海外での研修期間は4週間に限定されており、いかにその短期間の海外での研修を充実させるかが長らく本学の課題であったと言える。派遣学生がよりスムーズに現地に溶け込み、肝心の専門教育が実り多いものになるよう、本学では海外研修前後の国内での国際研修の改善に努めてきた。その結果として、現在のような形の包括的な国際研修プログラムとしての交換留学制度となったのである。次節では、この交換留学制度全体について紹介することとしたい。

2.　学生相互交換留学制度について

　本学の学生相互交換留学制度は、現在世界各地の提携校10大学[18]と実施しており、各大学と2名ずつ、4週間の相互派遣となっている。言い換えれば、受入学生と派遣学生がそれぞれ20名ずつということになるが、これは本学医学部生の約17%ということになる。参加学生は、受入、派遣ともに、この4週間で通常は二つの科を臨床医学実習で回ることとなる。本学は、例外はあるものの、おおむね3・4月に6名、7月に10名、9・10月に4名受け入れており、8月に18名、4月に2名派遣している[19]。こうした時期のずれは、本学と先方の大学のカリキュラム等の事情から決まっており、年度によってずれることもある。

　また、参加学生は卒業後に、様々な形で留学の経験を活かしたキャリアを歩んでいくことが期待されている。例えば、日本での外国人患者への医療面

17　ただし、本学への受入学生のほとんどが日本での研修を単位として認定されている。
18　スウェーデンのリンシューピン大学、ドイツのシャリテベルリン医科大学、イギリスのリバプール大学、カナダのマニトバ大学、ドイツのボッフム大学、アメリカのアルバートアインシュタイン医科大学、アメリカのジョンズホプキンス大学、台湾のチャンガン大学、ハンガリーのセンメルワイス大学、ハンガリーのペーチ大学である。
19　交換留学制度以外での受け入れや、交換留学制度に頼らない形での、本学学生個人での海外での臨床医学実習への参加もあり、そうしたケースへの支援も国際交流センターで行っている。

接の場面で、国際学会での発表で、あるいは海外での臨床や研究生活など、多様な場面で医師は単なる語学や知識だけでない、幅広い国際感覚を要求される。学生たちが、卒業後にそうした国際感覚を要求されるようなキャリアを歩んでいく際に、少しでもそのハードルを下げ、チャレンジを容易にすることが本プログラムの狙いと言えよう。

　本プログラムを本学学生の目線から見て、時系列的に再整理してみたい。学生たちは4年次の12月に本プログラムに応募することになる。それまでの数年間の間に、前述したEnglish Cafeやその他の活動を通じて本プログラムをよく理解し、自分のキャリアデザインとマッチするかどうか勘案して応募を決める。課外活動として、少なくない負担のあるプログラムなので、学生の中には、成績の不安や、その他の学外活動（部活動等）の兼ね合いから、参加を逡巡する学生もおり、熟慮の上での決断となる。

　国際交流センターの教職員はそうした相談にも乗るが、安易に本プログラムを勧めすぎることなく、学生本人の意思を尊重するよう配慮している。ここで無理に勧めて本プログラムに参加させても、学業を含めた全ての活動が不十分なものとなってしまい、本人の達成感や満足度も低くなってしまうためである。例年、入学時から本プログラムの参加を希望していながら、結局応募を見送る学生が出るが、入学時から長期間にわたってプログラムの実施状況を学生が観察したうえでの決断なので、応募を見送った学生も後悔が少なく、納得しているように思われる。

　プログラム開始後に一部の学生のモチベーションが低下することは、プログラム全体の緊張感を低下させるので、学生全体によくプログラムのメリット、デメリットの双方を理解させたうえで応募を決めさせることはプログラム全体の質を左右する重要な要素であると思われる。熟慮の上の不参加は尊重し、安易な参加に再考を促すことは教職員、学生双方に有益である。

　教員は、応募書類に目を通したうえで、英会話試験と面接による選抜を2月上旬に実施する。本プログラムの狙いは、専門教育に関わる部分を含むため、語学力だけでなく、医学的知識や学習意欲、異文化理解への積極性なども評価することとなる。選抜結果は2月末に学生に知らされ、プログラム参加者が確定する。結果発表直後のオリエンテーションでその後のプログラム

の流れが改めて参加学生に説明される。

　その後、参加学生は、2週間に一度の英会話のトレーニングセッション（Saturday English Cafe）と、3月と7月に実施される二度の受入学生との2泊3日の研修セミナー（3月：越生セミナー、7月：河口湖セミナー）を経て、8月に世界各国の研修先へと向かう。4週間の研修ののち帰国し、その成果を11月の帰国報告会で発表し、本プログラムは終了することとなる。参加学生からすると、12月の応募から考えるとちょうど1年間、3月のプログラムスタートから考えても9か月間に及ぶプログラムということになる。この間、受入学生への支援は、ペアとなる派遣学生の役割となり、相互に文化理解を深めることが期待される（例えば、A大学から本学に留学した学生の支援は、本学からA大学へ派遣される学生の役割となる）。また、研修先での希望診療科の申請、各種予防接種、語学試験の受験なども、必要に応じて、大学の支援のもとで学生が行うこととなる。

　逆に、このプログラムを実施者側から述べると、12月頃から派遣学生の選抜プロセスが始まり、2月末に参加メンバーを確定させ、3月に受入学生を受け入れて一度目の国内での国際研修セミナーを実施。その後7月までの間はEnglish Cafe等でフォローアップし、7月に受入学生とともに二度目の国内での国際研修セミナーを実施する。8月に派遣学生を送り出し、彼らの帰国する9月に最後の受入学生を受け入れるとともに、学生に成果報告会の準備をさせ、11月の成果報告会をもって1年のサイクルが終わるということになる。

　そうしたプロセスの中で、以下では特に、学生の受け入れ実務（第3節）と、越生セミナーと河口湖セミナーの二つのセミナーの実践状況（第4節）、そして、受入学生がプログラムを超えて本学医学教育に与える効果（第5節）を詳述することとしたい。

3.　学生受け入れ実務の現状とその課題

　前節で述べたように、セミナー、つまり国内における国際研修では、何らかの形で海外からの参加学生を募る必要がある。本学医学部の場合、学位を取るプログラムで留学している学生はほぼ皆無であり、交換留学制度で受け

入れる学生が、国内で実施する国際研修の重要なリソースとなっている。また、1か所から参加学生を募る場合と異なり、様々な地域・大学から少しずつ学生を募っているために、先方の都合に応じて対応を変える必要が出てくる。

　それだけではない。本学の交換留学制度のように専門教育に係わる学生受け入れの場合、彼らの適切な指導者を見つけてくる必要がある。本学の場合で言うと、埼玉医科大学病院、埼玉医科大学総合医療センター、埼玉医科大学国際医療センターの3か所のどの科で留学生に研修を受けてもらうか、マッチングする作業が欠かせない。医局ごとの診療や業務の都合もあるので、留学生、本学の各診療科がともに納得できる研修先を見つける必要がある。また、病院で研修を行うことから、ウイルス抗体価の確認など、通常の留学よりも厳密なチェックが求められることになる。

　1995年に開始した本学の学生相互交換留学制度では、のべ372名の交換留学生を受け入れ、447名の本学学生を海外に派遣してきた（2017年度終了時点）。これだけ継続的に双方向での交換留学を実施してきた事例は、日本の医学部では数少なく、本学の特色あるプログラムとなっている。ここでは海外からの留学生を受け入れる際に実際に起こった問題点を実務担当者の視点から紹介したい。

　まず、提携校からの交換留学生を受け入れる際は、本人の希望する研修科にて通常2週間ずつを2科、または4週間を一つの科で研修を行う。本学では研修科の選択肢を幅広く設け、ほぼ100％に近い割合で留学生の希望したとおりの科で受け入れを行っている。まれに科から受け入れを断られるケースもあるが、その主な理由としては医局員の数が絶対的に足りない、といったことである。ただどこの教室も慢性的に人員不足である中、多少の無理をしても受け入れを承諾する科と、そうでない科があるように思う。私見であるが、大学本部のあるメインキャンパスの病院では断られることはほぼないのだが、別キャンパスで断られるケースがまれにあるのは、交換留学制度というものへの理解と浸透具合がキャンパスによって異なることが原因と思われる。そのため、留学生の研修スケジュールを組む際はできるだけ留学生が色々なキャンパス、診療科に分散するようにして、留学生がいる風景を日常的なものにしていければと考えている。

　ちなみに受け入れを断られた場合は無理をせず、留学生の次の希望の科に打診をしている。受け入れに消極的な科よりはぜひ受け入れたいと考えてくれている科に任せた方がお互いに有益である。というのも、受け入れ診療科の実際の負担はかなり大きなものになるからである。普段の業務を英語で行うことによって、労力と時間的負担がかなり増えているようである。特に外来見学などでは、患者に日本語で説明をしたあと留学生に英語で説明を行うため、通常の時間通りに業務を進めることが難しいようである。また、どうしても英語が堪能な教員にその負担がかかりがちでもある。キーパーソンとなるメインの留学生担当者を決めながらも教室全体で指導を分担している科は教室の負担も少なく、また多くの教員から指導を受けられることで留学生本人の満足度も高いように思う。

　こうした受け入れ診療科の負担の大きさ、そして国際交流センターの業務の学内への周知のことを考えると、全てのキャンパス、診療科に留学生をまんべんなく配置したいと思っているのだが、どうしても人気のある科に希望者が集中してしまうことがある。できるだけ一度に依頼する人数は 2 名以内にしたいと思っているのだが、時には 3 名、4 名となってしまうこともある。そんな時でも快く受け入れてくれる教室があることは、事務側にとっては大変にありがたいことである。

　こうして各診療科に留学生を送るわけだが、実際に研修を行う留学生からは、研修内容について毎回ほぼ満足との感想があがっている。しかし、日本と海外の医学教育のスタイルの違いに不満を漏らす留学生も多い。交換留学生として来日する学生は本国の医学部で最終学年の学生も多く、またすでに実地経験を積んでいる場合が多い。そのため、見学を主としたスタイルの日本での臨床実習に物足りなさを覚えるようである。科によってはその留学生の能力によって柔軟に研修内容を調整してくれ、留学生から喜ばれている。

　また、臨床の現場での考え方の違いに留学生が戸惑うこともある。以前ある科で研修した留学生が、指導医の痛みの軽減に対する考え方と自分が学んできたものの差にショックを受けた事案[20]があった。その留学生はこれ以上

20　イギリスからの女子留学生が本学附属病院の救急科を見学した際、痛みへのコントロールよりも治療を優先した様子を見て、動揺し、自分の学んできた医学の価値観とあまりに異なっていると国際交流センターに相談にきた事案。

見ていられないと研修科の変更を希望した。

　第5節でも詳述するように、交換留学生の研修は通常、本学の学生の臨床実習と一緒に行われている。各症例について経過、診断、治療方針などについてディスカッションを行うカンファレンスやクルズスと呼ばれる少人数でのレクチャー、回診などが英語で行われているため、本学の学生にとってこれは日本にいながら海外留学の疑似体験ができるような貴重な経験ではあるのだが、必ずしも全ての学生から歓迎されているわけではないようである。交換留学プログラムに参加している学生にとっては自分の留学前のよい予行演習になるのだが、そうでない学生にとっては「どうして自分が（日本語でも難しい内容を）英語で教わらなくてはならないのだ」と不満を覚える者もいて、時々苦情が寄せられることがあるが、その際は丁寧に説明して理解をしてもらうよう努めている。

　また、本学の交換留学制度は、外国人留学生にとってはスカラーシップのような形になっている。旅費・滞在費をほぼ全て本学側で負担することで毎年希望者が多く、より質の高い留学生が選ばれているようである。大学をあげて留学生をサポートすることは、その留学生自身のためもさることながら、本学学生の教育のためでもあると認識している。多くの留学生はそのことをしっかり理解しており、本学学生の教育に非常に協力的である。積極的に本学学生に声をかけ、コミュニケーションをはかったり、医学についての学生の意見を求めたりしている光景がよくみられる。しかし時にその役割をあまり認識していない留学生もおり、例えば留学生同士だけでの観光や旅行をしてしまい、本学の学生が取り残されてしまう場合もある。留学生に日本での楽しい時間を持ってもらいながら、本学学生も一緒に時間を共有できるよう教職員側からの指導が必要であると考える。

　最後に、留学生として本学に来る学生は、文化の違いがあることを十分理解して来ている者がほとんどであるが、それでもやはり特に食文化については苦労する留学生も多い。受け入れ側も、宗教による食事への対応、ベジタリアン、ビーガンや低炭水化物ダイエットを実践している者など、どこまで対応したらよいのかは常に頭を悩ませている。学内の食堂はまだそういった特別食への対応はしていないが、自分で判断できるようメニューをできるだ

け英語でも併記するように依頼している。本学の学生にとっても一緒に出か
ける時などは食事の配慮で苦労が多いようであるが、他文化を理解するよい
勉強の機会ととらえてもらいたいと思っている。

4.　二つのセミナーの現状とその課題

　本学では学生相互交換留学制度での交換学生たちの意欲を高めるだけでな
く、彼らの社会的スキル、語学スキルを鍛えるための教育機会を提供してい
る。その中でも中心的なものとして位置づけられているものが、それぞれ3
日間にわたる二つの国内での国際研修（越生セミナー、河口湖セミナー）で
ある。

　交換留学制度に参加する派遣学生たちのスキルや背景には幅がある。休暇
で海外旅行をしたり、ホームスティをしたり、留学したりした経験を持つ学
生もいる一方で、日本を出たことのない学生もいる。英語能力についても、
流暢に運用できる学生もいれば、意思疎通はできるものの、初～中級者レベ
ルの学生もいる。セミナー担当教員は日頃の観察やアンケート、非公式の面
接を受入学生と派遣学生の双方に行う中で状況を把握し、様々な手段を用い
て学生たちの交換留学制度での経験を豊かなものにするよう、二つのセミ
ナーを通じて支援している。

　交換留学制度への参加学生の選抜が終わった直後、4年次3月に行われる
「越生セミナー」は埼玉県越生町にて行われる。越生セミナーには、選抜さ
れた本学学生20名に加えて、6名の医学部生が北米から参加する。彼らは、
様々な役割を果たす貴重な人的資源となる。その役割は、英語教師、医学的
知識の提供、助言者、チームプレイヤー、応援団と様々だ。彼らの熱意はグ
ループ全体の絆を強め、教育者としてセミナー担当教員を助け、そして教室
内でのインプットとアウトプットの円滑化に貢献してくれる。

　越生セミナーの主な狙いは以下の3点である。(1) 派遣学生の間に、チー
ムとしての一体感を生み出す、(2) 海外での英語利用、自己学習の方法、受
入学生のケア、異文化理解、日本文化の紹介、問題解決、プレゼンテーショ
ンといった点についての講義と発表を繰り返す形でのトレーニング、(3) 医

学英語のワークショップである。端的に述べれば、最大の狙いは派遣学生の交換留学制度全体への心構えを作り上げ、彼らの1か月の海外での研修に向けての準備を始めさせることである。

　セミナー開始前に、派遣学生は地元の寺社仏閣の説明を準備しておくという宿題が与えられる。英語で日本文化を説明するというのは、派遣学生にとっては非常に難しい課題であり、学生に日本の寺社仏閣の特徴や習慣を英語で調べておく時間をセミナー前に与えておくことは重要である。セミナー期間中、派遣学生たちは6名の受入学生を伴って地元の寺社仏閣を、少人数の班になって訪れ、1時間のツアーをすることになる。受入学生を連れて少人数で行動することも重要で、これによって学生たちはお互いに助け合い、情報交換を容易に行えるようになるのである。

　コミュニケーション研修では、過去の派遣学生が苦労した問題を紹介する。海外での想定問答、会話の切り出し方、起承転結、発音練習や二人組でのプレゼンテーションを派遣学生は行う。しかしながら、全体を通してのメッセージは、「受け身であることは助けにならない」というものである。コミュニケーション能力の高低にかかわらず、言葉に対して受け身であれば、コミュニケーション戦略は効果をもたらさないということが繰り返し強調される。

　問題解決と医学教育研修では、外部から田村謙太郎氏（ナショナルメディカルクリニック、一般内科）とゴータム・デシュパンデ氏（順天堂大学　総合診療科　教授・米国国務省　在日アメリカ大使館医療部門　初期診療医）の両氏を外部講師として招き、夕方の講義を担当してもらっている。そこで、学生たちはチームに分かれて、グループ毎に設定された、ある特徴的な症状に対する鑑別診断を発表する。彼らは、与えられた事例に沿って、全ての可能性を考慮し、議論する必要がある。この研修では、受入学生の医学英語のレベルが派遣学生の医学英語のレベルよりも高いことが多いので、受入学生にとっては教える側の体験となり、全ての参加学生に資するものとなっている。

　自己学習の方法についても越生セミナーでは紹介される。最終日には、派遣学生はそれぞれの学習目標を設定する。二つのセミナーだけでは海外での

生活の準備としては不十分である。派遣学生は交換留学制度参加時点では、日常的な英語能力に不安を抱えている。だが、帰国後の派遣学生にアンケートを実施すると、医学に関わる専門的な語学力の改善が必要だと感じていることがわかっている。そこで、この自己学習の指導の際には、海外渡航前の医学英語学習の必要性を強調することにしている。

　派遣学生にとって、越生セミナーは埼玉医科大学の交換留学制度に本格的に参加していくための大切な一歩となる。プログラムの最初から、学生の責任と自立について強調される。派遣学生のリーダーたちも参加学生による投票によって選ばれる。リーダーたちは一年を通して派遣学生の議論を取りまとめて意見を集約し、全ての派遣学生、国際交流センターのスタッフやセミナー担当教員との間での連絡・調整役を果たすことになる。その上、派遣学生たちは、受入学生の1か月間の来日の間、どのようにもてなすことが望ましいのかについても議論を交わす。小旅行、食事会、パーティ等の計画を、派遣学生は自分たちで立てるのである。

　7月に実施される「河口湖セミナー」には、前回同様20名の埼玉医科大学の派遣学生と、10名の新しく来日したヨーロッパとアジアからの受入学生が参加する。受入学生は来日したばかりで、ほとんどの場合、初めての日本滞在となる。インプット・アウトプット型の越生セミナーと異なり、河口湖セミナーの狙いはより応用的なものになる。学生たちは様々なテーマにまつわる問題解決型の課題に取り組むために、お互いにコミュニケーションを取り合う。例えば、新聞紙を用いたアイスブレイクや、越生セミナーを担当いただいた両外部講師による二つの医学セッションに加えて、日本の諺をモチーフにした医学に関係する寸劇の考案と公演まで様々な課題が与えられる。河口湖セミナーではグループとしての結束を強めることも主要な目標ではあるが、これは全ての研修がグループ課題となっていることや、バーベキュー、夕食、富士山へのハイキング等の生活の中で、自ずと達成されることになる。

　このセミナーの後、8月には20名中18名の学生が海外に渡航し、第二言語環境下に身を置く。このセミナーはそうした1か月の海外生活のための練習と準備のよい機会となる。このセミナーを通じて、派遣学生のコミュニケーション能力は実践的なものとなり、受動的なものから能動的なものへと変化

していく。こうした大きな変化が起こるのは、セミナーの内容自体もさることながら、越生セミナーより多くの受入学生がいることによる学生間のダイナミズムによるところも大きいと思われる。

　これらの二つのセミナーは、毎年の結果を受けて複数の教員が話し合い、状況や時代の変化にも対応しつつ検討を重ねてきた。特に学生たちの記述式のフィードバックから、円滑な実施に不可欠な部分が明らかになってきている。例えば、それぞれのセミナーが始まる前の、受入学生のみ参加するオリエンテーションは必要不可欠である。二つのセミナーは、どうしても派遣学生のニーズを優先して組まれるために、受入学生のニーズとのずれが生じ得るからである。例えば、英語が母国語である一部の受入学生にとって、医学英語は簡単すぎ、英語学習のスキルは彼らの必要とするものではない。オリエンテーションでセミナーの狙いや受入学生に期待する役割を担当教員が丁寧に伝えることで、受入学生のセミナーへの意欲を高め、彼らの役割に集中を促すことができる。

　また、派遣学生の英語力の幅の広さにも目を向けておく必要がある。全てのレベルの学生とそのニーズに資するようなアクティビティを提供することには困難がつきまとうが、英語母国語話者にどのような役割を与え、セミナーに巻き込んでいくのかがポイントになる。相対的に学力の劣る派遣学生がアクティビティを理解し、参加できるかどうかは、受入学生の傾聴する態度による部分が大きいからである。

　最後になるが、アクティビティそれ自体は成功を約束してはくれない。ある年にうまくいったアクティビティが、その翌年にはうまくいかないということもあり得る。学生の集団としての教室というのはそれ自体生き物のようなもので、それぞれに特有の性格を持つものである。聴衆の雰囲気を感じ取って、適切に授業を実施するというのは、時として科学的なもの、というよりも芸術に近い部分もある。

5.　本学学生の医学教育に受入学生が果たす役割

　国内での国際研修プログラムには、海外での研修と異なり、プログラムに

参加していない教職員や学生への波及効果が見込める。しばしば、こうした
プログラムの実施では、大学の教職員の全員への理解が浸透しているとは限
らないケースがあり得る。しかし、国内で国際研修プログラムを実施し、成
果報告会を実施することは、プログラムの教職員への周知につながり、業務
の円滑な実施につながることが少なくない。

　また、プログラムに参加していない学生への波及効果もある。低学年の学
生たちは、English Cafe等の機会で受入学生に接する機会を得ることで、具
体的な交換留学制度の意義や内容を知ることになる。また、場合によっては
プログラム参加中の上級生とともに受入学生の支援を一部行うこともある。
こうした中で、プログラムへの意欲を高める学生もいれば、逆に自分のニー
ズとプログラムの不一致を感じる学生もいる。いずれにせよ、参加時点です
でにプログラムをよく理解した学生を集めることは、プログラムの成功に大
きく寄与するが、国内での国際研修の実施はその点でもよい波及効果を持っ
ている。

　その中でも特に影響が大きいのは臨床実習で、外国人留学生と日本人学生
が一緒に実習を回るときのものである。留学生は通常 2 週間ずつ 2 科、また
は 4 週間 1 科にて実習を行う。基本的には各科で留学生は概念的には本学の
臨床実習の学生と同じ立ち位置となっているはずであるが、流暢に日本語を
解する留学生はほとんどいないため、語学の問題により日本人と同じ扱いで
は学習に困難をきたす。カンファレンスについては、全部英語で試みる科、
留学生の隣に解説者をつけて説明・通訳をする場合の 2 方式が考えられる。
前者はプレゼンテーションをする担当者（医師、学生）の負担が大きく、ま
たディスカッションが英語では深まらないといった欠点があり、試みるが結
局後者に落ち着く、というところが多いようである。後者も解説の内容は、
項目の説明にとどまるところから同時通訳までかなり幅がある。前者の場
合、英語が多少たどたどしくても、少なくとも試みること自体が、同席する
本学の学生にとって刺激となっているという面がある。手術や内視鏡などの
手技の見学でも同様である。手術中などは、臨床実習を一緒に回っている学
生グループ内に本学から外国に派遣される学生がいる場合、その学生が説明
役となることもあり、これも同じグループの学生にとってよい影響があるよ

うである。外来も同様に科により様々で、見学だけにとどまる科もあるが、例えば一例一例、事前に画像を提示し、留学生に読影させ、あるいは課題を与え、診察は患者さんの許可のもと留学生同席の上で日本語で行うが、終了後、内容を英語で確認するという教育を行う科もある。これも本学学生も同席する場合、よいトレーニングになるようである。

　言語の問題があっても、同じ年代の学生同士が同じ時間、空間を共有するので、放課後などに学生同士、部活に誘って一緒に剣道や弓道、球技を行ったり食事に行ったりということは、交換留学プログラム参加学生が主体となるものの、それ以外の本学学生も含めて広く行われている。これも本学学生が国際感覚を身に付ける役に立っている。

　本学学生教育からはややはずれるが、留学生にとって医学生の参加できる診療内容の程度が問題と考えられる。医学生の段階でどの程度手技を行わせるかは各国によってかなり異なっており、医学部最高学年では日本の研修医程度のことを行う国も少なくないなか、体験型実習導入への道半ばの日本の病院実習は、いまだ見学が主体で、ともすればやや退屈な場合があると思われる。しかし担当する教員の努力で、知識や画像診断等の教育をきちんと行うことで、かなりこの点は補えていると考えたい。

　将来の課題として、病院教職員全体の英語でのコミュニケーション能力の向上により、例えばカンファレンスでも瞬時に英語で行うことができるようになることで、交換留学プログラムに参加しない学生にもより英語や国際的な視野を身に付ける機会をさらに多くしたいと考えている。このプログラムで留学した学生が将来、中堅の教員となることがその一歩であると考える。

6.　本学における国内での国際研修プログラム実施上の注意点と特徴

　以上のように、カリキュラム上の制約から、長期間の留学に学生を送り出すことが現実的ではない本学医学部では、休暇を利用しての課外での4週間の留学制度を運用し、その4週間を最大限に活かすための方策として国内での国際研修プログラムを充実させてきた。しかし、そうした試みが、はじめ

からもくろみどおりに進んだ訳ではない。やはり国内での実施では、海外で感じるような緊張感が得にくく、また本学では留学生の数を確保することが難しいために、研修のはずが親睦に近いものにしかならなかった時期もあるともいう。

　そうした試行錯誤の経験の中で、本学国際交流センターで共有されているポイントには、大きく以下の3点が挙げられる。

　まず、包括的なプログラムに国内での国際研修プログラムを組み込む場合、意識しておく必要があるのは、それを単なる事前学習として扱ってしまわないようにすることである。単なる事前学習ということになると、どうしても単調になり、学生のモチベーションも低下しがちになる。むしろ、プログラムにいくつかセグメントを設定し、それぞれのフェイズでの価値や意義、狙いをはっきりとさせて、参加学生たちに自分たちの達成したものが実感できるようにする必要がある。本学の場合は、二つのセミナーではそれぞれのゴールが設定され、最後で学生自身による振り返りを求めている。

　次に、専門教育研修を円滑に実施するための土台として、語学研修や文化研修が必要であるということが挙げられる。プログラムに参加した学生の様子を観察していると、交換留学制度を実り多きものにできている学生は、英語力、異文化理解・適応力、専門知識の三つがバランスよく備わっているということに気付く。そして、いずれについても、入学後の早い時期から継続的にトレーニングを行っていくことが望ましいと思われる。本学の場合、低学年次での春季語学研修参加者の交換留学制度への応募率は毎年60％程度と高く、またプログラム内で、学生リーダー等の重要な役割を果たすことが多い。それは、英語力と異文化理解・適応力を低学年次から学生本人が意識して高めてきた結果ではないかと考えられる。

　また、たとえそうした土台があったとしても専門教育研修を実施する際に、語学研修や文化研修の要素を、改めてプログラムの一部に含めておくことも大切である。プログラム冒頭のアイスブレイクに文化研修的要素を導入したり、プログラムの説明等を英語で実施することで語学研修的要素を導入したりすることは、効率よい復習になり得る。またこうした研修の冒頭部分でモチベーションを高めた学生は、プログラム全体で充実した成果を挙げる

ことが多いので、やはり語学研修や文化研修に積極的に参加した学生が専門教育研修でも成果を挙げる傾向があるといえると思われる。

7.　本学における国内での国際研修プログラムの今後の展望

　最後に、今まで紹介してきたプログラムの今後の展望を提示することにしたい。

　まず、派遣学生に関わる論点として挙げられるのは、学生全体の海外への意欲の喚起である。前述したように、このプログラムに参加する学生は、医学部全体の17％に及ぶ。選抜を適切に実施し、意欲の高いグループを形成するためにも、1.5〜2倍の倍率は確保したいと考えているが、それは、学年全体の25〜35％の参加を期待するということに他ならない。ほぼ全員の学生が日本で医師になるというキャリアパスを想定し、国際性や英語力が重視されない状況の中で、これだけの学生の参加を促すことは容易ではない。本学の場合、低学年次での春季語学研修の拡充や同窓会の整備等でこうした学生の国際化への意欲の喚起に取り組んでいる。

　次に、受入学生に関わる論点である。すでに述べたように、本学医学部には学位を取得する目的での留学生がおらず、交換留学での受入学生が外国人留学生のほぼ全てである。国内での国際研修では重要なリソースとなる彼らを三つの時期に分かれて受け入れているのは、研修科の受け入れ負担を分散させるためでもあるが、年間を通じて留学生が散らばっている方が本学全体の国際化に有益ではないかと考えているからでもある。受入学生の数を劇的に増加させることは難しいが、新規相手校との交流基本合意書（MOU）締結、もしくは交換留学ではなく、片務的な短期留学生の受け入れを拡充することが検討されている。

　また、国内で実施される国際研修をそうして集めた受入学生にとってより魅力的で有益なものにすることも検討されている。本学の場合は、提携校に受入学生の選抜は一任しており、先方から送られてくる学生の質はコントロールが難しい。プログラムを継続的に実施し、受入学生に良い印象をもって帰国してもらうことが、提携校内でのプログラムの評価を確立し、認知度

を上げることにつながると考えている。

　最後に、国内での国際研修の実施に当たって、専門教育を担当する教員を確保することも重要である。本学の場合は、セミナーの一部やEnglish Cafeを担当する外国人講師、セミナーでの専門教育セッションを担当する講師、各研修科での研修やカンファレンスを英語で実施する講師が必要となる。こうした教育を担当できる教員の数は必ずしも学内だけで十分とは限らず、場合によっては学外からの招聘が必要になることもあり得るうえ、一部の教員の負担が増加する場合もある。幸い、医科大学は一般大学に比べると、学生に対する教員の比率は充実しているので、その中で国際化に関心のある教員に随時声をかけることで積極的に国際交流センターに参画してくれる教員を確保できている。

　これまで本プログラムは多くの参加者を輩出してきた。中には、本学の教員となり、改めて教員短期留学制度を利用して以前の留学先に長期で留学する者もいれば、臨床での英語での医療面接に活躍する者もいる。ほぼ全員が医師になるため、卒業後のキャリアパスや成果が追いかけやすいことは、医学部の大きな特徴であろう。現在20年以上続くプログラムであることから、プログラム卒業生の同窓会を組織し、実際に彼らが卒業後にどのようなキャリアを歩んだのかを本格的に検証できる時期に差し掛かっている。そうした中長期の視点でのプログラム評価を実施することで、今後のプログラムの方向性がより明確で開かれたものになっていくと、本学国際交流センターでは考えている。

●履修生の声

医療現場の課題に多様な視野を

埼玉医科大学　**熊川友子**

　「どうして日本の医療従事者はCTを多く撮りたがるのだろうか？ 医学生として君の意見を聞きたい。」医学部4年生の時、私は部活動として所属していたESS（English Speaking Society)の部員として症例検討を行うCPC（Clinico-Pathlogical Conference）大会に出場しました。CPCとは臨床医と病理診断を専門として行う病理医が症例検討を行う大会のことです。CT検査を行うことを当然と考えていた当時の私は、審査員としていらしていたカナダの家庭医の先生から全く予想外の質問を受け、満足に答えることができませんでした。CPC大会後、カナダの家庭医の先生から投げかけられた「なぜCT検査を行うのか」という質問の背景を知りたい、カナダの医療事情を自分の目で見てみたい、日本とカナダの医療や医療を取り巻く環境の違いについて学びたいと考えたことから、埼玉医科大学の学生相互交換留学制度に応募し、幸いにもUniversity of Manitobaに1ヶ月間留学する機会を得ることができました。

　この交換留学制度は毎年3月から活動を開始します。私が交換留学制度を通じて経験したことは数多くありますが、その中でも印象に残っているのは春と夏に行うセミナー（越生セミナー、河口湖セミナー）と、海外の留学生とともに一緒に経験した病院実習です。

　セミナーは埼玉医科大学に近い宿泊施設で3日間行われます。交換留学で来日しているメンバーとともに海外で活躍されている先生方の講義を受講したこと、医学的知識に基づいた劇を創作して演じたこと、富士山に登ったことがとても印象的でした。このセミナーを通じて学生が得たものは英語への適切な距離感と自信だと感じています。交換留学制度に応募する学生は留学経験のない学生が大半を占め、海外渡航経験のない学生も珍しくありません。海外から来た留学生ととも

にセミナーに参加することで、文法や発音がさほど正確でなくても英語でのコミュニケーションは十分に可能であると実感し、セミナー最終日には誰もが積極的に英語でコミュニケーションを取っていました。またセミナーに参加することにより英語の実践能力を客観的に把握することができたので、留学までの間に効率よく英語実践力を強化できたように思います。

　また、海外の留学生とともに経験した病棟実習も大変有意義でした。日本の医学教育は座学の占める割合が大きいですが、海外の医学生は低学年から病棟実習を積み重ねており、問診や理学的所見の取り方が洗練されていて非常に大きな刺激を受けました。交換留学の制度がなければ、海外の医学生の学ぶ姿勢を目の当たりにする機会もなかったと思います。

　海外留学生と話をしている際に日本の病院の平均滞在日数の長さや、入院中の検査の多さに驚いている様子を何度も目にしました。超高齢社会に突入しているわが国では、財政再建が喫緊の課題となっており、社会保障の見直しが行われています。日本と世界各国を比較した際に、国民性の違いや歴史的背景など色々と考慮することはありますが、「患者中心に、エビデンスに基づいて、過剰な医療は提供せず、効率よく医療資源を使う」という海外留学生の基本的な考え方は大変参考になりました。

　留学中、週末の時間を使ってトロントに観光旅行に出かけました。道に迷って困っていた時に、インドからの移民の方がとても親切に道案内をしてくれました。お礼を言った時の彼の言葉がとても心に響き、医師としての心構えを学んだような気がしました。「優しさはカルマのように回るんだ。誰かに優しくするとそれは回り回ってみんなの幸せになって返ってくる。これは私の祖母がよく言っていた言葉だが、私自身も真実だと思っているよ。だから君たちも医師になったら将来の患者さんに優しくしてあげてね。」

　交換留学制度を通じて日本の医療の利点と欠点を国際的な視野に立って理解することができました。そのことにより、その後の臨床実習の1年間が大変充実したものになりました。また、渡航前に国内で事前に英語での効率的なコミュニケーションの取り方を学ぶことで、英語への厚い壁を感じず円滑に海外での実習に移行することができました。現在私は医師となり、日々の業務のなかで超高齢社会を背景にした色々な医療問題に悪戦苦闘しています。日本の将来に思いを馳せた

とき、海外の医療の良いシステムはたくさん導入するべきと考えている私にとって、この貴重な経験や学びは自分自身の人生を考えるうえで非常に大きなインパクトを与えてくれました。今後も多くの医学生が交換留学制度を活用して唯一無二の貴重な学びを体験することを願っています。

第 2 章

大東文化大学の取り組み：

「グローバルキャンプ埼玉」——疑似留学体験型研修授業の試み——

島垣 修

1. はじめに

　グローバルキャンプ埼玉[21]とは、埼玉県が2014（平成26）年8月に埼玉県県民活動総合センター（伊奈町内宿台6-26）で開催した疑似留学体験型研修である。埼玉県が世界に活躍できるグローバル人材育成を標榜して、埼玉県内に在住、在学、在勤の高校生・大学生・社会人を対象に、県主催で留学レベルの英語プログラム（4泊5日の英語漬けキャンプ）を実施するという企画である。その翌年埼玉県は、県主催の「グローバルキャンプ埼玉」とは別に、埼玉県下の大学を対象とした助成金交付制度を発表した。それはグローバル人材育成基金を財源とするものであり、対象は県下の大学が大学施設を利用して行う4日以上の「グローバルキャンプ埼玉」実施事業である。その募集枠は県内大学から2校、助成額は助成対象経費の三分の二以内、かつ上限200万円という規模であった。その助成金制度に手を挙げ、県の承認を経て、本学は2015（平成27）年8月、大東文化大学主催「グローバルキャンプ埼玉」[22]を実施した。

　本稿では、企画者の立場から、本学主催のグローバルキャンプ埼玉を中心に、その理念、誕生、実施、その成果を述べていく。

21　埼玉県ホームページ。 https://www.pref.saitama.lg.jp/a0306/global/globalcamp.html
22　大東文化大学ホームページ。 http://www.daito.ac.jp/news/details_22501.html

2.　埼玉県発グローバル人材育成事業のスタート

　「グローバルキャンプ埼玉」を理解する上で、埼玉県のグローバル人材育成事業[23]について触れておきたい。同県のグローバル人材育成事業とは、海外に積極的に出ていこうとする若者を応援して、世界に活躍できる人材育成をするための県主導のグローバル化推進事業である。この事業は、少子高齢化、経済のグローバル化の進展を背景に、県内企業が東南アジアへ海外展開を始めたために生じた、外国人留学生及び留学経験のある日本人学生の需要の高まりを受けたものである。埼玉県はこれを県の構想プロジェクト（「世界に羽ばたくグローバル人材育成」）の基軸の一つとし、具体的には、①内向き傾向にある若者の留学支援を圧倒的な規模で集中的に実施すること、②留学支援から帰国後のフォローアップとしての研修体制の整備や就職支援まで、トータルで支援すること、③外国人留学生も日本人留学経験者と同様に支援対象に加え、多様な支援を実施すること、以上三つの目標を設定した。次に、これを動かす資源として、2011（平成23）年、県は10億円出資による「グローバル人材育成基金」[24]を創設し、2013（平成25）年に「グローバル人材育成センター埼玉」[25]も設置した。県は基金の設置期間を 6 年とし、2017（平成29）年 3 月末までに、「埼玉発世界行き」奨学金事業を始めグローバル人材育成施策に取り組んできた。「埼玉発世界行き」奨学生は、6 年間で約1,600人に上った。学位取得を目指す留学、大学間協定に基づく 6 か月以上の留学、理系学部等に在籍する 1 週間以上の留学、高校生の 3 か月以上の留学等により、多くの若者が世界で様々な経験を積んだことになる。2017（平成29）年度に入り、公益財団法人埼玉県国際交流協会が新たに「埼玉グローバル人材活躍基金」を創設し、海外留学のための奨学金事業を継続している。県がこの基金に対し 3 億円の補助を行い、民間からも寄附を募り、産

23　埼玉県ホームページ。　https://www.pref.saitama.lg.jp/a0306/global/global-zinzaiikusei.
　　html
24　埼玉県ホームページ。　https://www.pref.saitama.lg.jp/a0306/global/global-support.html
25　グローバル人材育成埼玉ホームページ。　http://www.ggsaitama.jp/

学官連携の下、引き続き海外留学を支援している。埼玉県はグローバル人材育成等の各種施策を、1）県主催事業、2）公益財団法人埼玉県国際交流協会に設置したグローバル人材育成センター埼玉主催事業の二つに分け、推進した。本キャンプは前者の県主催事業に該当する。

3. 埼玉県主催「グローバルキャンプ埼玉」の誕生

　2011（平成23）年、県は10億円出資による「グローバル人材育成基金」の創設を機に、構想プロジェクトを動かし、やがて「グローバルキャンプ埼玉」の誕生を迎えることになる。表1に、県の主なプロジェクト[26]の行程を示す。
　2014（平成26）年2月、埼玉県県民生活部国際課（以下、県国際課）から県内大学に対し「グローバルキャンプ埼玉」の構想や実施の説明があった。その主な内容は、グローバル人材育成の裾野を広げるため、経費や時間的制約等から海外留学が困難な県在住・在学の高校生や大学生に向け、県内で疑似留学体験できる機会を提供するという企画だった。具体的には、県国際課がキャンプの企画から実施まで担当し、埼玉県が同年8月、埼玉県県民活動総合センター（以下、県民活動センター）を会場に4泊5日の英語漬けキャンプを2回にわたって実施するというものだ。さらに、県国際課の説明には、本学から講師や支援学生の派遣が可能か否か、次年度の大学主催グローバルキャンプ埼玉開催の可能性も含まれていた。前者は、本学の専任教員や外国人留学生をイメージすることができた。その一方で、後者は、すぐに

表1　埼玉県主催「グローバルキャンプ埼玉」の主な行程

年度	主な施策
2010（平成22）	県はグローバル人材育成に関するワーキンググループを設置し、埼玉県留学生交流推進協議会（幹事校/埼玉大学）等と協議。
2011（平成23）	グローバル人材育成事業「埼玉発世界行き」奨学金支給事業開始。
2012（平成24）	グローバル人材育成事業「埼玉発世界行き」フォローアップ事業実施。
2013（平成25）	グローバル人材育成センター埼玉の設置による就職支援事業等の実施。
2014（平成26）	県主催事業「グローバルキャンプ埼玉」の実施。

26　埼玉県ホームページ「知事の部屋」（掲載日：2017年9月6日）に掲載。

「ヒト」「モノ」「カネ」といった不安が浮かんできた。しかし、本学が手を挙げた場合、実施は 1 年も先のことと考え直し、前者への協力に意識を向けた。しかし、早くも次年度予算作成を迎えた同年秋、後段で述べる思わぬ大きな壁に直面することになった。

3.1.　埼玉県主催「グローバルキャンプ埼玉」への協力

　2014（平成26）年 3 月25日、グローバル人材育成センター埼玉運営協議会第 2 回幹事会及び同年 4 月18日、同運営協議会総会において、矢嶋行雄埼玉県県民生活部国際課長が県主催「グローバルキャンプ埼玉」の趣旨及び主な内容について説明した。この内容は、直ちに本学も学生に向け情宣を行い、併せて同年 4 月28日開催の大東文化大学国際交流センター管理委員会で報告した。この時、内藤二郎副学長兼国際交流センター所長が会議資料に基づき、グローバル人材育成及び地域連携の観点から埼玉県との連携は強化する必要がある旨を伝え、グローバルキャンプ埼玉にも積極的に協力していく意志を述べた。

　この報告及び同年 7 月10日付け国際第261号本学太田政男学長宛て上田清司埼玉県知事発信による公文書に基づき、本学国際交流センター管理委員会委員の米山聖子外国語学部英語学科教授へ講師派遣も含めたキャンプへの協力を要請した。併せて、授業支援を目的としたチューター派遣も本学大学院外国語学研究科英語専攻の院生 3 人に候補を絞り協力を依頼した。この結果、学内手続きを経て、晴れて米山聖子英語学科教授（当時、准教授）、L. Mai Ra Kyang 外国語学研究科英語学専攻博士課程前期課程 2 年（ミャンマー）、Maharjan Ravi 同博士課程後期課程 3 年（ネパール）、Tandukar Santwona 同博士課程前期課程 2 年（ネパール）、以上 4 人の派遣が正式に決まった。特に、米山聖子英語学科教授、Maharjan Ravi 同博士課程後期課程 3 年、Tandukar Santwona 同博士課程前期課程 2 年の 3 人は、翌年度に開催する本学主催グローバルキャンプ埼玉も支援することになる。

3.2.　埼玉県主催「グローバルキャンプ埼玉」始まる

　2014（平成26）年度に埼玉県は記念すべき「グローバルキャンプ埼玉」を

以下のとおり実施した。初の開催ということもあるが、ゲストスピーカーの顔ぶれから、県国際課が同キャンプに掛ける並々ならぬ熱意が伝わってきた。構想、企画、予算、英語プログラムの策定、プログラム委託先の選定、ゲストスピーカーの選定と交渉、会場等、その過程において相当の時間と労力を要したことがうかがわれる。

- ◦日　　時：第 1 回／8 月19日（火）～ 8 月23日（土）
　　　　　　　第 2 回／8 月26日（火）～ 8 月30日（土）
- ◦場　　所：埼玉県県民活動総合センター
- ◦参加費：25,000円又は27,000円（ 4 泊 5 日13食付・保険料込・プログラム費無料）
- ◦資　　格：埼玉県内に在住、在学、在勤で、英語で日常会話が可能な大学生、高校生、社会人
- ◦ゲスト：第 1 回／8 月23日　鳥飼玖美子立教大学特任教授
　　　　　　　第 2 回／8 月30日　姜尚中聖学院大学学長

　県主催のグローバルキャンプ埼玉の目玉となる授業は、競争入札の末、ブリティッシュ・カウンシル（British Council[27]）が担当することになったという。ブリティッシュ・カウンシルは、英国の公的機関として高品質の英語教育を提供している。この事実から、企画に対する説明責任を果たし、質の保証を行うべく、用意周到に準備されたプログラムであることが想像できた。

　筆者は、キャンプ視察を目的に、県主催第 2 回キャンプの最終日 8 月30日に県民活動センターへ行った。会場では県職員と米山聖子英語学科教授がノートパソコンに向かっていた。授業開始前の教室にも案内してもらった。教室には準備のためにノートパソコンに向かう受講生がいた。さらに講師控室も案内していただき、講師陣といくつか情報を交換することができた。外

27　英国（イギリス）の公的な国際文化交流機関（非営利組織）。英国ロンドンに本部を置き、世界100以上の国と地域で活動している。日本では1953年に創立し、英会話スクール、IELTS（アイエルツ）の共同運営、英語教育支援、高等教育の国際連携、英国留学、アートなどの活動を通じて、日英の文化の架け橋を担う。

国人講師との挨拶と握手から、講師陣の自信に満ち溢れた語らいと間合いを肌で感じた。その講師陣は、CELTA[28]もしくはDELTA[29]等の国際英語教授資格を持ち、日本及び世界各国で最低２年（平均10年以上）の教育経験を有している。ブリティッシュ・カウンシルの厳しい講師選考基準を経た講師は、笑い溢れる楽しい雰囲気のクラスルームを演出し、受講生が間違いを怖がらずにコミュニケーションを取ることができるようにレッスンを作り上げていた。その日の午前は実際に授業に参加し、授業の様子を視察した。また本学院生が授業に協力する姿も見ることができた。本学大学院生のTandukar Santwonaさんは母国ネパールと日本の神社仏閣の違いを英語で説明する等、講師と参加者を結ぶ潤滑油のような存在になっていた。午後は、３クラスから選ばれた各３人計９人がプレゼンテーションを披露した。それぞれ身近なテーマを取り上げ、堂々と発表していた。この発表者の中に、本学の大学院生も含まれていた。研究のかたわら自己研鑽を兼ね参加を決めたという。将来は地元に戻り中学又は高校の英語教師を目指している。きっと自信にもなり、かつ貴重な体験になったと思う。このプレゼンテーションの後、ゲストの姜尚中聖学院大学学長[30]から参加者に向けスピーチがあった。姜尚中学長自身の生い立ちから学究の徒に至るまでの道のりを感情豊かに英語で語った姿を今でも覚えている。スピーチとは第二言語話者であっても、内容と思いが誠実に言葉として再現された時、人に感動を与える力になることを体験的に理解した瞬間だった。

　全てのプログラムが終了し、県職員や米山聖子英語学科教授と共に会場の後片付けを行った。備品や消耗品等を仕舞いながら、来年は大東文化大学が同じことをしているかもしれないと覚悟を決めた。しかし、その時、どれだけ多くのハードルを超えなくてはならないか知る由もなかった。

28　CELTA: Certificate in English Language Teaching to Adults（ケンブリッジ大学英語検定機構が授与する英語教授に関する国際資格）。

29　DELTA: Diploma in English Language Teaching to Adults（ケンブリッジ大学英語検定機構が授与する英語教授に関する国際資格で、大学院修士号と同等資格として認定）。

30　表記はカン・サンジュン、강 상중、Kang Sang-jung。1950（昭和25）年８月12日生まれ。熊本県熊本市出身の政治学者。東京大学名誉教授・熊本県立劇場館長。専門は政治学・政治思想史。

4. 大東文化大学主催「グローバルキャンプ埼玉」への道のり

4.1. 予算編成

　暦は秋を迎え、次年度予算編成の時期に入った。県国際課から必要な助言を貰い、本学主催グローバルキャンプ埼玉に向けた予算編成を行った。この段階で、どの程度の規模で開催するのか詳細な計画が必要になった。計画なしに必要な予算を算出することはほぼ不可能に近い。ゼロベースからスタートになるため、全て一から作成しなければならなかった。部署の運営管理を統括する立場でありながら、担当者レベルの作業を同時に行うため、大きな負荷になった。作業負担もさることながら、新規事業になるため、どうしても予算内示額を超える結果となってしまった。そして、迎えた予算聴取では見事に財務部から一蹴されてしまった。これを認めてもらい、どう乗り越えるか、当時、何度も財務部へ相談した。まさに敵の懐に入る思いだった。

　財務部へ提示した材料は二つ。埼玉県との連携事業になること、採択された場合、上限200万円の助成金が出ること、以上二つの内容を丁寧に説明したところ、条件付きで予算が認められた。その条件とは、次年度予算には組み込まず、県から承認が下りた段階で、予備費（補正予算の意）を申請するという方法だった。手間が増える方法であるが、実施に漕ぎ着けることを考えた場合、これも一つのハードルと考え直した。

　翌2015（平成27）年3月、部署恒例の次年度業務の方針や運営に関する協議を行った。この場で、部署のメンバーからグローバルキャンプ埼玉に協力できない旨の発言があった。理由は、人事異動により人が減っていること、新規事業は新たな業務負担になること、これが主な理由だった。国際交流センター管理委員会で承認を得ている新規事業とはいえ、無理を通しては部署内の体制や雰囲気が崩れかねないと判断し、筆者一人で担当する覚悟を決めた。しかし、どうしても細かな作業が出てくるので、その時は援助が欲しい旨をお願いした。この決定により、大きな負担を新たに抱えたことになった。立場上、部署全体の統括を担い、前任者の英語スピーチコンテスト

（大東文化大学主催、埼玉県後援）を引き継いでいた上に、さらにグローバルキャンプ埼玉が加わってきた。この英語スピーチコンテスト[31]は、これまでの運営を見直し、会場を変え、新たな仕組みで実施することが決まっていた。よって、英語スピーチコンテストがチャレンジングな業務になることがわかっていたが、グローバルキャンプ埼玉が加わり二つのハードルが待ち構えることになった。

4.2.　県国際課へ申請

　2015（平成27）年3月25日午前9時過ぎ、秋山敦埼玉県県民生活部国際課主幹から4月1日に異動する旨のメールが届いた。秋山敦主幹は県が推進するグローバル人材育成事業の下、県催キャンプを開催し、本学主催キャンプの実施に向け、多くの助言を与えてくれた実務者である。まさに青天の霹靂だった。その秋山敦主幹から同日午前11時、4月9日が申請期限となる「平成27年度グローバルキャンプ埼玉（大学開催）募集要項」が届いた。4月9日迄に、企画案、日程、授業、シラバス、講師、ティーチングアシスタント、予算等を策定し、県所定の申請様式を整えた上で、申請することが義務付けられた。もう感傷に浸っている時間は無かった。これが秋山敦主幹から届いたエールと考え、以下の作業にかかった。

- 財務部をはじめとする関連部署（総務部・学務部・東松山教務事務室・東松山管理課など）への事前告知及び説明
- 募集要項の熟読及び県所定の申請様式の理解
- 本学主催キャンプに関する企画案（日程、授業、シラバス、講師、ティーチングアシスタント、予算等）の策定
- 企画案作成後、稟議書の作成及び稟議開始
- 県申請に向けた申請様式の作成

　迎えた申請期限の4月9日、申請書一式が整い、同日午後、県国際課へ直

31　2000（平成12）年、国際関係学部が始めた英語スピーチコンテストは、2003（平成15）年に国際交流センターに移管され、2019（令和元）年に第20回を迎えた。

接持参した。ここで秋山敦主幹の後任となる安部里佳県国際課主幹に会うことができた。この場で、県主催キャンプを担当した小山直紀県国際課主査も加わり、大学開催に向け対面で情報交換することができた。これを機にお互いの情報交換がスムーズに進んだと感じている。

　申請が終わり、ひと息つく間もなく、広報、参加者募集が待ち構えていた。幸いにも小山直紀県国際課主査が県主催キャンプのちらし及び県広報紙『彩の国だより（５月号）』に本学主催キャンプを加えてくれた。この県による広報の効果は計り知れないと感じた。その一方で、本学は、特に外国語教育に注力していると考えられる県内の高等学校30校へ向け県作成のちらしを発送した。さらに、本学が加盟する特定非営利活動法人JAFSA（国際教育交流協議会）[32]のメーリングリストも利用し、本学主催のキャンプを案内した。この結果、本学開催には38人（高校生23名、大学生11名、社会人一般４名）が集まった。

4.3.　グローバルキャンプ埼玉事業助成金交付の決定

　申請後から１週間後、早くも県国際課から「平成27年度グローバルキャンプ埼玉事業助成金交付決定通知書」[33]が届いた。県国際課の迅速な処理に感謝するとともに、これで完全に後戻りはできないことになった。この決定に基づき、キャンプの基盤となる予算確保の作業に移った。同事業助成金交付の申請時の稟議決裁に基づき、予定どおり６月１日にキャンプに係る必要経費について財務部へ予備費申請（補正予算）を行った。これは瀬踏みしながら進めてきたこともあり、６月５日に財務部から承認の回答が届いた。この結果、キャンプ実施に向け基盤が整い、あらゆる準備に向け青信号が点灯した。

　この予算確保を始めとするキャンプの基盤作りを進めていた頃、思わぬ

32　1968年に設立され2003年に法人格を取得した特定非営利活動法人（NPO）。300以上の大学・教育機関・企業を会員団体とした、国際教育交流分野では日本唯一の最大のネットワーク組織。日本の大学のグローバル化の促進、人材育成、海外とのネットワーキングなどの支援及び活動を展開する。

33　平成27年4月16日付け国際第52-1号本学太田政男学長宛て上田清司埼玉県知事発信による公文書。

ハードルに遭遇した。5月12日、英語プログラムの要と考えていたブリティッシュ・カウンシルから婉曲的な断りのメールが届いた。前年の秋、とてもいい感触で交渉を終えていただけに戸惑いが大きかった。ブリティッシュ・カウンシルによれば、県主催のキャンプに注力するため、本学主催キャンプへの支援が不可能との理由だった。同日、ブリティッシュ・カウンシルとの再交渉は困難と判断し、本学のTOEFL®準備講座を担当した株式会社アルクの野尻博昭文教マーケティング部係長（当時、株式会社アルク教育社[34]）へ電話で相談した。電話による大まかな説明にも関わらず、野尻博昭係長から、「是非、お受けしたいと存じます」と鄭重かつ心強い言葉を頂戴した。これは必ず成功すると直感した瞬間でもあった。この電話が、県国際課、株式会社アルク、大東文化大学という産学官の連携を生み、キャンプの成功、そして2016（平成28）年6月、株式会社アルク主催「大学のグローバル化情報交換セミナー」における事例紹介[35]へと繋がっていった。さらに、この発表が本書の執筆[36]に至るとは夢にも思わなかった。縁とは不思議な力があるとつくづく感じている。

4.4.　グローバルキャンプ埼玉のプログラム作り

2015（平成27）年5月下旬、県国際課に提出した授業シラバスに沿って、授業プログラムの作成に入った。プログラム全体の特徴としては、以下の7つを挙げることができる。

4.4.1.　「英語プレゼンテーション技術」をテーマに

授業やビジネスで英語による発信力や表現力が求められる機会が増えている。したがって、疑似留学体験をコンセプトとしたキャンプの構成は、英語

34　株式会社アルク教育社は、2017（平成29）年2月1日付で親会社の株式会社アルクと合併し、新たに株式会社アルクとしてスタートした。

35　2016（平成28）年6月4日（土）、大学のグローバル化情報交換セミナー（ベルサール九段）において、筆者が「Daito Global―アジアに軸足を置いたグローバル人材育成」と題し、グローバルキャンプ埼玉を中心に事例紹介を行った。

36　櫻井勇介東京大学総合文化研究科特任講師（当時・現お茶の水女子大学講師）が脚注35のセミナーに出席していたことから、2017（平成29）年9月、本書執筆の依頼が筆者に届いた。

表現力、論理的思考力、そしてプレゼンテーション能力の向上に取り組むことにより、発信力や就業力の育成、参加者の親睦や交流を図ることを目的とした。この運営は、学校教育支援で培った豊富なノウハウを持つ株式会社アルクへ委託し、講師陣は同社派遣の専門性の高いネイティブ講師3人とした。テキストは同社が開発した『Effective Presentations』を使用し、レベル別による3クラス制で実施することを決めた。英語力の診断には、参加者にアルクが開発したTSSTテスト[37]の受験を義務付けた。この結果に基づき、参加者を3クラスに分け、レベル別によるきめ細かな授業を可能とした。

4.4.2.　英語プレゼンテーション技術の成果として発表へ

5日のキャンプ最終日の午前、クラスごとに参加者全員が英語プレゼンテーションを行い、さらに午後、教室を大教室へ移し、各クラス代表3人計9人による発表をすることにした。クラス代表3人は、参加者の互選により決めることとした。クラス代表の区分は、「Best Effort」「Most Improved」「Best Presentation」の三つとし、「Best Effort」「Most Improved」の二つは、必ずしも優れた発表を選ぶことを目的にしているわけではないが、「Best Presentation」に選ばれた発表は文字どおりクラスの代表ということになる。一般的に、クラス代表と言えば、トップ3人と考えるのが自然であるが、このキャンプでは従来の考え方から離れ、参加者の誰もが代表になれる可能性を残した。これにより、最後まで学習意欲を維持するような仕掛けも加えた。

4.4.3.　本学ネイティブ専任教員による授業の提供

大学主催という観点から、大東文化大学が持つ知的財産をキャンプで披露できないかと着想した。そのために、本学ネイティブ専任教員から各専門領域について英語で授業を行ってもらうことを決め、各教員へ打診した結果、3人の専任教員から応諾が得られた。以下の担当者と授業概要を紹介する。

37　電話で受験できる英語のスピーキングテスト。英語に関する知識を問うペーパーテストとは異なり、英語の運用能力を測るテスト。英単語、英文法、発音など、英語に関する知識を「その時、その場」で組み合わせ、話を創造する力を測定する。受験者に英語で考え、発信を求める課題を出し、国際社会において必要とされている英語の運用能力がどれだけあるかを評価する。

◦George Wallace／大東文化大学文学部英米文学科教授／英国児童文学

　　世界中の多くの国の人々がアリスやピーターラビットの登場人物について知っている。しかし、その中でどれほどの人が大人になってからその作品を読んだことがあるだろうか。本授業ではルイス・キャロルやビアトリクス・ポターのいくつかの作品を新しい視点から紹介する。

◦Jeffrey Johnson／大東文化大学外国語学部英語学科教授／比較文化

　　本授業では、日本の詩が世界の詩に与えた影響、それらの初期の接触によって見られた影響のありようと特に西洋諸国で日本の詩がどのように「発見」されていたのか紹介する。

◦Gabriel Lee／大東文化大学外国語学部英語学科准教授／第二言語習得

　　本授業では我々の信念や価値観というものがどのようにコミュニケーションのスタイルを形作るかに注目する。具体的には文化というものを国家（例えば、日米間）や性差（例えば、男女間）の視点から見ていく。そして、文化が、私たちを取り巻く世界がより現代的なものになるにしたがってどのように変貌を遂げ得るのかを見ていく。

4.4.4.　同時通訳技術を活用した英語学習法

　これは本キャンプの隠し玉として用意した授業である。語学の究極、神技とも形容される同時通訳の世界で活躍してきた近藤正臣大東文化大学名誉教授[38]を迎えての特別講義を用意した。近藤正臣名誉教授は、筆者の元上司（本学国際交流センター所長2期4年）だった縁もあり、退職後にも関わらず相談した結果、近藤正臣名誉教授から快諾を得られた。その後、近藤正臣名誉教授から届いた授業概要は普遍的かつ示唆に富んだ内容になっていた。このシラバスの意図を素直に理解し、真摯に英語学習に臨む者、つまりキャンプ

38　国際基督教大学行政大学院修了、行政学修士。同大学学部在籍時、米国国務省Escort Interpreterとして通訳を始める。日本通訳翻訳学会（旧名：日本通訳学会）初代会長。元大東文化大学経済学部教授。同学部で開発経済論、大学院経済学研究科で会議通訳コースを担当。AIICシニアメンバー。ILO総会、PTTI元会長山岸章氏付き、日米議員委員会など多様な通訳経験をもつ。主な論文・著書・翻訳書に"Japanese Interpreters in Their Socio-Cultural Context"、"Cassette Effect in Translation Words in Japanese"、「オーストラリアの多文化主義とアジア化」、『開発と自立の経済学』、Hisao Otsuka, The Spirit of Capitalism、E.A.リグリー『エネルギーと産業革命』などがある。

参加者にとって、絶大かつ計り知れない効果を生むはずと確信した。

　◦近藤正臣／元大東文化大学経済学部社会経済学科教授／開発経済、同時
　通訳論

　　世間ではコミュニケーションのための英語、オーラルコミュニケーション、英会話などが強調され、そのため、「日本人英語でよい」「Japlishのどこが悪い？」「文法だ、文法だと言うから英語が話せないのだ」といった風潮がある。しかし、日本語と英語は構造上、とてつもない大きな隔たりがある。英語の構造を理解しない限り、Broken Englishあるいは Baby English の域を超えず、公式の場では到底渡り合えない。品位を備えた英語の基礎を理解し、その第一歩を踏み出して欲しい。

4.4.5.　英語フォローアップコーナーによる英語支援

　キャンプの夕食後の自習時間帯（主に発表に備える時間）に英語フォローアップコーナーを設置した。その趣旨は、英語学習の支援を目的として、参加者が気軽に質問や相談に応じることができ、かつ情報交換や交流の場と考えた。このコーナーは、県主催グローバルキャンプ埼玉にも尽力した米山聖子英語学科教授[39]が担当した。利用は参加者の自由意志としたが、連日、閉館の午後9時迄、多くの参加者が熱心に机に向かった。相談内容も、発表、TOEFE®＆TOEIC®対策、海外留学、将来のことなど多岐にわたった。このコーナーは、4泊5日の英語キャンプを乗り切る上で、モチベーション維持やメンタルサポートの側面も期待し、企画した。

4.4.6.　スペシャルゲストによる講演

　実はキャンプ開催のおよそ半年前の2014（平成26）年1月下旬、イー・エフ・エデュケーション・ファースト・ジャパン株式会社（EF Education First）主催「英語教育シンポジウム」[40]に出席した。最先端の動きを知ることも目的としたが、「日本人に英語は必要か」といった副題に興味を覚え、出席した。パネリストの中に、出口汪広島女学院大学客員教授が座っていた。むしろ、

39　獨協大学大学院外国語学研究科〔修士課程〕修了。オハイオ州立大学大学院言語学科〔博士課程〕修了。言語学博士。専門は音声・音韻論・心理言語学。日本語母語話者がどのように日本語や英語を理解しているか、実験的手法により研究を行う。

入試現代文カリスマ講師と記載したほうがわかりやすいかもしれない。このシンポジウムの中で、出口汪氏は「外国語を学習する上で、母語による論理的な展開や理解は切り離すことができないはず」と述べていた。流行語で形容するならば、「外国語の前に、日本語でしょう」ということだろうか。このシンポジウムをヒントに、本キャンプの特別講演を出口汪氏へ依頼したところ、快諾を得ることができた。どの参加者も英語学習に対し意識が高いことから、むしろ意外な角度から英語学習を考えることも刺激になるのではと考え企画した。

4.4.7.　ティーチングアシスタント及びインターンシップ学生による支援

ティーチングアシスタントは県主催キャンプに参加した本学外国語学研究科英語学専攻博士課程後期課程のMaharjan Ravi と同博士課程前期課程のTandukar Santwona へ依頼した。新メンバーとして、同専攻博士課程前期課程 Suraj Shrestha（ネパール）を加え、3人体制で各教室の授業支援を依頼した。クラス内の授業支援を主な任務とし、教室内外で参加者を支援した。

一方、米山聖子英語学科教授の提案により、主に外国語学部英語学科からインターンシップ学生として外国語学部英語学科3年香川拓朗、同学科2年北河祐輔、同学科2年池田七彩の3人を迎えた。この3人には主に事務作業を始め教室の諸準備や諸連絡を担当してもらった。キャンプ中、3人はキャンプの授業を受講すると同時に伝令役も担った。キャンプ終了後、香川拓朗は交換留学生としてウエスト・フロリダ大学(米国フロリダ州ペンサコーラ)へ、その1年後、北河祐輔も交換留学生としてクアラルンプール大学（マレーシア）へ留学した。池田七彩はこのインターンシップ活動を学科の単位として申請した。参加者だけに留まらず、インターンシップ学生に対する副

40　2014（平成26）年1月29日、EF Education First Japan株式会社が行った英語能力指数（EF EPI）のリリース記念イベント。パネリストは、有賀理・文部科学省高等教育局高等教育企画課国際企画室長、板津木綿子・東京大学総合文化研究科准教授、芹沢真五・東洋大学国際地域学部教授、出口汪・入試現代文カリスマ講師など多彩な顔ぶれだった。EF Education Firstは、1965年、スウェーデンで、Bertil Hultによって創立された私立の語学学校。語学学校としては世界最大級である。語学留学をはじめ文化交流や外国語による専門分野での教育を推進している。

次的効果も見逃すことができない。

4.5.　大学主催グローバルキャンプの開催

　6か月の準備を経て、2015（平成27）年7月31日（金）、キャンプ当日を迎えた。その日、県グローバル人材育成担当の安部里佳県国際課主幹が視察を兼ね、終日帯同した。参加者全員の集合を確認し、オリエンテーションへ移った。内藤二郎副学長兼国際交流センター所長の英語による挨拶、自己紹介、諸連絡、キャンパスツアー、Wi-Fi設定、アイスブレイキング、アルク講師陣紹介と進み、あっという間に午前の部が終了した。ここで本学主催のキャンプの概要をまとめておく。

- ○日　　時：7月31日（金）〜8月4日（火）
- ○場　　所：大東文化大学　東松山キャンパス　2号館（教室）・M-Lodge（宿泊）
- ○参加費：25,000円（4泊5日3食・懇親会・保険料込・プログラム費無料）
- ○資　　格：埼玉県内に在住、在学、在勤で、英語で日常会話が可能な大学生、高校生、社会人
- ○ゲスト：出口汪広島女学院大学客員教授／入試現代文カリスマ講師

　午後の部は、株式会社アルクの講師陣による授業がスタートした。そして、夕方には近藤正臣名誉教授による授業、夕食を挟んで、米山聖子英語学科教授による英語フォローアップコーナーと進み、キャンプ1日目を終えた。懇親会を含め食事は、3号館食堂を担当する株式会社アイビー・シー・エス（IVYCS）へ依頼した。食事はキャンプを乗り切る体力維持を目的に、質・量共に十分なものになるように打ち合わせを重ねて設定した。宿泊は2014（平成26）年竣工の東松山キャンパス宿泊研修施設（通称、M-Lodge）を利用した。高校生、大学生ごとに部屋割りを行い、社会人には個室を用意した。新築の匂いを残す清潔感ある室内はどの参加者からも好評を得ることができた。

　翌日は、本学ネイティブ専任講師による授業も加わり、本格的な英語漬け

キャンプに入った。そのトップバッターは、George Wallace 大東文化大学文学部英米文学科教授である。『ピーターラビットのおはなし[41]』『不思議な国のアリス』など英国児童文学を専門とし、授業も参加者の興味や関心を引くように準備されていた。各教室ではGeorge Wallace 英米文学科教授を囲むように欧米スタイルの授業が行われ、インタラクティブな授業が展開していた。まさに、疑似留学体験を感じる一コマだった。

　キャンプの中日には、英語フォローアップコーナーで真剣にノートパソコンに向かう参加者が増えてきた。この間、全てのプログラムも順調に進行し、小山直紀県国際課主査が1泊2日でキャンプを視察した。さらに最終日には、土居なつみ県国際課主事が視察に訪れ、参加者が英語プレゼンテーションに臨んだ。午前は各クラスで発表を行い、午後は、出口汪広島女学院大学客員教授の講演、各クラス代表3人の発表、近藤正臣名誉教授による講評、そして懇親会へと流れた。

　発表は圧巻だった。4泊5日という超短期間の中でよく準備してきたと感心した。そして、発表も授業で教わった手法を織り交ぜ、効果的なプレゼンテーションを披露していた。共通していたことは、定型の自己紹介、疑問形で興味関心を引き、話題を展開し、自分の考えをまとめていく。そして、聴衆者へ提案するといったパターンである。発表のツボを理解し、実践している姿に感動すら覚えた。いずれ大学や社会に進んだ際、必要となる技術である。これに終わることなく、今後にぜひ生かして欲しいと願った。

　最後に、このキャンプは、高校生から社会人まで多様な参加者で構成されている。ネイティブ講師による授業、参加者の発言や発表を通して、普段の教室とは次元を超えた緊張感と学びの刺激の連続だったと想像する。実際、終了後のアンケートでも参加者の9割の方々から高い満足度を得ている。さらに、本学の参加学生の半数以上の者が、キャンプ参加後、大東文化大学派遣留学生制度を利用し、海外留学を実現している。キャンプが留学を考える貴重な機会と動機付けになったと言える。さらに、高校生から英語検定2級に合格した、あるいは高校の短期英語研修に参加したといった声が寄せられ

41　大東文化大学ビアトリクス・ポター™資料館を参照。　http://www.daito.ac.jp/potter/

ている。これはキャンプが大きな刺激材にとなり、新たな挑戦を生んでいる好循環の一例と見て取れる。まさに県が目標としたグローバル人材育成がここに結実したと言えよう。

5.　おわりに

　2015（平成27）年8月4日、懇親会で参加者全員による拍手の中、終わりを迎えた。キャンプの1日は長く感じたが、あっという間の5日間だった。超短期の合宿研修であったが、多くの成果を得ることができた。『参加者のアンケート』からキャンプの効果を次の四つに集約した。

- ○産学官連携による県主導のグルーバル人材育成への貢献（地域貢献）
　埼玉県、大東文化大学、株式会社アルクとの共同事業により英語キャンプを開催し、県が目標に掲げるグローバル人材育成の一端を担う。
- ○英語漬けキャンプの意義と効果の可能性（学習効果）
　短期集中の英語学習とキャンプ後に現れる副次効果（英検やTOEIC®の受験、海外語学研修の参加、海外留学の実現など）を認める。
- ○世代を超えた多様な集まりの中での意欲向上と切磋琢磨（共生型共同学習）
　多様な参加者との交流を通して、新たな学習意欲と刺激のある学びの環境を創出する。
- ○大学の魅力作り（大学ブランディング化）
　英語キャンプの実践により、大東文化大学の新たな役割や使命を生み出していく。

　その後、本キャンプは継続し、2017（平成29）年8月には、最終日に門脇廣文学長を迎え、第3回グローバルキャンプ埼玉を実施した。このキャンプでは初めて中学生にも門を開いた。さらに翌2018（平成30）年8月の第4回グローバルキャンプ埼玉[42]では意欲的な中学生6名を迎えた。社会人、大学生、高校生、中学生が切磋琢磨する姿から、本キャンプが産学官連携によ

る成果であること、多様な学びの実践活動であること、学習意欲や留学機運の醸成など多くの波及効果を備えていることを改めて実感した。

　2018（平成30）年6月15日、日本政府は「経済財政運営と改革の基本方針」（骨太の方針）や「まち・ひと・しごと創成基本方針」等の政策展開を示す「政府4計画」を閣議決定した。さらに政府は同日、海外留学する高校生、大学生の大幅増などの目標を盛り込んだ「第3期教育振興基本計画」を閣議決定した。同基本計画は、今後5年間で国が取り組む教育政策の目標を定めたものである。同計画では、海外で活躍する人材育成の必要性を強調し、海外留学する日本人高校生を約3万6000人から6万人に増やし、海外大学などへの日本人留学生を約5万5000人から12万人へと倍増させる。併せて、高校生が身に付ける英語力の目標として「卒業段階で5割以上の生徒がCEFRのA2レベル（英検準2〜2級）相当以上を達成」と設定した。政府の目標に対し、大学はどうとらえ、どう貢献していくか、大学の建学の精神や教育理念に照らし、真摯に取り組まなくてはならない。

　大東文化大学は、その建学の精神や教育の理念に示すとおり、「日本や東洋の伝統文化を学び、伝統的なモラルを身に付けた上で、新しい文化を創り出し、国際社会に貢献する」ことを使命に、「未来を切り拓く視野と教養を修得し、社会に貢献するグローバル人材の育成」に取り組んでいる。その実践例として、多様で柔軟なプログラムとなった「グローバルキャンプ埼玉」は先駆的な取り組みとなり、産官学連携の下、多様な学習効果と新たな価値を生んだ。このノウハウを基盤に、新たなプログラムを開発し、多様な文化や価値観の出会いから未来を切り拓く視野と教養を修得した人材を育成し、微力ながら地域・日本・アジアそして世界の発展に貢献したいと考えている。

42　第4回キャンプでは、株式会社アルクによる「Effective Presentations」（13回／90分）を中心に授業を構成し、岡本信広国際交流センター所長（国際関係学科教授）による「英語力向上の秘訣」（1回）、静哲人英語学科教授による「英語音声の質の向上」（4回）及び「英語ブラッシュアップ」（4回）、George Wallace英米文学科教授による「英米児童文学」（1回）、James McCrostie経営学科教授による「アメリカとカナダの類似と相違」（1回）、Ronald Stewart社会学科教授による「アニメと翻訳事例」（1回）など多様な講座を用意した。なお、同キャンプ終了後、埼玉県へ事業報告を行い、一定の成果を達成したと判断し、同キャンプをもって英語キャンプ事業を終了する旨を伝えた。

●参加学生の声

大東文化大学主催グローバルキャンプ埼玉に参加して

大東文化大学　**今野豪哉**（2017年2月参加）

　国内で留学疑似体験——という案内に興味を持ち、時間や経費で制約があることから、迷うことなく英語キャンプに応募しました。しかし、日頃、英語学習に取り組んでいなかったことから、キャンプ中、知らない単語が多く、自身の語彙力のなさを後悔することになりました。つまり、英単語を多く知ることが、英語力のあらゆる基礎になると痛感しました。これを知ることができただけでも何よりの成果でした。

　授業では、効果的なプレゼンテーションのための資料収集、構成、話し方等を学びました。英語の運用力のみならず、一般的に役立つスキルが身に付いたと思います。また、クラスには高校生から社会人まで様々な年齢の人がいて、これまで知らなかった趣味、スポーツ等を知ることができ、多くの刺激を受けました。キャンプでは、ネイティブ講師やネイティブのティーチングアシスタントと積極的に交流し、文化や習慣の違いにより食べられる物、食べられない物があることを知り、自分の知識の狭さを痛感し、もっと多くのことを英語で尋ねたいと思うようになりました。キャンプは4泊5日と短い期間でしたが、参加者は海外留学に興味があり、英語を使う仕事に就きたい等の共通する話題が多く、同じ目的意識を持つ参加者と共に英語に集中できる環境がとても刺激になりました。

　キャンプでは、まさに英語漬けになり、同時に英語を使う難しさも知りました。授業では、ネイティブ講師の英語を聞き取ることができましたが、自分の考えを英語で伝えることには結び付きませんでした。そのため授業中も質問する場合、つい隣の参加者へ日本語で尋ねてしまいました。ランチタイムではネイティブ講師とフリートークの機会もあったのですが、つい相槌だけになってしまいました。絶好の機会でしたが、残念ながら考えていることや思いを英語で伝えることがで

きませんでした。この時、今まで勉強してきた英語は、テストで高得点を取ることが目的になっていました。本来、言葉や言語は人と人がコミュニケーションを取るための手段ですが、英語を通して人と人との交流が大切なのではないかという思いが強くなってきました。キャンプが終わった後、敢えて英語を使うという行為を取り入れていこうと決めました。しかし、普段の生活で英語を話す機会はほぼ皆無であることから、英語を使いこなせるようにならないと感じました。そのため、自分の身を英語圏に置きたい、留学したいという思いが強くなっていきました。自分が英語でどのくらい通じるのか、思い切って英語圏に行ってみようと決断しました。実際、留学ではありませんが、オーストラリアの友人へ会いに行きました。実際、海外へ行ってみると買物もまともにできないことを知り、強いショックを受けました。もっと勉強が必要だと痛感し、帰国後、真剣に英語に取り組む時間が増えていきました。

　実際に留学をするためには金銭的、時間的、精神的な制約や負担があります。私がキャンプに参加した理由は、冒頭で述べた日本国内で、短期間で、安価なプログラムだったからです。日本国内で英語漬けを体験できるキャンプは、計り知れない刺激を私に与えてくれました。私は、大学の授業でこのプログラムを知り、とにかくアクションを起こしました。実は将来、私は英語教員になりたいと考えています。私が出会った英語の先生の中にネイティブの英語アシスタントの英語を聞き取れない先生がいました。その時、なぜかショックを受けたことを今でも鮮明に覚えています。私が先生になった時、同じような場面で二度と同じようなショックを生徒に与えてはいけないと強く感じました。だからこそ英語を使えるようにしたいと考え、このプログラムに参加しました。

　キャンプ中、プレゼンテーションのスキル、パワーポイントの作成、スクリプトの工夫、聞き手を引き付ける話し方などを学び、最終日の発表では自信を持って発表することができました。実際のプレゼンテーションでは、準備した原稿に集中するあまり一方通行の発表になりがちです。しかし、聴衆を引き付ける問いかけ、質問や意見を求める時間を加えることができれば、より多くの考えを発信でき、出席者と共有することができます。さらに身振りや緩急を付けた話し方も必要になります。そうすることで、私たちは言葉をより豊かな表現を通して伝えることができます。

　最後に、社会のグローバル化が急速に進む中、このようなキャンプは貴重な機会だと実感しています。国内で短い期間で英語を学び、多様な参加者との交流を通して多様な価値観を共有することができました。日本語は日本の人口約1.3億人との間で通用しますが、英語は約17億人と交流が広がります。つまり、キャンプには英語を学ぶ価値やあらゆる可能性を見つけることができます。その多様な可能性を広げる第一歩としてキャンプはお勧めです。

大東文化大学文学部英米文学科（2019年3月卒業）
東京都の区立中学校英語科教諭（2019年4月採用）

第 V 部

現状の分析と将来のヒント

第 1 章

実践を俯瞰して考える

櫻井勇介

　ここからは第Ⅱ部〜第Ⅳ部の国内で実施する短期国際研修の報告から見えてくるものを整理し、第Ⅰ部で論じた大学教育の国際化の背景と教育関連理論に触れながら考察する。様々な関係者と連携しながらそれぞれの授業内容に合わせて、授業形態、つまり、集中講義か毎週行われる授業か、正課活動か非正課の活動か、滞在型か非滞在型かなどの特徴を考慮しつつ、より効果的な教育を目指し、学生の多様な学習意欲を満たす学びの機会を提供していくことが鍵となる。それぞれの担当者がどのようなことに配慮し、苦心しつつ研修を計画し、実践に繋げてきたのか俯瞰しようと思う。

1.　研修内容のバリエーション

　本書籍は国内での国際研修を網羅的に扱ったわけではないが、それぞれの研修がどのような位置づけとなるか整理することは、全体像を把握するうえで意味があると考える。参考として横田ら（2008）の報告では、2週間未満の受け入れプログラムの種類として以下の7項目を列挙している。

1.　日本語学習
2.　日本語教授法
3.　文化社会体験
4.　専門科目学習
5.　インターンシップ
6.　国際協力

7.　調査研究

　これを本書籍で扱った研修に当てはめて見ると、東京大学のオーストラリア国立大学との研修（第Ⅱ部第1章）は「4.専門科目学習」を中心に「1.日本語学習」を含むものになっており、国内学生にとっては日本文化を学ぶ機会になっていると解すれば、「3.文化社会体験」を含めることもできる。東京大学のプリンストン大学との研修（第Ⅱ部第2章）と北海道大学の研修（第Ⅲ部第1章）、そして、上智大学の2プログラム（第Ⅲ部第2・3章）はいずれも「4.専門科目学習」が主目的でありながらも、専門分野にとらわれないアカデミックな汎用スキルの育成も目指されており、特に北海道大学のものは英語による学術論文作成能力の向上にも注力し、上智大学の取り組みはフィールドワークスキルやディスカッションスキルの養成も重視している。埼玉医科大学の研修は、国内学生の参加するプログラムの全行程は10か月に及ぶが、そのうち海外から受け入れた学生が関連医療施設で1か月程度行う研修は「4.専門科目学習」に焦点が当てられている。そして、海外へ派遣予定の国内学生が受入れ学生とともに参加する数日間の宿泊型「セミナー」では、国内学生の英語運用力と外国語環境におけるスキルの向上に加え、彼らが研修後も主体的に専門に即した英語運用力を向上させていく意識を育てることが主目標として設定されている。報告者の種田によれば、このセミナーに参加する受入れ学生は、国内学生の英語学習を支援する役割を果たすということであり、日本の英語教育文化を体験する「3.文化社会体験」とも言えるかもしれない。大東文化大学の取り組みは国外からの受入れ学生はいないものの、国内の学生が英語運用力を向上させ、今後の能力開発に役立つヒントを得られるような機会を含む企画がされている。これら様々な研修の目的を表1のように一覧にする。

　本書で扱った国内の短期国際研修が、受入れ学生の教育に力点を置く横田の分類に当てはまらない部分があるのは自然なことであろう。重要なことは、これまでは受入れ学生向けだった国内の国際研修が、国内の学生をも教育の対象とするという萌芽的な側面を見ることができ、その内容が質的に多様化していることである。専門科目の学習はもちろんのこと、多くの学生が

表1　本書籍で扱った国際研修の主な目的

	受入れ学生		国内学生
東京大学 オーストラリア国立大学	4.専門科目学習 1.日本語学習		4.専門科目学習 受入れ学生の日本語学習支援 （3.文化社会体験）
東京大学 プリンストン大学	4.専門科目学習 アカデミックスキル		4.専門科目学習 アカデミックスキル
北海道大学	4.専門科目学習 アカデミックスキル		4.専門科目学習 アカデミックスキル
上智大学 SAIMS	4.専門科目学習 アカデミックスキル （交換留学生や外国籍正規学生 も多く参加）		4.専門科目学習 アカデミックスキル
上智大学 サービスラーニング	4.専門科目学習 アカデミックスキル		4.専門科目学習 アカデミックスキル
埼玉医科 大学	国内学生の派 遣前セミナー	国内学生の英語学習支援 （3.文化社会体験）	外国語（英語）学習
	受入れ学生の 診療科配属時	4.専門科目学習	4.専門科目学習
大東文化大学	国外からの受入れ学生はない が、埼玉県在住・在学・在勤の 者が参加可能		外国語（英語）学習

英語を外国語として教育活動に関与するため、英語による議論、チームワーク、文章作成などのアカデミックスキルの鍛錬が重要な位置を占めていることも比較的共通しており、これまでの国内での国際研修にはなかった傾向である。さらに、大東文化大学のように受入れ学生がいない研修であっても国際的な学びを実現できることや、様々な学生に対する教育的意義のため一つの研修が複合的な要素を備えていることは新しい教育形態を把握するうえで重要なことである。このようなこれまでの「受け入れプログラム」の理解に収まらない国内での国際研修はもっと注目が向けられるべきであろう。

　国内の国際研修は、第Ⅰ部で触れたように国内外の機関が取り組みを進める「国内の国際化」の文脈上にあるものとして考えられる。もちろんこの「国内の国際化」には、これまでの通常の授業の中で、特に留学生の異なる言語

や背景による多様性を最大限活用する教育機会も含まれる（例えば坂本ら（2017）による「共修授業」など）。坂本が国内の教育の国際化を進めるポイントとして指摘するように、本書で扱った研修は、大学そのものはもちろん近接地域のリソースを活用し教育デザインをすることで国内外双方の学生にとって有意義なものになるようにしている。東京大学の2例は富士山に関わるリソース（富士塚、横山大観記念館、山中湖村の大学宿泊施設など）や学生が興味を持つ東京そのものを教育リソースとして活用している。北海道大学と上智大学SAIMSは北海道を舞台とし、地域の音楽文化や自然環境を主な学びのテーマにしている。岩手県の釜石で展開された上智大学のフィールドワーク研修も地域の災害復興に奉仕することを通して学びにつなげていた。埼玉医科大学は関連医療機関から協力を得て教育機会を創出し、大東文化大学は様々な学外専門家の支援を得て研修が実施されている。どの研修もやはり自大学内だけでは完結していない。

　国内の国際研修が学内の国際化にもたらすいくつかの恩恵も報告されていた。東京大学のオーストラリア国立大学との研修は他のプログラム立ち上げに一役買い、北海道大学や大東文化大学の研修は国際的なプレゼンスの緩やかな高まりを実感している。埼玉医科大学では受入れ学生がEnglish Cafeで低学年の学生と接することで波及効果を生んだ。さらにこのような新たな教育方法の取り組みが、教員や職員の職能開発に資するとの報告も東京大学や上智大学の実践からなされている。

2.　研修前後の教育実践との連関

　本書で論じられた研修は、全て何らかの事前準備や他の教育活動と関連付けられている。短期の国際研修授業が単発の教育機会になることなく、内容的かつ熟達度的にも様々な教育機会と有意味につながらなければ、個人の効果的な成長に資する機会にはなりにくいと言われており（Beelen & Jones, 2015; 坂本ら2017）、その意味で、これまでの取り組みは肯定的に評価できる。短期の研修成果を最大化させるために事前事後の教育機会が重要であることは誰もが同意することであろうが（Hammer, 2012）、コーニグ（Koernig,

2007）が指摘するように、事前にどのような教育的な仕掛けを配置すべきかという問いについて解を与える理論的な枠組みはあまりなく、事前のトレーニングの機会を効果的に活かし切れていないという声も上がっている（Paige & Goode, 2009）。

　本書籍で扱った研修の中では、正規の特定の授業を履修の前提条件などに設定しているものはなかった。しかし、東京大学のオーストラリア国立大学との研修では、事前に国内学生の顔合わせを目的とする集まりが数回実施され、主にオーストラリアへの渡航に向けた現地についての事前調査課題の発表会が行われていた（この研修は双方向に訪問するプログラムである）が、それほど学術的な準備とはなっていない。他方、東京大学のプリンストン大学との研修では、事前に文献の読書会があり、北海道大学の場合は事前に文献を踏まえた「宿題集」をこなしたりすることが求められていた。上智大学のサービスラーニング研修の事前研修では、事務的な説明と2回の講義が行われ、SAIMSでは講義、東京近郊でのフィールドワーク、文献収集が行われており、こちらは学術的準備の色合いが強い。大東文化大学は英語力向上という目的を達成するための学生のレベル判定のために、電話で受験する英語のスピーキングテストが必須となっていた。

　一方、埼玉医科大学は、海外での研修に参加するための10か月にわたる国内プログラムの中に、滞在型セミナー、受入れ学生の診療科配属が含まれ、実際の渡航先での教育的活動に連関させる仕組みになっており、他の研修の事前準備にあたるものが、いわば大きなプログラムの構成要素をなす形になっている。このように、埼玉医科大学はやや特殊な例ではあるが、ほとんどの研修が国内での短期研修を有意義なものにしようと、程度の差はあるが何らかの事前準備となるものを課している。

　一方、研修後の教育実践との連関を見ていくと、研修前ほど具体的な例が見当たらない。東京大学、北海道大学、上智大学のサービスラーニングの研修ではレポートが課されているものの、他大学の研修では研修参加後に意図的な教育的取り組みが配置されているわけではないようである。ただし、これらの研修が長期の交換留学の呼び水となっていることは、東京大学、北海道大学、上智大学、大東文化大学の報告で指摘されており、先達が通った道

が自然と教育的な連関として浮かび上がっている。

　これらの他に、学生の国際的な学習経験を結びつける取り組み例として、報告文中の言及はないが、東京大学の「国際総合力認定制度」を挙げよう。この制度は、2018年度より開始され、学生が在学中の様々な国際交流活動で身に付いた国際的な資質をレポートとしてまとめ、学習ポートフォリオを蓄積し、承認を受けていくことによりその基礎力を大学が認定する制度である。国際研修経験を含めた自らの国際経験を学生が振り返り、どのような今後の学びへとつなげるか考えさせることを通して、主体的な学びを促す役割を果たすものである。教員側もこの制度を理解し、この制度を活用するよう学生に促していくことが重要である。日本では「ラーニングポートフォリオ」「Eポートフォリオ」などの名前で、国際経験に限らない学生の学習経験を振り返るツールの導入が進んでおり、今後の発展が期待される。国際的資質と言っても、学生の能力開発という視野の範囲内なのだから、包括的なポートフォリオの実践と独立してしまわないような発展の姿が理想的だ。

　しかしながら、筆者も何度か国内外で国際研修を実施してきたが、前後の教育活動との連関は一部の意欲的な学生は興味を持つかもしれないが、より多くの学生に効果的な機会を計画することは意外と容易ではない。ここでその難しさを共有したい。

　まず、事前課題について配慮すべきこととして、あまり負荷の高いものを課すと、履修登録をしたにもかかわらず研修前に履修を取りやめる学生がいることを挙げる。定期的に研修についての情報提供をメールなどで担当教員から受けていても、履修を取りやめることを教員に直接伝えない学生もいるため、人数分のバスや宿泊施設を確保したものの直前に履修をしないことがわかるというケースが生じる。キャンセル料はだれが負担するのかという問題にまで発展する。その時点では既に履修登録期間が過ぎているため、履修生を追加することは容易ではなく、たった一人の枠を埋めるための再公募もその労力を考えると二の足を踏む。単位の取得がかかる履修生とそうでない参加者が混在すると、それぞれの学生の参加態度や熱意の差など心配の種は尽きないため、単位を取得しない学生を後から追加するかも判断が難しい。

　また、単位化している国際研修の場合、本書籍の例のように研修内容に直

接関わる一定の事前課題やレポート提出を課すことは可能であるが、研修後やレポートの提出後に、ある程度の学生のコミットメントを求める課題や、ある期間学生を拘束する教育的な機会への参加を全履修生に課すことは、魅力的なインセンティブになるものがなければ非常に難しい。全ての課題を完了し、「授業」である研修が終わってから学生が必須のタスクに取り組む義務はないからである。さらに、滞在型の短期の国際研修は夏季、冬季の休業中に実施されることが多く、個別の授業が成績を与えてから学期を跨いで先学期から続く活動を要求することは学生の理解を得にくい。冬、特に3月に行うプログラムは年度が終わる前に成績評価を提出しなければならないため、教務課との連携が難しく、新年度に新入生に対する体験報告会を行うという事後の活動の実現が叶わなかった経験もある。上智大学のSAIMSプログラムの事例でも、学生の成績提出のタイミングを念頭にスケジュールを調整したという報告がされている。単位の切れ目が縁の切れ目なのである。

　他の事前活動の可能性として、国際研修に参加するためにある特定の授業の履修を指定しておくことがあり得る。この方法なら、事前に専門分野の理解を深めておくことができるし、研修で使用する言語で実施すれば外国語運用力の向上に資することもできる。この方法の難点は、十分な学生が集まれば有効だが、同じ時間に他の必修授業や魅力的な授業があると、想定数の学生が集められないことが起こるということである。その結果、安価な宿泊施設を確保するための早めの予約をしている場合、キャンセル料が発生するリスクなども頭に入れておかなければならない。国外から想定どおりの学生数を招待したのに、国内の学生が少なすぎてバランスが悪いという事態も生じる。結局、その事前実施授業を履修しなかった学生からも、追加公募をせざるを得ない。

　短期の研修での経験を大学の教育の方針に呼応するように学内の様々な活動と連関させ、基礎的なものからより高度なものへと配置できることが理想である。埼玉医科大学のように長期的なプログラムの一部として国内の国際研修が活用され、海外での研修へと繋げるのはその好例であるが、個々の教員ができることには限度がある。一方で、大学が学生のためにレールを敷かなくても、交換留学はもちろん、履修生の体験談で報告されたように学外の

国際的活動に参加する学生も存在する。学生が自らふさわしい機会に関与し、その経験を内省させる東京大学の全学的な取り組み「国際総合力認定制度」も始まったばかりであり、今後の展開が気になる。研修後に学生がそれぞれの興味や専門性を生かして、在学中にどう自分を磨いていくのか、その教育活動に対するアウトカムとなる学修成果を検証していく必要性が大学教育に関わる者に課せられている。育成する人材像はプログラムを開発する機関や部局により異なって当然であり（末松，2017）、異なる専門性を持つ学生が満足する機会をいかに提供するかという挑戦と並行し、学生自身が主体的に自己開発の場に関与していくように促すことが重要であり、かつ現実的である。

3.　学習成果の明確化のために

　国外での短期研修の成果をテーマとする研究は、北米のものを中心としており、数もまだ多くはなく、実際の研修で学習成果の測定にどのような評価方法が用いられているかはほとんどわかっていない。短期集中の授業で得られる特色のある学びの効果をどうやって評価するのかという悩みの種も指摘されている（Harvey, Power, & Wilson, 2017）。チエフォとグリフィス（Chieffo & Griffiths, 2004）は短期の海外研修にも学術性が求められるようになってきたと述べているが、2018年の現在それに見合う学習成果の評価がなされているのだろうか。学生の成果を評価することも教育活動であると考えると、伝統的な教室活動を中心とする授業と同じ方策でいいのか、どう評価するのかは教育実践における重要なテーマである。

　近年は、正課の授業として国際研修が開講されるようになってきた流れもあり、研究論文や文献が増える傾向は顕著になっていくであろう。このような傾向は、もちろん国外で実施される研修に限られることではない。近藤（2009）は短期の受入れ研修を設計する際に、その研修が学生にとってどのような価値を持ち、どのような能力を身に付けることができるのか明確にすることが重要であると指摘している。2008年の文部科学省中央教育審議会の「学士課程教育の構築に向けて（答申）」でも学生が主体的に学ぶ姿勢と態

度を涵養するため、海外での研修についてもその質を担保する努力を大学に求める旨が明記されており、学生がその研修で目指すゴールを達成しているか検証する努力が期待されている。学習成果の明確化が叫ばれる昨今、もはやこのような指摘は当たり前のことかもしれないが、日本で急速に広まりつつある国際研修についても、それができていると自信を持って言えるのか自らに問い直す時なのかもしれない。

　例えば学生の異文化間感受性の発達段階を評価するツールとして、第Ⅰ部第2章でまとめたベネット（2012）の「異文化感受性発達モデル」(Developmental Model of Intercultural Sensitivity）の理論に合わせて開発された「異文化感受性発達尺度」（Intercultural Development Inventory：以下IDI）という測定尺度がある。IDIは複数の記述文からなる調査票であり、国内外の研究で学生の異文化間感受性の程度を評価し、「見える化」し、教育の効果を検証するために用いられてきている。IDIを使って異文化間適応の程度を測定することで、海外研修で得る文化理解、交流で感じる不安感、多様な背景を持つ友人との関係構築、満足感をある程度推計できると言われている（Hammer, 2012）。

　日本での研究例として、坂田と福田（2008）は日本の大学から米国の語学研修に参加した大学生の異文化間適応能力をIDIを用いて測定している。その結果、参加者の主要な異文化経験の理解は「防衛」の段階が中心であり、さらに研修参加前後でほとんど変化が見られなかったと報告している。その研修では異文化間適応について理解を深めるような機会や、体系的な振り返りの機会は計画されていなかったことに一因があると考察している。彼らは、さらにインタビューを詳しく見ていくことで、履修生が「欧米＝優」とし「自国＝劣」の二項対立として理解している現象が起こっており、幅広い様々な文化差や相対的な文化の理解には至っていない例を紹介している。この事例は異文化間理解の開発の難しさを物語っており、国際的な場で学べば即座にすぐに理想的な異文化感受性が養われるわけではないことを示唆しており、学生の意識を高める重要性を強調するペイジとグード（Paige & Goode, 2009）と共鳴する。

　しかし、残念なのは、IDIの使用には必要となる測定票一式を購入したり、

研究チームによるトレーニングを受講する必要があったりして、その分野を
専門として研究する者でなければ手を出しづらいことである。IDIは日本で
も広く知られたものであるため、日本語翻訳試行版はいくつか公開されたも
のがあり（山本，2014；鈴木＆齊藤，2016）、参考にすることはできる。IDI
以外にもDeardorff（2009）が学生に対して使用できそうな測定票を紹介して
いるが、IDI同様に使用に際して有償のものが多いのが現実である。学生の
成長にとって意味のある評価実践を、担当教職員の限られたリソースの中で
いかにして実現できるかが問われることになる。この現状を考えると、現場
の教職員が現実的な負担で利用でき、かつ、信頼性の高いツールの開発が実
現していないということを研究者は心に刻む必要があるのかもしれない。

3.1.　評価の実際

　本書籍で紹介した取り組みは、大学の授業、正課外プログラム、海外渡航
のための準備活動としてそれぞれ異なる位置づけがされており、求められる
評価活動も一概には言いがたい。東京大学、北海道大学、上智大学（サービ
スラーニング）の場合は、学習内容に関するレポートの評価によって学生の
成果を測り、大東文化大学の場合は最終日のプレゼンテーションを通して参
加者の英語運用力の到達度を測っている。これらはいわゆる「パフォーマン
ス評価」にあたるもので、学生が何らかの課題や活動を遂行し、その様子や
成果物の出来具合を評価するもの（松下，2012）となっている。さらに言え
ば、これらのどの事例も、一定の教育活動の最後に学生の到達度を評価する
「総括的評価」になっている。一方で、埼玉医科大学の場合は、実施形態が
本書の他研修と比して特徴的なこともあり、やや趣を異にしている。短期間
の滞在型国内セミナーの間に、国内学生と受入れ学生に対して観察、アン
ケート、非公式の面接を通して評価を行っているという。さらに、これらの
短期セミナーが学生の渡航前英語力向上の機会としては不十分であることが
意識されており、それを補うために学生自身に自分の状況を把握させ、セミ
ナー以降にどう学習を進めていくか考えさせ、渡航までの道筋を描かせる機
会となるように企図されている。このような自己評価活動は海外研修の準備
として位置づけられるため、「総括的評価」とは異なり、学生が自身の状況

を把握するという「形成的評価」の役割を果たす。つまり、そこまでの自らの到達度や達成度の状況をチェックし、次の活動を効果的に行えるように役立てることが目指される。教員が行う観察や面接による評価は「パフォーマンス評価」に該当し、一方、学生が自身の学びや能力の状況を振り返り、自身の「リフレクション」を通して評価する機会は、学生が何ができるかを直接評価するわけではないため「間接評価」に分類される。このように埼玉医科大学の場合は異なるいくつかの教育的機会から学生が海外研修への道筋を描くことを支援する仕掛けを作り、その中で行われる評価が将来の学びにつながるような構成になっている。

3.2. 評価の可能性

　短期間の国際研修における学習成果の評価活動を支援する一つのツールとして、ルーブリックの使用が近年注目されている。ルーブリックとは、学びの中で到達すると期待されるパフォーマンスの質を評価するための枠組みである。末松（2017）も国内において「グローバル人材」の実体について共通認識がない中で各大学が明確な人材像を設定するためにルーブリックをその一方策として挙げている。

　ルーブリックの代表的なものは、Association of American Colleges and Universities（AAC & U）を中心に開発された、VALUE（Valid Assessment of Learning in Undergraduate Education）ルーブリックであろう（Rhodes, 2009）。16の領域について学びの成果を評価するルーブリックが開発されており、大学教育で馴染みのある「批判的志向」「文章表現」「情報リテラシー」といったものから、「市民参加」「統合的学習」といったものまで幅広い。全てウェブサイトからダウンロード可能であり、日本語版も公開されている。これらは特定の教育場面に縛られない抽象度の高い「メタ・ルーブリック」（松下, 2012）となっているため、実際の教育場面に合わせて手を加えることが一般的である。どのルーブリックも、国際研修の学習の目的に応じて活用が可能であるが、ここでは紙面の制限から「異文化知識・対応能力」に限って概説し、利用の可能性を模索したい。

　この「異文化知識・対応能力」のルーブリックは第Ⅰ部で言及したBennett

らの研究を参考に開発されており、「文化的自己認識」「文化的な世界観の枠組みに関する知識」「感情移入」「言語及び非言語コミュニケーション」「好奇心」「寛容性」の 6 側面を有する（Association of American Colleges and Universities, 2009）。ルーブリックに馴染みのある方は、すぐにどんなものかイメージできるだろうが、そうでない方のために簡単に説明したい。一般に、ルーブリックは測りたいと思う項目について、より熟達した段階からより低次な段階へ 3 ～ 5 段階程度で区分してあり、それぞれの段階の能力のレベルについて数文の記述文からなっている。VALUEルーブリックは全て4段階で区分してあり、例えば「異文化知識・対応能力」の「感情移入」の側面は、最も低次の「ベンチマーク」と呼ばれる「1」の段階から最高次の「4」まで、それぞれに次のように記述してある。

1. 他者の経験について考えることはするが、その際、自己の世界観を用いる。
2. 異文化視点の構成要素を識別できるが、どのような状況においても自己の世界観に基づいて対応する。
3. 二つ以上の世界観の理性的・感情的側面を認識しており、他者と関わる中で、時々二つ以上の世界観を用いる。
4. 異文化間経験を自己の世界観と、二つ以上の別の世界観の視点で解釈する。異なる文化集団に属する人々の気持ちを認識し、相手を支持するような行動を取ることができる。

　一読してわかるとおり、抽象度の高い記述になっている。いかにして使うかは教員の手腕と、抽象度の高い事柄を咀嚼できる学生の認知的理解度に依ることになる。実際、ルーブリックの解説書にも、この記述文は大学、専門によって異なる解釈が可能であると説明されており、使用する文脈に応じた改訂がなされることが織り込み済みである。したがって、このまま学生に提示し、他の学生や教員と共に考えるきっかけとするか、手を加えて具体性を高めたものを学生に提示するかも教員の判断による。また、VALUEルーブリックは、学生に成績を与えるためのツールだとは考えられておらず、評価

することを通して自ら考察することが目的であると明記されている。このため、ルーブリックは第Ⅰ部で触れた、経験学習の自己開発過程と非常に親和性が高いことになる。学生がルーブリックをもとに学習成果を評価し、より高次な異文化間感受性を醸成させるためにはどうふるまい、考えていくべきか内省することを促すツールになるのである。

　VALUEルーブリックは、ここで概説した「異文化知識・対応能力」以外にも、コミュニケーションスキルの向上を主に狙う研修なら「オーラルコミュニケーション」、グループワークを行う国際研修なら「チームワーク」、研究や調査を行うものなら「探求と分析」などが参考になるだろう。こういったツールを学生自身が学びを振り返る活動に取り入れ、研修でどんなパフォーマンスができるようになったのか自己評価させ総括的評価として活用したり、その成果を踏まえて将来の行動計画を意識させる形成的評価へと導いたりする一連の教育活動はまだ十分に開拓されていない。これからの実践の共有が期待される。

4.　担当教職員の職務と持続可能な運営体制

　それぞれの研修は異なる運営体制で実施されている。しかし、共通しているのは、一つの授業や研修に複数の教職員が運営や教育に関与しているということである。例えば、東京大学の2例は同じ部署に所属する教員2名を中心にして運営されており、うち1名が全体の青写真を描き、もう1名が実務を分担している。経理担当の職員1名が費用支出の書類を確認してくれるが、かなりの業務が特定の教員に課せられる。上智大学のSAIMSも教員2名を中心に運営されており、この体制に近いようだ。こういった準備業務は、同時に複数の手続きを同時に進めなければならないため、一つずつ順番にかたづくわけではない。学内外の関係者や学生からの連絡や書類提出を待たなければ手続きが進められないことが多く、思いのほか焦燥感にかられるものである。何よりもプロジェクト自体が1年単位の予算によって雇用されているため、実務担当教員も長きにわたってその国際研修に関わっていくことができない。実際、財政上の制限などにより、東京大学の一つのプログラ

ムは1年で幕を閉じてしまっている。

　一方、北海道大学の事例では、連携の見取り図に示されているとおり
URA（University Research Administrator）が様々な手続きを担っている。瀬
名波も報告しているように1名のURAが「授業体制の要」となっているこ
とは容易に想像できる。「体制」の節に記載されている業務内容はおおむね
東京大学の実例とも重複する。「教員・学生・事務の分離独立の連携体制」
と言及されていることからも、教員が教育に集中し、URAが各種事務手続
きに専念できていたことが報告から読み取れる。URAの働きぶりを瀬名波
は「他部局にとって垂涎の的」であったと述べているが、「他部局にとって」
のみならず「他大学にとっても」と言うのがふさわしいのではないかという
ほど、体制が整っている印象を受ける。

　大東文化大学の「グローバルキャンプ埼玉」をリードした島垣と上智大学
の「サービスラーニング・プログラム」をコーディネートした佐藤は、職員
の立場から国内での国際研修を運営する経緯を描いており興味深い。地域人
材の育成に貢献する大東文化大学として、地域政策に呼応したプログラムを
立ち上げ、埼玉県の担当者との折衝、予算の確保のための学内外の関係者と
の粘り強い交渉と書類作業、質の高い授業内容を提供するための信頼のでき
る教員や外部英語教育会社への協力の打診、広報活動やティーチングアシス
タントの確保、そしてそれぞれに関わる経理業務など、おそらく北海道大学
のURAに似た役割を島垣が担っていたのではないかと推測できる。上智大
学の佐藤も協力団体や教員との連絡調整、物品購入や経理処理など新しく生
まれた業務に尽力する様子が目に浮かぶ。いずれの場合も、報告を読む限
り、教員や協力団体、英語教育を担った会社が、それぞれの専門に立脚した
授業の展開に専念できていた様子が推測できる。そういった意味では、島垣
や佐藤の存在自体も「他大学にとって垂涎の的」であると言うべきなのだろ
う。島垣は大東文化大学の国際交流センターの事務長、佐藤は上智大学のグ
ローバル教育推進室の室長であり、この業務にのみ係りきりではいられな
い。相当の業務量であったのではないかと推察される。

　埼玉医科大学の事例は海外での4週間の留学を目指した様々な準備活動の
一環として、国内での3日間の滞在型国際研修が行われており、既に長きに

わたって安定的にプログラムが運営されている。基本的に英語運用力向上に特化した集中的な研修という位置づけに加え、3日間の非常に短いものであるから、一見すると他の研修に比べれば研修自体の運営業務はそれほど大きくないかもしれないが、その手配や調整を教員が年2回実施する負担、そして、受入れ学生のケアも含め10か月を通して派遣予定生を持続的にプログラムに関与させていかなければならない業務量と心的負担は相当なものだろう。4週間の海外留学のためにこれほどまで手厚いプログラムに参加している学生たちは、関わる教職員の努力へわずかでも思いを馳せてほしいと願わずにはいられない。

　これらの実例から考えさせられるのは、業務量の過多と安定的運営の難しさである。長く実施されることが初めから想定されているかという根本的な問いが前提としてあるが、長期的な財政基盤と複数教職員の協力体制がなければ、研修の立ち上げの労力ばかり大きく、短期で終わってしまう。教育の質向上、複数国間の相互関係による効率的な運営へとつながる業務のマニュアル化や人的資源の蓄積もされにくい。瀬名波が言うようにURAが研修運営の業務をマニュアル化して残すということは、長期的な安定的な運営のために非常に重要なことであろう。ただ、東京大学のANUとの国際研修の報告には、その研修を参考に同じような運営手法で他にもいくつか国内での研修が実施されるようになっているということであるから、安定的に雇用される教員が配置される他部署との連携がうまくいけば学内でその蓄積が活用される可能性はあると言えるだろう。いかに他部署の教職員を巻き込んで将来の共感者を獲得するかは、新しい教育実践の長期的な定着のために担当者が考えておくべき事柄の一つなのかもしれない。

5.　学生の体験談から読み取れること

　どの学生の体験談も研修の教育的な成功を裏付けるものとなっている。東京大学とANUとのプログラムについて言えば、日々同じ部屋で雑魚寝をする生活の中で、オーストラリアの学生が日本の学生生活の文化に戸惑う様子を目にすることを通して自分の慣れ親しんだ文化を意識し、密な生活の中で

英語によるコミュニケーションへの不安が氷解していくさまが窺い知れる。東京大学の二つの研修の受入れ学生2名も、学問内容による刺激もさることながら、日々の生活を共有した体験による相互の深い理解がとても有意義であったと報告している。特にANUから参加したリュウさんは大学院生ということもあり、学術的な興味への意識が高く、研修内容がその知的好奇心を十分に刺激するものであったことが文面から感じられ、この研修が国際通用性を持つものであったことが確認できる。同時に、第Ⅰ部で集中講義形式の授業の弱みとして触れた、学習内容の深部まで踏み込めないことがあるという懸念に重なるリュウさんの体験談が語られており、そう思わせないような授業の改善が課題として浮かび上がってきている。一方、プリンストン大学とのプログラムに参加した、唯一の日本生まれの参加者であった東京大学の鈴木さんは、事前準備の際に感じた自身の英語運用力についての不安、研修期間中に受入れ学生と行動する際に感じた一般の日本人からの訝しげな眼差し、自分らしさを表現しきれなかったという葛藤がありながらも、その研修で学んだ「都市」をテーマにする専攻を選ぶことになる。同様にプリンストン大学からの学生も、もともと日本に興味を少なからず持っていたが、東京を実際にその目で見ることによって、都市計画への意識の高まりと専門分野の選択へのインパクトを経験するに至っている。彼もまた東京大学の学生との交流を貴重な体験であったと指摘しており、東京大学のさらなる学生の参加を促すコメントで報告を締めくくっている。

　他の大学の研修に参加した学生の報告からも、貴重な体験が得られたことが伝わってくる。大東文化大学の英語運用力の向上を目指した研修に参加した今野さんは英語教員を志望し（本書出版時には既に教員として活躍している）、埼玉医科大学の国際的な医療人を育成するためのプログラムに参加した熊川さんは医師になっているとのことである。どちらの参加者からの報告にも、その機会から学んだことがその後の自己開発に少なからず影響を与えたことを窺わせる記述が頻出している。例えば、大東文化大学の研修に参加した今野さんは、実際に自分の英語運用力では現実のコミュニケーションが図れないこと、自分自身の英語学習への認識の甘さ、現在の環境では英語運用力を伸ばしていくことが難しいという理解、これらの現状の把握を通して

英語教員というキャリアに向け、次のステップを踏み出す意思を固めている。医師として現在働く熊川さんも、受入れ学生とともに行った国内での医療実習を通して英語によるコミュニケーションへの抵抗感が和らぎ、医師になるべく学ぶ他国の学生の専門的知識の深さに感銘を受けている。彼らの積極的に学ぼうとする姿勢に触れ合いながら、日本にいながらにして専門分野に関わるグローバルな視野を養うことができたようである。これらの学生の報告から、国内での集中的なグローバルな研修や受入れ学生との学びを通して国内学生の国際的視野を育てることが可能であることがわかる。そして、受入れ学生にも刺激的な体験を提供することが可能であることは、日本の大学教育の国際通用性を高めるうえで肯定的な材料となる。

6.　ティーチングアシスタントの役割と彼らの成長

　東京大学と大東文化大学の研修で重要な役割を担ったティーチングアシスタント（TA）は在学中の上級生から選ばれることが多い。つまり、彼らも学生でありTAへのトレーニングや成長の様子をモニタリングする重要性も各所で指摘されている。例えば、坂本ら（2017）は、TAとして参加者を支援する活動に関わる中で意識したり学んだりした事柄を明確化し、自己開発や将来の就職に向けて生かせるような仕掛けを構築する必要性を強調している。TAとして参加する上級学生の能力開発の機会として積極的に活用することも考え得るのである。

　今回体験談の執筆をお願いしたTAは二人だけであったが、どちらも将来英語を用いて教育職に携わる可能性を思い描いているのは興味深い。どちらのTAも研修のテーマに関わりがある分野を専攻する院生であり、履修生の学習への支援に言及している。将来、教育に関わる可能性があるのならば、有意義な機会になったことだろう。東京大学の１、２年生が厳密な専攻分野を決めていないことを踏まえ、アカデミックな内容を彼らが理解できるように心を砕いて解説する経験や、学術的なレポートの書き方の作法を教えるという大学院生の初期になかなか得られない経験は、必ずや自身のキャリア意識の形成に向けて先んじるきっかけになったに違いない。他にも、プリンス

トン大学の研修に参加した藤本さんは、将来の研究者を目指すにあたって、教科書として用いるのに適切な英語文献を把握しておくことの重要性も認識している。

　このように、研修の支援が主な役割であるTAも有意義な体験をしている。しかし、これまでの他大学の実践報告も指摘しているように、その経験をいかに有効な形で彼らの能力開発に生かすかという問いは重要であるものの、あまり具体的な方策は提示されていない。その一つの理由には、その実践の効率性があるだろう。一般的な毎週の授業におけるTA制度ならば、包括的に何人かのTAを雇用するかTAボランティアグループやコミュニティを組織して、彼らにトレーニングを施し、実際の教育現場で活動をさせ、同じ経験をした同僚とその経験を共有しつつふり返らせたりすることができるかもしれない。だが、国際研修のように開講時期もばらばらで開講数がそれほど多くない授業では、一人ひとりのTAに対応することになる可能性が高い。TAと教員が連携して朝から晩まで毎日の生活を共にするという関係の深さという点から、公募や他部署の選考から集められた全く面識のない学生にTAをお願いするのは危うさも伴うため、必ずしも学内公募による選出が有効であるとも限らず、個別の教員による選抜や個人的な紹介が現実的な策となる。

　ただ、一方で、その教員とTAの密接な関係を有効利用することは可能である。毎日、顔を合わせるのだから、そのうち解けたコミュニケーションの中で信頼関係を構築したうえで、TAとしての経験やその中で感じたこと、そして将来への道筋を意識化していくようなカジュアルなメンタリングになるような関係性が築ければ望ましい。押し付けがましくならず、自然なコミュニケーションの中でそういったことを考えるきっかけを作っていく教員のコミュニケーションスキルの資質が問われることになる。もちろん、国際研修の担当教員が自ら選んだTAが大学の組織的なトレーニングや能力開発のセミナーに加わることができるなら、非常に有意義なことである。異なる授業に参加したTAがお互いの経験を共有することができれば、新しい視点や気づきを生むことになり、TA同士が学べることも広がる。

7.　本章のまとめ

　本書籍で扱った国内での国際研修はどれも魅力的であり、履修生にとって非常に有意義な学びの機会になっていることが感じ取れる。アカデミックなコンテンツ重視の授業であっても学生の交流は非常に密であり、多様な学びに貢献する授業となっている。また、スキル重視の研修でもそのスキルの習得だけではなく、外国語使用への抵抗感を和らげることになり、外国語学習に対する考え方や将来のビジョンを思い描くきっかけとなっている。これらの履修生の学びの成果は、第Ⅰ部で触れた先行研究の結果と重なるもので、日本で実施されている国内での国際研修も、諸外国の機関が実施する海外での国際研修と引けを取らない教育効果を有し得ることが確認できた。国内にいながらも、それぞれの学生が国際的な場における自分の現状を把握し、将来の自己成長を考える端緒となっているのは、強調すべき成果である。同時に、学生やTAの体験談からも、国内にいながらにして、学生の国際的な態度、スキルやネットワークの向上に資することができるということを改めて認識できたということは、国際研修を担当する教員としても胸をなでおろす思いがするものである。

　一方で、ここで触れたように教員の負担や持続可能な運営体制、研修前後の教育体制の整備状況などは大学により大きく異なり、それぞれの大学が考えてゆく余地のある部分でもある。くしくもこの原稿を執筆している2018年半ばに教育再生実行会議から出された、「これまでの提言の取り組み状況」に「グローバル化を推進する大学は、自校の学生を海外の大学に送り出すだけでなく、自らが世界のハブとなるための取り組みを進め、国はその取り組みを支援する枠組みについて検討すること。また、アジア諸国をはじめ世界各国の優秀な学生を日本の大学に呼び込めるような魅力ある教育環境を整備すること」とある（教育再生実行会議、2018）。今回、国外の学生を受け入れた研修はまさにそういった取り組みの先鋒となるもので、将来の進学を考える学生を呼び込める可能性につなげられる。北海道大学の瀬名波も将来進学する学生の呼び込みを意識していると言及している。このように国内の国

際研修は国のグローバル化を促進する教育方針とも合致する重要な取り組み
で、安定的な運営体制が構築される環境が整い、理解が得られることを切に
願っている。

　次に続く章では、この国内での国際研修を将来的にどのように発展させて
いく余地があるのかを考えていきたい。

8.　参考文献

Association of American Colleges and Universities（2009）. Intercultural Knowledge and Competence VALUE Rubric. Retrieved from https://www.aacu.org/value/rubrics/intercultural-knowledge

Beelen, J., & Jones, E.（2015）. Redefining internationalization at home. In A. Curaj, L. Matei, R. Pricopie, J. Salmi, & P. Scott（Eds.）, *The European Higher Education Area*（pp. 59-72）. Cham: Springer.

Bennett, M.J.（2012）. Paradigmatic assumptions and a developmental approach to intercultural learning. In M.V. Berg, R.M. Paige, & K.H. Lou（Eds.）, *What our students are learning, what they're not, and what we can do about it*（pp. 90-114）. Sterling, VA: Stylus Publishing

Chieffo, L., & Griffiths, L.（2004）. Short-term study abroad: It makes a difference. *IIE Networker*, 28-32.

Deardorff, D.K.（2009）. *The SAGE handbook of intercultural competence*: Sage.

Hammer, M.R.（2012）. The Intercultural Development Inventory: A new frontier in assessment and development of intercultural competence. In M.V. Berg, R.M. Paige, & K.H. Lou（Eds.）, *Student learning abroad*（pp. 115-136）. Sterling, VA: Stylus Publishing.

Harvey, M., Power, M., & Wilson, M.（2017）. A review of intensive mode of delivery and science subjects in Australian universities. *Journal of Biological Education, 51*（3）, 315-325.

Koernig, S.K.（2007）. Planning, organizing, and conducting a 2-week study abroad trip for undergraduate students: Guidelines for first-time faculty. *Journal of Marketing Education, 29*（3）, 210-217.

Paige, R.M., & Goode, M.L.（2009）. Cultural mentoring: International education professionals and the development of intercultural competence. In D.K. Deardorff （Ed.）, *The Sage handbook of intercultural competence*（pp. 333–349）. California: SAGE.

Rhodes, T.（2009）. *Assessing outcomes and improving achievement: Tips and tools for using the rubrics*. Washington, DC: Association of American Colleges and Universities.

横田雅弘・太田浩・服部誠・小林明・白石勝己・杉村美紀・坪井健・新田功 （2008）『年間を通した外国人学生受入れの実態調査』

近藤佐知彦（2009）「21世紀型『超短期』受入プログラム開発：30万人時代の受入構築に向けて」多文化社会と留学生交流：大阪大学留学生センター研究論集13，45-55.

坂田浩・福田スティーブ（2008）「効果的短期語学研修プログラムの開発を目指して：異文化感受性質問紙（IDI）による短期語学研修の効果測定」徳島大学国際センター紀要4，1-16.

坂本利子・堀江未来・米澤由香子（編著）（2017）『多文化間共修：多様な文化背景をもつ大学生の学び合いを支援する』学文社.

山本志都（2014）「文化的差異の経験の認知：異文化感受性発達モデルに基づく日本的観点からの記述」多文化関係学11，67-86.

松下佳代（2012）「パフォーマンス評価による学習の質の評価—学習評価の構図の分析にもとづいて—」京都大学高等教育研究18，75-114.

鈴木ゆみ・齊藤誠一（2016）「異文化間感受性尺度日本語版作成の試み」神戸大学大学院人間発達環境学研究科研究紀要9(2)，39-44.

末松和子（2017）「『内なる国際化』でグローバル人材を育てる—国際共修を通したカリキュラムの国際化—」東北大学高度教養教育・学生支援機構紀要(3)，41-51.

第 2 章

将来の実践へのヒントと可能性

櫻井勇介

　本章ではこれまでに取り上げた各大学の実践報告や本書のきっかけとなったシンポジウムでの参加者からのフィードバックを踏まえ、大きく二つの側面について国内の国際研修に実践的な提言を試みる。まず一つ目に、短期間で集中的に実施される国内の国際研修においては、いかに事前、事後の活動を充実させ研修中の学びを実りあるものに導くかが重要な課題として各大学が心を砕いている。しかし、学籍の所属の異なる学生を研修開始前後にまとめる便利なプラットフォームはあまり知られていない。そこで、実践的な提言として、学生の学籍の所在を問わず共通して用いることのできる学習管理システム（Learning Management System：LMS）のいくつかの選択肢を紹介する。また、国際研修前後の国際的な学習環境として、杉村が第Ⅰ部で述べたCOILの可能性を整理しようと思う。COILは研修期間の長短を問わず国際プログラムの事前、事後の教育的取り組みとして馴染みやすいものであると期待されているが、まだその成果は十分に共有、そして活用されておらず、これまでの知見をまとめたい。

　もう一つの側面として、国内での国際研修の他大学との協働の現実味について述べる。これは、本書の発端となったシンポジウムで大学間連携を期待する声が挙げられたことが念頭にあり、シンポジウムでの参加者の反応や連携への意欲を紹介したい。

1. 学内外の学生の情報共有を促すLearning Management System（LMS）

　今回取り扱った実践報告（第Ⅲ部第1章）で北海道大学によって、学内外の学生が共に活用できるオンライン上の情報共有の場がないという悩みが共有された。学内参加者と学外からの受入れ学生が実際に会う前に情報交流を行ったり、事前に彼らに対して教材などの資料提供をしたりすることが望まれるが、大学が既に運用している学習管理システム（Learning Management System：以下LMS）では、学外から受け入れる学生に対して、アカウントを発行することができず、その役を果たせないためである。

　担当教員としては使い慣れた大学のLMSを活用できることが望ましいが、学籍に基づいた利用者の登録が基本であり、学外の学生の利用は想定されていないことだろう。近年は、無料で利用できる様々なLMSが公開されており、例えば今回報告したオーストラリア国立大学との東京大学の研修では、EdmodoというLMSが用いられている（図1）。ここでオンライン上のコミュニティを構築すれば、東京大学における学籍の有無を問わず、渡日前の学生のグループ分け、グループ内の学生同士の自己紹介や情報交換に加え、教材の配布、そして研修中の情報共有や、学生の課題の提出、写真の共有、さらには帰国後のフィードバック、事後課題の提出や様々なフォローアップなどが可能になる。小テストなどを学生に課すこともできる。

　ほかにもSchoology、MoodleCloudなどを筆者は利用したことがあるが、どれも基本的な機能はそれほど大きな違いはない。MoodleCloudは多くの大学が導入しているMoodleと違い、自分のオンラインサーバーを持つ必要はないが、無料アカウントでは登録参加者数などの制限がある。後で詳しく述べるCOILの実践においても、池田（2015）は中心となる交流を行うビデオ会議システムや掲示板などのプラットフォームに加え、LMSの環境整備の重要性を訴えており、比較的導入しやすいEdmodoやSchoologyは便利である。

　さらに、これらのLMSは、学生にとっては一か所で整理された教材や資料にアクセスでき、授業課題を確認できるという利点もさることながら、あ

図1　Edmodoに作成したコースのトップ画面の例

とから学習した内容を振り返りやすく、学習内容の「見える化」にも貢献する。教育の提供者の立場からも、LMSを通した学生の学習活動や成果の「見える化」は既に数多くの国内の大学で進められており、その教育学的な潮流の中に位置づけられる。

　研修中は様々な運営上の実務や次々と起こる想定外の出来事への対応で忙しい担当教員にとっては、インターネットのアクセスが可能ならば、紙媒体で日々の学習日記を受け取る手間が省け、日々の学生の学習状況を把握でき、受入れ学生にとっても不慣れな異国の地で課題をプリントアウトする必要がなく、彼らの帰国後に課題提出期限を設定できるというメリットは大きく、おすすめのツールである。

　ただし、LMSでは学生の交流が進まないという声も聞く。確かに、これまで使ってきてみて、教師側からの何らかの仕掛けが必要であると痛感している。学生に「他の人の学習日記も読んでね」と伝えても、特に日本の学生からは交流が進まないケースが多いという印象がある。そのために、例えば、筆者の2週間の国内外のプログラムの場合は毎日または数日おきに参加学生は学習日記（例えば英文250語）を6回程度書くのであるが、そのうち2回程度を相手機関の学生少なくとも3名の学習日記を読み、「話の広がる」コメントをするように指示をしている。つまり、「いいね」とか「すごい」のようなコミュニケーションが広がらないコメントは課題を終了したとみなされず、教師かTAから再検討が促されるのである。

　こういった学生への直接的かつ率直なフィードバックを可能にするためにも、当然ながら学生との良好な関係構築は重要である。教員が単純な引率役や安全管理役だったとしても、それがあからさまに見えることを不満に思う学生の声も報告されており（Weaver & Tucker, 2010）、仮に引率教員の専門外の内容や活動があったとしても学生とともに授業内容に関わる姿勢を見せることは、当たり前とは言え、良好な関係構築に重要であり、ひいては効果的な教育の実現につながるものなのであろう。

　ここでは、学内外の学生が受け入れ機関での学籍の有無に関わらず共に用いることのできるオンラインLMSを紹介した。FacebookやLINE、Google Classroomといった選択肢もあるが、FacebookやLINEは教育活動向けに開発

されたものではなく、情報の流動性は高いが、一か所に教材を固定してまとめたり、テーマや学生グループなどでサブグループを作ったりしたい時に不便であると感じる。また、既にFacebookのようなソーシャルネットワーキングサイト（SNS）を個人的に利用している学生にとっては、授業での人間関係とプライベートの垣根がなくなってしまうことを嫌う学生もいる（と言いながら、Facebookの友達申請をして交流を始める学生は多いのであるが）。Google ClassroomはGoogleのアカウントを新規に取得しなければならず、それ以降使わない自分のメールアカウントを増やすことについていい顔をしない学生も多いし、セキュリティの観点からも望ましくない。こういった点を考慮して、本章ではEdmodoを紹介した。実際は、黙っていても学生はLINEを使って学生間の日々の情報交換を始めるし、Facebookで友達申請をしてネットワークを広げるが、やはりアカデミックな教育目的を達成したいとなるとこれらはその目的には合致しないのである。

　それでは次節からは、研修の成果をより豊かなものにする研修前後の教育実践として期待されるCOILの実践に向けたポイントを整理する。折しも平成30年度には「大学の世界展開力強化事業 ― COIL型教育を活用した米国等との大学間交流形成支援」が文部科学省の事業として開始されており、ますます多様化する国際教育プログラムの現状が如実に見て取れる。

2. Collaborative Online International Learning（COIL）の実践に向けて

　ここからは国際研修の特に事前、事後活動として有効となり得る教育的フォーマットの一つとしてCOILと略される「Collaborative Online International Learning」について触れる。第Ⅰ部第1章で著者の杉村が紹介したように、COILはオンライン上で展開される学生間の国際交流を活用した学習、そしてその教育活動のことである。続いて、第Ⅴ部第1章で櫻井が各大学による第Ⅱ部～第Ⅳ部の実践報告を検討し、国際研修の事前活動となる事例が乏しいことを鑑み、その充実を訴えたが、COILはその有効な手段となり得るだろう。ベラズケスら（Velazquez et al., 2018）もCOILはオンラインだけで完

結することもできるし、教室内対面型の教育と組み合わせて実現することも可能であると述べている。また、全とミヤモト（全 & Miyamoto, 2019）の報告のように、授業テーマに関係がある（相手国の）現地へ訪問、または訪問を受け入れる準備として組み合わせることもでき、本書籍で扱う、国内での国際研修と高い親和性を持っていることになる。

　遠隔教育は、教育界における大きな流れの中では、ブラジルの教育哲学者パウロ・フレイレが「銀行モデル（Banking Model）」と称した従来の教育形態、つまり、教師によって提供される種々の情報を学生が正確に頭に溜め込むという教育実践からシフトしてきた流れの中にある教育形態の一つとして位置づけられる（Velazquez et al., 2018, p. 216）。遠隔教育の一方策であるCOILは、通信技術（ICT）革新の成果を活用しながら、学ぶ者の主体的な学びと多様な他者との相互交流を重視する。さらに、金銭的、物理的、様々な事情により伝統的な教育機関で学べない者にも学びの機会を提供する遠隔教育の特徴を備えながら、国際性を特に前面に打ち出した比較的新しい教育の概念であると言える（Velazquez et al., 2018）。COILを積極的に展開し、アジア地域のハブとなるべくこの分野を先導する関西大学の池田（2015）は、オンラインで国際的な教育を行うこと自体は取り立てて新しいものではないが、COILで肝要となる、国を越え、対等な関係にある学生がともに学習課題やプロジェクトを成し遂げることに意義があると強調する。COILにより学生は金銭的な負担を抑えて双方向的で能動的な多文化間学習の機会を持つことができる（Velazquez et al., 2018; 池田, 2015）。

2.1.　COILの効果的な運営の枠組み

　COILを世界的に展開するニューヨーク州立大学のCOILセンターは効率的なCOIL授業の運営のために「授業内容」と「ロジスティックス」の面において、以下のようないくつかの考慮すべきポイントを挙げている（SUNY COIL Center, 2019）。

【授業内容構築のための視点】
  1.　授業内容と教材がカバーする範囲について

2.　それぞれの機関から受け入れる履修生数と選抜をどのように行うか

3.　オンラインと対面学習の活動を組み合わせる場合、それらの教育活動をどう配分するか

4.　授業内のやり取りにおける多文化間交流をどう考えるかという方針

5.　それぞれの機関における事務担当者から得られる支援体制

　これらの項目は一見すると、大学教員にとって当たり前の事柄に思えてしまうところに、落とし穴があるように思える。どの視点もCOILにおける実証的な研究や実践報告の蓄積はまだあまりなく、担当教員の経験に基づく直感に頼らざるを得ない。授業内容と教材の範囲も教員が熟知していると考えられるが、異なる学習経験や背景知識を持ち得る学生群に対して、どのような教材をどの程度提示するべきか判断するのは意外と容易ではない。例えば、東京大学のオーストラリア国立大学との国際研修のように、教養教育課程に在籍する学生とある程度専門的な学習を経験した学生が共存する場合や、教授言語が母語である学生とそうでない学生が共に履修する場合、学術的観点からのレベルをどこに設定し、教材の量をどの程度にするかという判断は容易なことではない。

　これらの視点は互いに関連し合っているものもあり、例えば、履修者数の多少によって、教室外の小グループCOIL交流活動を課すのか、二つの教室をビデオ会議システムで結び全体で交流をするのか、準備や実施上の業務負担がどの程度でサポートは得られるのかなども、教育環境のデザインのために考えなければならない。また、普段交流することのない学生と学ぶという経験を有効に活用するためには、教材の扱う内容や参加者の出身国の多様性に応じて、どのような多文化間感受性の涵養に資するテーマを扱い、タスクを課し、教育活動をデザインするのかも検討しなければならない。

　次に同大学COILセンターがまとめたロジスティックス運営上の諸課題を見渡してみよう。

【ロジスティックス体制構築のための視点】

1.　授業を運営し提供するために、どのようなオンラインプラット

フォームを使うか

2.　そのオンラインプラットフォームを効果的に使うために担当教員と
　　　学生はどのようなトレーニングが必要か

3.　ある特定の言語（例えば英語）のみが用いられるか、言語使用の面
　　　で生じ得る問題はないか

4.　異なる機関が同一のシラバスを用いるか、何らかの補完的なシラバ
　　　スが導入されるか

5.　学事暦が似通っているか、相重なる長期休みが存在するか。仮に学
　　　事暦に大きい違いがある場合、どのようにその差に対処するか

6.　授業を行うためにTAやサポートスタッフが必要か（特に担当教員
　　　がオンラインプラットフォームの管理に不慣れな場合）

7.　相手機関の担当教員とのミーティングのスケジュール（Eメールだ
　　　けの「話し合い」ではなく、電話やSkypeなどの方が満足のできる
　　　話し合いを達成しやすい）

8.　最終課題としてのプレゼンテーションのために（一部の学生でも）
　　　相手の機関を訪問することが可能か。授業のまとめとしても学生の
　　　動機づけとしてもよい機会になる

9.　効果的な学生間の協働を促す、または妨げる社会政治的な状況の有
　　　無。そのような学生の異なる考え方にどのように対処することが可
　　　能か

　これらの運営上の様々な側面は、伝統的な授業のデザインではあまり考え
られることのない事柄である。大きくとらえると、COIL特有のオンライン
環境の整備、異なる機関に所属する学生と教員の「相手」への対応、その相
手やサポートスタッフとの良好な関係構築といった側面に集約できる。
COILに特化したオンラインプラットフォームは今のところ一般的なものは
なく、Skype、Zoom、Facetimeなどの無料アプリケーションがよく使用され
ている印象を受ける。有料のソフトウェアもいくつかあるが（例えばAdobe
Connectなど）、東京大学のように各大学で独自にビデオ会議システムを開発
している場合もある（2018年当時）。一人の教員が他の通常業務を減らすこ

となくこれらの全てに対応する負担は相当なものになりそうである。ベイツ（Bates, 2000）は他からの支援もなく単独でオンラインコースを開発し、授業も担当する教員を「孤独な隊員（Lone Ranger）」と呼び、これがカナダでは最も一般的なオンライン授業の作られ方であると言っている。こういった授業ではよい取り組みであっても、他へと波及しにくいとベイツは指摘している。これからCOILを導入する大学には、安易に個々の教員の努力に実施を委ねることなく、教員がその専門性に基づいた高度な教育活動に集中でき、学生はその専門に裏打ちされた効果的な学びの機会に関与できるよう、適切なサポートスタッフや金銭面、インフラ面からの支援をすることが求められる。

　これ以外にも、既にCOILを実施している大学や研究者からはいくつかのその実践上の留意点が指摘されている。まず、相手機関との時差の問題は多くの研究者が指摘している（全 & Miyamoto, 2019）。例えば、日米間のリアルタイムでの交流を考える場合、日本でおおむね一日の授業が始まる9時ならばタイムゾーンによってアメリカは既に16～19時となり一日の授業時間も終わろうとするころで、日本での18時はアメリカでは8～11時となり、アメリカ側は都合がいいかもしれないが、日本側は一般的な授業時間後である。実際に日米間で授業中にリアルタイムの交流を実施するための時間帯の選択肢は極めて限られるのである。

　また、カプデフェロとロメロ（Capdeferro & Romero, 2012）は、オンライン協働授業に対して、不満や否定的な感情を持つ学生の声があることを先行研究を踏まえて紹介している。例えば、上述した時差に起因する不満、参加者間の異なる期待やそれによって自身の目標が成就しない可能性、よく知らない他者と協働する不安感、オンライン掲示板への他者からの反応の遅れ、効率的なコミュニケーションのための手がかりの不足、参加者の貢献度の差、ビデオ会議では他者の実体を感じられないこと、相手の地域についての知識の不足などが先行研究では報告されている（Chao et al., 2010; Harris, 2017）。岩崎（2019）も先行研究の成果を検討し、ICTを通したコミュニケーションが依存する意思疎通上の「記号」の少なさ、異国間の学生群のオンライン上の交流についての考え方や、教育方策、オンライン機会活用、コミュ

ニケーション方策などのレベルにおける考え方の違いが存在し、それらに起因して、必ずしもその教育交流が効果的に結実しない可能性について言及している。さらにドンとイケダ（Don & Ikeda, 2019）も効率的なオンラインコミュニケーションについての理解や知識がCOILにおける相互理解に重要であると指摘し、教師不在の学生主導のCOIL活動では特に留意すべきであると警鐘を鳴らしている。

　これらのコミュニケーション上の問題について岩崎（2019）はCOILを通した学習交流を効果的に進めるためには、ICTを通した交流の意思疎通上の記号の欠如を補完する「明示的言語装置」、例えば、次の話者を直接「名指し」することや、「○×について知っている人は？」のように次の話者を限定する情報要求ストラテジーが効果的であると報告している。そして、話し合うべきトピックが参加者自身で形成でき、関心を持てるようなものに調整できる柔軟性を授業計画に保つことが重要であるとも言っている。

　さらに、ドンとイケダ（Don & Ikeda, 2019）はオンライン交流における「マルチモダリティ」、つまり、コミュニケーションで用いられる記号の多様性を活用することの意義について言及している。オンライン上の交流では、文章はもちろん、絵文字、スタンプ、写真、ビデオといったメッセージを伝える様々な手段があるのである。彼らは今後の研究でそれらがどのようにオンライン上のコミュニケーションに用いられるか解明していく必要があると述べている。

2.2.　COILの学習環境をどう分析するか

　国内の国際研修をどう評価するかという課題と同様に、想定される学生のスキル育成に効果的につなげ、有意義なオンライン授業の構築に向けて学習環境をどう評価するかという課題は多くの研究者が注目するところである（Chao et al., 2010）。COILについてはニューヨーク州立大学のCOILセンター、Association of International Educators、NAFSAが積極的にこういったプログラムの教育や評価法の情報公開の集会を催しているものの、まだまだ知見の集積が求められる分野である（Levinson & Davidson, 2019）。

　COILの学習環境を分析するツールとしては、ウォーカーとフレイザー

（Walker & Fraser, 2005）によって開発されたDistance Education Learning Environments Survey（DELES）やピアソンとトリニダード（Pearson & Trinidad, 2005）によるOnline Learning Environment Survey（OLES）などが参考になる。OLESはDELESの項目も含め、広範なオンライン学習経験を網羅する質問紙票と言え、例えば、「課題を提出するためにパソコンでメールを送る」や「授業のハンドアウトを見るためにパソコンを使う」といった技術的なパソコン使用の程度や「個人課題が好きである」「課題のサポートを得るためにクラスメイトを頼る」「グループ課題が好きである」といった必ずしも遠隔教育に特化していない項目も含まれている。一方DELESはCOIL運用の技術的な側面には直接注目せず、学生による遠隔学習体験の心理面での解釈に重点を置くという方針を取っている。ウォーカーとフレイザー（Walker & Fraser, 2005）は、技術的な側面も重要であるが、それを含めた遠隔教育体験を学生自身がどう理解し、どのような必要性を認識しているか解明することが質の高い教育環境構築のためにより意義深いと述べており、ここからはDELESを紹介していきたい。

DELESはCOILに特化して開発されたものではないが、質の高い遠隔教育の学習環境を実現するには、学生の交流と協働が肝であるという先行研究の成果を踏まえて開発されている。学生自身がその遠隔学習活動中に何をしてどう感じたかに関する34の描写文からなる質問紙票である。その34の描写文は遠隔教育の六つの側面――1）担当教員の支援、2）学生の交流と協働、3）学生個人との関連、4）現実世界とつながりのある学び、5）アクティブ・ラーニング、6）学生の自主性の尊重――に整理されており、学生は同意の程度を5段階の数値で回答する（表1）。DELESではCOILが重視する異文化間交流に関わる学びの側面は考慮されていないため、COIL内の多文化間交流をどう考えるかという方針に従って、学習環境の分析の視点を加えるか判断する必要がある。

こういった分析票はまだ信頼性や妥当性の検証において途上段階であり、COILの実践において、広く遠隔教育のために開発されたDELESがどの程度有効なのかも未知数である。他国の大学による遠隔教育一般での検証研究では、スペイン語に翻訳した質問紙では同じ6側面（Fernández-Pascual et al.,

表1　Distance Education Learning Environments Survey（DELES）の項目の例

六つの側面	描写文の例（「この授業では…」）
担当教員の支援	疑問があれば、担当教員は時間を作って対応してくれる 担当教員は私の学習における問題を明確にするために支援してくれる
学生の交流と協働	他のクラスメートとともに協働している 私と他の同僚の学びは互いに関連している
学生個人との関連	学習内容は学外の私の生活と関わっていると認識できる 私が興味を持つテーマについて追究できる
現実世界とのつながり	現実の事柄と関連があることについて学んでいる 授業活動で実際の事柄の知識を活用する
アクティブ・ラーニング	自分自身の学習ストラテジーを探求できる 自ら答えを導き出す
自主性の尊重	自分の学びにおける決定ができる 自分のスケジュールとうまく合わせて学ぶことができる

2015）、ポルトガル語版では5側面が再現され（Pereira et al., 2018）、一定の信頼性が得られたと報告されている（ポルトガルのデータには遠隔教育と教室授業を併用した授業の履修者も加わっており、結果への影響の可能性を研究者は指摘している）。日本語への翻訳版の開発やCOIL参加者に特化して使用する際の妥当性や有効性を検討した研究はまだなく、将来の研究の可能性の一つである。

　このようなCOIL学習環境を把握するような指標やガイドラインの使い方について、カオら（Chao et al., 2010）は、授業担当教員と教育専門スタッフの協働があってこそ効果的に活用し得ることを報告している。しかし、専門分野を熟知する担当教員とオンライン教育への助言や支援を担う教職員は、実際の教育実践の異なる側面を重視している可能性があり、相互理解の真摯な態度に基づき、明確な問題意識、要所、必要性への柔軟な態度がなければ効果的な改善に導けない可能性があると注意を喚起している。国際研修が戦略的なデザインなく効果的に学生の能力を向上させるものではないように、ドンとイケダ（Don & Ikeda, 2019）も計画的なCOILデザインの重要性を訴える。

　ここまでCOILの特徴を踏まえその諸課題のいくつかを紹介した。池田

（2015）が言うように、COILは留学前の外国語運用能力や異文化間感受性の涵養のための準備段階として有効であると考えられ、COILはこれまでの伝統的な教室での教育活動はもちろんのこと、国際研修授業とも連携が可能な教育方策であることから、将来の可能性を見据え、本章で中心的な話題として取り上げた。さらにベラズケスら（Velazquez et al., 2018）はCOILの取り組みにより、学生のみならず教員にとっても国際的な教育環境が専門性能力開発につながると述べており、学生や教員の国際性の能力開発に関心を持つ教職員の関与が、COILの取り組みの安定的な運営と普及の一つのカギになると考えられる。

　本章を振り返って見ると、今回注目したCOILの諸課題は、伝統的な国境を越えた留学と異なることは明白であるが、「内なる国際化（Internationalisation at Home）」とも多くの点で異なる教育実践と言えるのではないかと筆者は考えている。例えば、COIL自体では人間間の直接交流を伴わないという点、オンライン上のやり取りが重視され、新しいコミュニケーション方策の多様性を考慮するという点などは、従来の「外への国際化」でも、「内なる国際化」でもあまり考慮されてこなかった。何らかの特定の異文化との同化や統合が話題に上ることも考えづらく、むしろ学生個人のグローバルの資質の開発をどうするかがより注目されていくのではないだろうか。ゆえに、国際的な国外のキャンパスでの学生の能力開発か、自国のキャンパスの国際化を通した学生の資質開発に注目するという、「内」と「外」の国際化とは全く異なる様相であると見受けられる。こういった点から、COILは、従来の二つの国際化との垣根を越え、重なり合いながら、内にいながら外を向き、バーチャルな第3の場所で学ぶという「Internationalization at a Distance」（Ramanau, 2016）という国際化の場として理解され、発展していく可能性があると考える。

　次の節では、国内で実施する国際研修の実務者間のネットワークを広げる可能性について検討する。本書のきっかけとなったシンポジウムでも基調講演の杉村が指摘し、さらに参加者からの質問も上がった事柄である。

3.　実務者間の連携の可能性

　本書の編者の一人となっている杉村は、本書のきっかけとなった2017年3月に行われたシンポジウムで基調講演を担当し、国際プログラム実施の諸問題の一つとして、予算確保の難しさやそれに起因する持続可能性の危うさ、担当教員に集中する過度の業務量を指摘した。参加者からの質疑応答でも、安定的な予算確保の難しさを背景に他大学との連携の可能性について問う声が上がった。準備と運営のための業務量と財政的負担を、複数の大学が連携することによって軽減することができないかと考えたわけである。

　シンポジウムの事後アンケートには、シンポジウムを開催した東京大学との国内での国際研修の共同実施に興味があるか問う項目があり、興味があると回答した者は、全回答者25名中12名であった（大学の重複はない）。国内の国際研修をあまりに大きな学生群で実施することは難しく、一度に多くの大学とともに実施することは現実的ではない。一つ、二つ程度の大学と共同実施することが現実的であることを考えると、12の大学が共同実施に興味があるというのはプログラムの協働実施に向けた明るい見通しを与えるものだと言えるのではないだろうか。

　連携の取り組みはどのようにしてパートナー大学を探すかということから始まる。例えば、今回のシンポジウムの事後アンケートのように、大学のイベント等で参加者からの反応の感触を探ることができる。実はシンポジウム後にある大学から直接アプローチがあったのだが、翌年度のプログラムの継続の可否が固まっていなかったことに加え、担当者が変わる予定があったこともあり、一旦保留とさせてもらったという裏舞台があった。その連携を始める前に筆者自身も他大学に移ることになり、この申し出を結実させることができなかった。ただ、今でもこの可能性は頭のどこかに留めている。

　このように、アンケートでの参加者からの反応を踏まえると、各大学がこのような実践や期待を学外に発信する機会を持つことで、共同運営といった将来の展望が開けるのではないだろうか。もちろん、お互いの大学が実現したい教育方針や教員の様々な制約もあり折り合いがつかないこともあるだろ

うが、アンケートの結果が示したように他にもいくつもの大学が興味を持っていることを考えれば、可能性は開けている。そういう点でも既に国内での国際研修を実施している機関は他大学との連携を積極的に検討してほしいと思う。筆者も新しい勤務先では国内での国際研修の実施を奨励されており、実は他大学との連携も視野に入れている。

　他国のカウンターパートとの共同実施を模索する場として、NAFSA（Association of International Educators）、EAIE（European Association for International Education）、APAIE（Asia-Pacific Association for International Education）と呼ばれる大学のグローバル化を促進する情報交換を目的とした国際イベントでの広報活動の可能性がある。各大学は協定や短期研修の売り込みを中心にネットワークの拡大に熱心に情報交換を行っている。ある大学の担当教員はこのような国際イベントでは「サマーコースしか売るものがない」とさえ言っており、広報のチラシなどを通して、参加者の募集と同時に共同実施の相手校を探す機会とすることはできないだろうか。相手校は国内大学でも構わない。

　もちろん、各実務担当教職員の個人的なネットワークも活用できる。近年は短期国際研修の実施が積極的に推進されていることもあり、身近なところから実を結ぶ可能性もあるだろう。ただし、この場合は、担当教職員の個人の努力にのみ依存して実施される可能性が高くなり、所属機関の体系的なサポートが得られないことが推測される。本書の報告からも明らかなように、国際研修は個人の努力で運営するには負担の大きい教育活動である。筆者は国内外の国際研修の推進に前向きではあるが、先述した国際プログラムの「孤独な隊員（Lone Ranger）」は決して望ましい体制ではないと考えている。担当者によっては本来「研究費」として支給されている経費を短期国際研修に使用せざるを得ない方もいると聞く。研究者の場合、ただでさえ少ない研究活動の時間を削ってまで教育運営業務を増やすべきなのかも疑問符である。

　このように考察してくると、共同実施の可能性は意外といろいろなところに見いだせそうであり、例えば、国際研修の情報共有に特化して支援するような機関の設立にそれほど意義はなさそうである。ただし、意思がある教職員が見つかっても、本書籍で指摘した主な問題、特定の実務者に集中しがちな負担を解消できる支援体制が敷けるかは所属機関の予算とも関わってくる

事柄であり実務者個人が容易には解決しがたいものである。本書で扱った国内の国際研修が、個々の教員の努力にのみに依存することなく、大学の国際化の政策に位置づけられ適切な支援体制が整えられる必要を再確認するものである。

　本章では国際研修をさらに質の高いものにし、推進してくためのヒントとして、LMSの活用と、国際研修と組み合わせて実施することで教育実践の相乗効果が期待されているCOILの特徴についても簡単ではあるが整理した。さらに、国際研修を安定的なものとして運営するための情報公開や共同実施のためのネットワークづくりの可能性について提案した。一方で安定的な実施のためには機関からの支援は欠かすことができないことを確認し、大学の国際化の政策に確実に位置づけられるべきであるという考えを強調した。

　筆者自身もまさにこの新たな大学の国際教育の実践を行うことが期待される立場におり、引き続き、安定的に、そして有意義な学習体験を学生に提供できるよう研鑽を積んでいきたいと思っている。

4.　参考文献

Bates, T.（2000）. Financial strategies and resources to support online learning. Vancouver, B.C.: Industry Canada.

Capdeferro, N., & Romero, M.（2012）. Are online learners frustrated with collaborative learning experiences? *International Review of Research in Open and Distance Learning, 13*(2), 26-44.

Chao, I.T., Saj, T., & Hamilton, D.（2010）. Using collaborative course development to achieve online course quality standards. *The International Review of Research in Open Distributed Learning, 11*(3), 106-126.

Don, B., & Ikeda, K.（2019）. Exploration of Collaborative Online International Learning: Interactional and Intercultural Competence in Technologically Mediated Education Settings. 関西大学高等教育研究10, 113-121.

Fernández-Pascual, M.D., Ferrer-Cascales, R., Reig-Ferrer, A., Albaladejo-Blázquez, N., & Walker, S.L.（2015）. Validation of a Spanish version of the Distance Education Learning Environments Survey（DELES）in Spain. [journal article].

Learning Environments Research, 18(2), 179-196.

Harris, U.S.（2017）. Virtual partnerships: Engaging students in e-service learning using computer-mediated communication. *Asia Pacific Media Educator, 27*(1), 103-117.

Levinson, N., & Davidson, K.E.（2019）. Linking trajectories: On-line learning and inter-cultural exchanges. *International Journal for the Scholarship of Teaching and learning, 9*(2), Article 3.

Pearson, J., & Trinidad, S.（2005）. OLES: an instrument for refining the design of e-learning environments. *Journal of Computer Assisted Learning, 21*(6), 396-404.

Pereira, A.S., Gomes, R.M., Marques, D.R., & Walker, S.L.（2018）. Psychometric prop-erties of the European Portuguese version of the Distance Education Learning Environments Survey（DELES）. *Current Psychology.*

Ramanau, R.（2016）. Internationalization at a distance: A study of the online manage-ment curriculum. *Journal of Management Education, 40*(5), 545-575.

SUNY COIL Center.（2019）. Developing COIL Courses Retrieved 15 Jun, 2019, from http://coil.suny.edu/page/getting-started

Velazquez, L., Perkins, K., Munguia, N., & Zepeda, D.（2018）. A COIL-enhanced course on international perspectives of climate change. In U.M. Azeiteiro, W. Leal Filho & L. Aires（Eds.）, *Climate literacy and innovations in climate change education: Distance learning for sustainable development*（pp. 215-227）. Cham: Springer International Publishing.

Walker, S.L., & Fraser, B.J.（2005）. Development and validation of an instrument for as-sessing distance education learning environments in higher education: The Dis-tance Education Learning Environments Survey（DELES）. *Learning Environ-ments Research, 8*(3), 289-308.

Weaver, D., & Tucker, M.（2010）. *An international business study tour: A student per-spective.* Paper presented at the 33rd Research and Development in Higher Education: Reshaping Higher Education, Melbourne, Australia.

全炳徳・Yuki Miyamoto（2019）「日米大学間のCOIL（GLE）型授業の実践と課題」長崎大学教育学部教育実践研究紀要18，251-260.

岩崎浩与司（2019）「テレコラボレーションにおける対話環境の構築―ウェブ会議システムを使った日本語対話の実践から―」E-Learning教育研究13，29-41.

池田佳子（2015）「アウトバウンド促進授業実践としてのCOIL（オンライン国際連携学習）」グローバル人材育成教育研究2(2)，65-70.

むすびにかえて

矢口祐人

　大学におけるグローバル教育の必要性が強調されるようになって久しい。21世紀の社会で躍動するグローバル人材を育てることを求められる大学は、従来の教育の再考を求められている。グローバル30やスーパーグローバル大学創成事業の例を持ち出すまでもなく、政府主導の国際化の掛け声に応えるべく、大学の現場は必死になって走ってきた感が強い。

　従来の大学を変えるべきだという声に対する強い反論は社会からはあまり聞かれない。むしろ社会はこれまでの大学が内向きであったと批判的である。このままでは日本の大学はグローバル化する社会において「役に立たない」存在となりかねないという危惧がある。最近注目されるようになった大学の国際ランキングでも、周知の通り日本の大学は国際化指標が低いとされており、このままでは世界から取り残されるとの批判が学外では高まるばかりである。

　実際、ほかのアジア諸国の大学に比しても、概して日本の大学の変革は遅々として進んでいない。しかしそれでも大学関係者はなかなか素直に批判を受け入れることができない。そもそもグローバリゼーションとは何か。グローバルな人材とはいかなることなのか。社会に役立つ人材とは何か。果たして大学教育の本来の使命とグローバル化はいかなる関係があるのか。グローバル化の掛け声に踊らされる中、このような根本的な問いを真剣に話し合う機会はキャンパス内ではほとんどない。基盤となるべき理念や哲学がまとまらないまま、皮層な改革だけが先行しているがゆえに、一致団結して大学を変えていこうとする大きな流れは生まれない。「やらされている」感が先行しているのが大半のキャンパスの現実ではないだろうか。

　このような状況のもと、学生を海外に送り出す国際研修についても、その教育的意義はどこまで深く議論されているだろう。多くの場合「とにかく海

外に行かせよ」という号令のもと、一部の教員が必死になって研修プログラムを用意し、引率しているのが現実ではないだろうか。短期から長期まで様々なプログラムを作り、学生を募り、ときには海外での学びを必修にしている大学もあるが、その意義は十分に、そして継続的に話し合われているのだろうか。大学の評価や評判、予算獲得という近視眼的な目的を超えたレベルでの議論はなされているのだろうか。

　本書は大学のグローバル教育の最前線に立ちながら、それを批判的にも省みる中で、日本の大学の未来を考えようとする研究者による理論と実践の報告である。その特徴は大学のグローバル教育を海外渡航と等式化する安易な図式を疑い、キャンパス内の足下から国際研修を展開しようとする点である。

　「グローバル＝海外」ではないというのは言わずもがなであり、今さら論じるまでもない。しかし、実際には日本の大学の国際研修は日本の外に出ることを意味していることが圧倒的に多いのが現状だ。パスポートを持って、日本語が通じない環境に身をおいてこそ、学生はグローバルな体験をするものであるという前提がある。

　当然ながらこの前提は日本社会の現実を反映していないし、必ずしも学生の教育的なニーズにも合致するものではない。日本の大学に通う学生の多数は、卒業後も日本社会に住み続けるだろう。だとすれば、大学は国境の外だけではなく、日本社会のグローバリゼーションの意義と意味を真剣に考える力を体得させなければならない。本書で展開される理論と実践は「グローバル」が国境を跨ぐことと同義化している現状に異を唱えることで、多くの学生や教員、さらには教育行政の担当者にグローバル化とそのための教育の意義を再考するよう促している。

　むろん、本書は国内で行われる研修の方がよいと主張しているわけではない。海外と国内の研修のメリットとデメリットは双方ともに様々で、どちらかに軍配を上げるものではない。むしろグローバルな教育を提供する際に、国内と国外の差をいたずらに強調することで、国境を本質化するのではなく、キャンパス内外のあらゆる機会を捉えて教育の国際化を進める意識を持つべきだろう。

　グローバリゼーションは決してボーダーレスを意味しない。それが国、文

化、ジェンダー、人種、民族など、人間社会に多様なコミュニティを顕在化させ、ときに軋轢や深い分断を生み出すことは今日の社会を見れば明らかである。グローバリゼーションが加速化する社会で展開される大学教育は、ボーダーの意味を常に多角的に問い直す批判的思考を養うものでなければならない。本書はそのための方法を考えるための貴重な指針となるのではないだろうか。

●関連書籍の紹介

櫻井勇介

　日本国内で実施される短期集中国際研修を特に扱った文献はおそらくないのではないかと思う。大学教育の国際化の中で、学生を短期間海外に派遣するプログラムは広く実施されつつあるため、そういった取り組みをまとめたものは出版されるようになってきた。同様に、異なる文化背景を持つ学生群に教育環境をデザインしていくためのガイドブックとなるような文献もまだ数少ない。一方、経験からの学びという考え方自体はむしろ古い部類のものになるにもかかわらず、大学教育の場での実践は書籍としてはまとまっていないようである。

　ここでは、短期国際研修の実践に生かせるようないくつかの関連書籍を紹介する。これらは全て本書籍中で紹介されている。

村田晶子編著（2018）『大学における多文化体験学習への挑戦：国内と海外を結ぶ体験的学びの可視化を支援する』ナカニシヤ出版.
　　学生が普段とは異なる環境で経験する学びの機会をより実りの多いものにするためにどのようにプログラムをデザインしていったらよいか、それぞれの著者の実践を踏まえて様々な視点からまとめている。例えば、海外でのフィールドワーク、インターンシップ、ボランティア、ビデオレター交流や、他国の学生が日本で学ぶプログラムなどの異なる実践が報告されており、多文化体験学習の広がりと可能性を感じられるものとなっている。さらに、短期海外体験プログラムに参加した学生のキャリア開発や自己成長に資する経験の具体例が挙げられ、大学卒業後も履修生との交流を通して自分の体験を振り返る機会にもなっているという報告は、短期プログラムがもたらす長期的な効果を示すものとしてとても興味深い。

子島進・藤原孝章編（2017）『大学における海外体験学習への挑戦』ナカニシヤ出版.

　　大学で実施されている海外体験学習の取り組みをまとめた論文集であり、「大学における『海外体験学習』研究会」のメンバーを中心に執筆されている。教育活動としての考え方、方法論、評価のあり方などをイノベーティブな実践を交え紹介している。特に学習内容の深化や評価方法としての「コラージュ」作成の実践や、海外体験学習におけるリスクとどう向き合っていくかという「リスクコミュニケーション」の取り組みは先駆的である。大学教員のみならず、大学職員、研究員、NPO法人、非営利団体などの様々な立場からのプログラムマネジメントへの関わり方の報告は新しい視点を提供してくれている。

坂本利子・堀江未来・米澤由香子編著（2017）『多文化間共修：多様な文化背景をもつ大学生の学び合いを支援する』学文社.

　　国内の大学の通常の授業で、国籍や母語などを含む異なる文化的背景を持つ学生がいかに文化的な多様性を享受し、学び合う環境をデザインしていくか示唆を与える文献。どのように同じ教室にいる異なる文化背景を持つ学生群がお互いに共感しつつ協力関係を築き、その可能性を最大化することができるか、オーストラリアでの取り組みも紹介しながら報告されている。国際プログラムというと外国語での意思疎通が前提となりがちだが、本書で主張されているように日本語と外国語の使用を対等なものとして学習のリソースとする態度は大切なことである。

松尾睦（2006）『経験からの学習：プロフェッショナルへの成長プロセス』同文舘出版.

　　本書の主な狙いは、企業における人材育成のために日々の経験から得られる成長のきっかけを最大限活用するにはどうするべきかという問いに一つの答えを示すことである。したがって、大学教育や国際教育の場面を扱ったものではないため、読者は自分の文脈に置き換えて読み進めていくことが必要となる。しかし、引用される理念や理論は平易な言葉

で解説されており、決してその作業は困難なものではないだろう。経験から効果的に学ぶために個人がどのように考えながら行動したらよいか、そしてそのために学びの機会をデザインする立場の者がどう支援したらよいかということが企業での人材育成の実例を交えながら解説されている。最後の章で紹介されている、学ぶ力を高めるツールも文脈を変えて活用可能で便利である。著者が言うように経験から学ぶ力の研究が意外にも少ない現在、まさに経験学習の「入門書」として価値のある一冊。

執筆者紹介

（五十音順／執筆時現在）

［①職名　②学位　③主な研究分野・テーマ　④主な著書・業績等］

伊藤　毅（いとう　たけし）
①上智大学　准教授　②博士（政治学・イェール大学）　③農村・環境変化、政治経済学、開発学、支配と抵抗など　④"Oysters and Tsunami: Iterative Learning and Nested Governance as Resilience in Post-Disaster Aquaculture in Hokkaido, Japan" *Society and Natural Resources*（本冊執筆者の一人渡邉剛弘との共著、2019、Taylor & Francis）、"Everyday Citizenship in Village Java" in W. Berenschot, H.G.C.（Henk）S. Nordholt & L. Bakker（eds.）*Citizenship and Democratization in Southeast Asia*（単著、2016、Brill）

種田佳紀（おいだ　よしき）
①埼玉医科大学医学部　専任講師　②修士（学術・東京大学）　③現代英米政治思想、応用倫理　④「サンデル」、仲正昌樹編、『政治思想の知恵』（分担執筆、2013、法律文化社）、「シンガー」、仲正昌樹編、『現代社会思想の海図』（分担執筆、2014、法律文化社）

斉藤雅子（さいとう　まさこ）
①埼玉医科大学国際交流センター　事務員　④2005年より現職。国際交流センターで統括している低学年時の語学研修、高学年時の交換留学制度といった学生向けのプログラムのオペレーション、交換留学提携校との渉外、教員向けの短期留学制度のサポート等を担当している。

櫻井勇介（さくらい　ゆうすけ）
①お茶の水女子大学　講師（前・東京大学大学院総合文化研究科附属国際交流センター　特任講師）　②博士（教育学・ヘルシンキ大学）　③国際教育、国際的な場面で学ぶ学生の学び、ならびにその質評価など　④"Students' perceptions of the impacts of short-term international courses" *Journal of Research in Innovative Teaching & Learning*（単著論文、2019、Emerald）、"International doctoral students' perceptions

of factors contributing to their career visions" in V. Korhonen & P. Alenius (eds.) *Internationalisation and Transnationalisation in Higher Education*（共著、2018、Peter Lang Group Publishing）.

佐藤和美（さとう かずみ）
①上智大学グローバル教育推進室　室長　④2013年学校法人上智学院入職、2015年より現職。現在は、上智大学全体のグローバル教育を提供する部門で、海外大学や国際機関、産業界とのパートナーシップの構築や連携プログラムの開発、各種学生交流プログラムやインターンシッププログラム、学術交流プログラム等の全体統括を担当している。

佐藤亮司（さとう りょうじ）
①名古屋外国語大学現代国際学部現代英語学科　講師（前・東京大学大学院総合文化研究科附属国際交流センター　特任助教）　②博士（哲学・モナシュ大学）③現代英米哲学（特に心の哲学）、脳神経倫理学など　④「予測誤差最小化理論」「意識の高階説」、信原幸弘編、『ワードマップ　心の哲学』（共著、2017、新曜社）、「視覚意識の神経基盤論争―かい離説の是非と知覚経験の見かけの豊かさを中心に」『シリーズ新・心の哲学Ⅱ　意識篇』（共著、2014、勁草書房）

島垣　修（しまがき おさむ）
①大東文化大学国際交流センター　事務長　④1988年4月学校法人大東文化学園入職、2013年より現職。現在は、大東文化大学のグローバル教育及び交流事業を提供する部門で、協定校の開発、海外事務所の運営、留学生の受入れや派遣留学の促進、留学副専攻や日本語教育の拡充、自治体や地域連携等の運営全体の統括を担当している。国際交流部門の勤務は通算で17年。

杉村美紀（すぎむら みき）
①上智大学総合人間科学部教育学科　教授／グローバル化推進担当副学長　②博士（教育学・東京大学）　③比較教育学、国際教育学、ヒトの国際移動と多文化社会の教育　④"Rethinking Equality and Equity in Multicultural Education in a Diversified Society: The Case of Language Education for Newcomer Students in Japan" in Siao See Teng, Maria Manzon, Kenneth K. Poon（eds.）*Equity in Excellence: Experiences of East Asian High-Performing Education Systems*（分担執筆、2019、Springer）、「学生移動を支える国境を越える高等教育とユネスコの対応」日本国際連合学会編　『国連研究』

19号（単著、2018、国際書院）、『移動する人々と国民国家：ポスト・グローバル化時代における市民社会の変容』（編著、2017、明石書店）、『多文化共生社会におけるESD、市民教育』（共編著、2014、上智大学出版）

瀬名波　栄潤（せなは　えいじゅん）

①北海道大学大学院文学研究院　教授　②博士（英文学・米国サウスカロライナ大学）　③英米文学、映画研究、ESD研究　④"A Translation of Her Own: Hillary, Japan and the Pivot to Asia" *The Global Hillary: Women's Political Leadership in Cultural Contexts.*（Ed.）Dinesh Sharma（分担執筆、2016、Routledge）、"SUSTAIN for the ESD learning Community." *ProSPER Net: Transforming Higher Education and Creating Sustainable Societies*（分担執筆、2014、United Nations University‒Institute for the Advanced Study of Sustainability）"Radical Masculinity and Traditional Manhood: Japanese Acknowledgments for Literary Obama" *The Global Obama: Crossroads of Leadership in the 21st Century.*（Ed.）Dinesh Sharma（分担執筆、2013、Routledge）

チャド・ルイス・ゴッドフリー（Chad Lewis Godfrey）

①埼玉医科大学　准教授　②修士（言語学・バーミンガム大学）　③日本の学校環境における内容言語統合型学習　④"Cultural awareness: CLIL in a Japanese medical university context" *Modernizing Educational Practice: Perspectives in Content and Language Learning*（CLIL）（共著、2016、Cambridge Scholars Publishing）、"Medical Students' Evaluation Strategies in the CLIL Classroom" *Journal of Medical English Education*（単著、2018、メジカルビュー）

トム・ガリー（Tom Gally）

①東京大学大学院総合文化研究科附属グローバルコミュニケーション研究センター　教授　②修士（言語学と数学・シカゴ大学）　③言語教育　④『英語のあや』（単著、2010、研究社）、"Machine Translation and English Education in Japan" *Komaba Journal of English Education*（単著論文、2018、東京大学教養学部英語部会）

藤巻高光（ふじまき　たかみつ）

①埼玉医科大学医学部脳神経外科　教授／埼玉医科大学国際交流センター　センター長　②博士（医学・東京大学）　③機能的脳神経外科手術、悪性脳腫瘍の集学的治療、男女共同参画　④"Working conditions and lifestyle of female surgeons affiliated to the Japan Neurosurgical Society: Findings of individual and institutional Surveys"

Neurologia medico-chirurgica（共著、2016、メディカルトリビューン）、"Does arteriosclerosis contribute to hemifacial spasm?" *Acta Neurochirurgica*（共著、2016、Springer-Verlag）

文　景楠（むん　きょんなみ）
①東北学院大学　准教授（前・東京大学大学院総合文化研究科附属教養教育高度化機構初年次教育部門　助教）　②博士（学術・東京大学）　③アリストテレスを中心とする西洋古代哲学　④「質料を伴わず形相を受容することについて：『デ・アニマ』第2巻12章におけるアリストテレスの感覚論」『西洋古典学研究』（単著、2012、日本西洋古典学会）

矢口祐人（やぐち　ゆうじん）
①東京大学　教授　②博士（アメリカ研究・ウィリアム・アンド・メアリー大学）③日米文化史全般、アメリカの文化と宗教、グローバリゼーションと大学など④『奇妙なアメリカ―神と正義のミュージアム』（単著、2014、新潮選書）、「米大統領選から見える深い溝〜アメリカを分断する白人貧困層の怒りと悲しみ」『Journalism』（単著、2017、朝日新聞出版）、『アメリカ文化事典』（共編著、アメリカ学会編、2018、丸善出版）

渡邉剛弘（わたなべ　たけひろ）
①上智大学　准教授　②博士（人類学・コロンビア大学）　③人類学、環境社会システムなど　④"Oysters and Tsunami: Iterative Learning and Nested Governance as Resilience in Post-Disaster Aquaculture in Hokkaido, Japan" *Society and Natural Resources*（本冊執筆者の一人伊藤毅との共著、2019、Taylor & Francis）、"Debts of Redemption: Usury Manga and the Morality of Money in Contemporary Japan" *Positions: Asia critique* 25(3)（単著、2017、Duke University Press）

日本で出会う世界
国内で実現する短期集中型国際研修

2020年3月1日　第1版第1刷発行

編　者：櫻　井　勇　介
　　　　文　　　景　　　楠
　　　　佐　藤　亮　司
　　　　杉　村　美　紀

発行者：佐　久　間　　　勤
発　行：Sophia University Press
　　　　上　智　大　学　出　版

〒102-8554　東京都千代田区紀尾井町7-1
URL：https://www.sophia.ac.jp/

制作・発売　㈱ぎょうせい

〒136-8575　東京都江東区新木場1-18-11

TEL　03-6892-6666　FAX　03-6892-6925

フリーコール　0120-953-431

〈検印省略〉　　URL：https://gyosei.jp

Sophia University Press

　上智大学は、その基本理念の一つとして、
「本学は、その特色を活かして、キリスト教とその文化を
研究する機会を提供する。これと同時に、思想の多様性を
認め、各種の思想の学問的研究を奨励する」と謳っている。
　大学は、この学問的成果を学術書として発表する「独自
の場」を保有することが望まれる。どのような学問的成果
を世に発信しうるかは、その大学の学問的水準・評価と深
く関わりを持つ。
　上智大学は、(1)　高度な水準にある学術書、(2)　キリス
ト教ヒューマニズムに関連する優れた作品、(3)　啓蒙的問
題提起の書、(4)　学問研究への導入となる特色ある教科書
等、個人の研究のみならず、共同の研究成果を刊行するこ
とによって、文化の創造に寄与し、大学の発展とその歴史
に貢献する。

Sophia University Press

One of the fundamental ideals of Sophia University is "to embody the university's special characteristics by offering opportunities to study Christianity and Christian culture. At the same time, recognizing the diversity of thought, the university encourages academic research on a wide variety of world views."

The Sophia University Press was established to provide an independent base for the publication of scholarly research. The publications of our press are a guide to the level of research at Sophia, and one of the factors in the public evaluation of our activities.

Sophia University Press publishes books that (1) meet high academic standards; (2) are related to our university's founding spirit of Christian humanism; (3) are on important issues of interest to a broad general public; and (4) textbooks and introductions to the various academic disciplines. We publish works by individual scholars as well as the results of collaborative research projects that contribute to general cultural development and the advancement of the university.

Practices and issues of short-term in-country international courses
ⒸEd. Yusuke Sakurai, Kyungnam Moon,
Ryoji Sato, Miki Sugimura, 2020
published by
Sophia University Press

production & sales agency : GYOSEI Corporation, Tokyo
ISBN978-4-324-10732-4
order : https://gyosei.jp